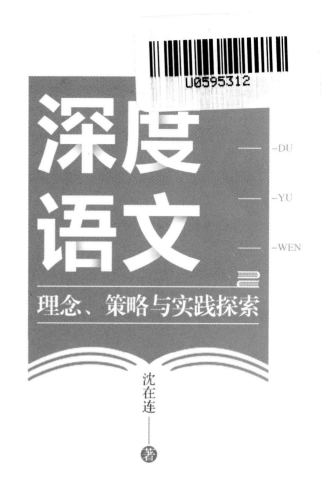

深度语文

—DU

—YU

—WEN

理念、策略与实践探索

沈在连——著

湖南师范大学出版社

·长沙·

图书在版编目（CIP）数据

深度语文：理念、策略与实践探索 / 沈在连著. —长沙：湖南师范大学出版社，2021.10

ISBN 978 - 7 - 5648 - 4293 - 2

Ⅰ. ①深… Ⅱ. ①沈… Ⅲ. ①中学语文课—教学研究 Ⅳ. ①G633.302

中国版本图书馆 CIP 数据核字（2021）第 160030 号

深度语文：理念、策略与实践探索

Shendu Yuwen：Linian Celüe yu Shijian Tansuo

沈在连 著

◇出 版 人：吴真文
◇责任编辑：胡艳晴 刘发明
◇责任校对：邢芙蓉
◇出版发行：湖南师范大学出版社
　　　　　地址/长沙市岳麓区 邮编/410081
　　　　　电话/0731-88873071 88873070 传真/0731-88872636
　　　　　网址/http：//press. hunnu. edu. cn
◇经销：新华书店
◇印刷：湖南雅嘉彩色印刷有限公司
◇开本：787 mm×1092 mm 1/16
◇印张：15
◇字数：330 千字
◇版次：2021 年 10 月第 1 版
◇印次：2021 年 10 月第 1 次印刷
◇书号：ISBN 978 - 7 - 5648 - 4293 - 2
◇定价：55.00 元

再回梦想（代序）

——在华南师范大学实验基地建设暨兼职研究员聘任大会上的发言

各位领导、各位老师：

今天，作为一名中学老师，参加这一有意义的会议，接受华南师范大学基础教育课程中心的研究委托，我深感光荣！华南师范大学基础教育课程中心开创性地搭建了这个平台，给我们中学老师创造了学习和交流的机会，在此，我代表来这里参加会议的中学老师，表示衷心的感谢！

教育，一直是我们美丽的梦。记得1989年大学毕业，我带着美好的梦想开始了中学语文教学。弹指之间，已经18年了。在这18年的追寻与实践中，我感到，教育这个美丽的梦似乎越来越清晰了。肖川先生在《教育的理想与信念》中说到了什么是良好的教育。他说："也许我们很难给予它一个周全的描述，但我们可以肯定地说：如果一个人从来没有感受过人性光辉的沐浴，从来没有走进过一个丰富而美好的精神世界；如果从来没有读到过一本令他（她）激动不已、百读不厌的读物，从来没有苦苦思索过某一个问题；如果从来没有一个令他（她）乐此不疲、废寝忘食的活动领域，从来没有过一次刻骨铭心的经历和体验；如果从来没有对自然界的多样与和谐产生过深深的敬畏，从来没有对人类创造的灿烂文化发出过由衷的赞叹……那么，他（她）就没有受到过真正的、良好的教育。"

肖川先生对良好教育的描绘，也再次唤起了我的语文教育之梦。

我有一个梦想，我梦想，我们的孩子每天能把我们的语文课堂当成快乐的乐园，每一节语文课都是一次精神的遨游与享受；这里，不再有单调的讲解和机械的训练。

我梦想，我们的语文教师能把语文教育当成生活的享受，把学生未来的发展当成终极的目标，培养学生，提升自我；不再为了分数而疲于奔命，背上沉重的心理负担。

我有一个梦想，我梦想，我们的语文课程能够真正解放学生、解放老师；师生不再为了赶进度而匆匆忙忙，忘却了路旁优美的风景。

我梦想，我们的语文考试能引领语文教育走向本质，协助中学语文教育构建学生精神的家园；而不再为了分数，淡忘了人格、情感、道德和精神。

　　我有一个梦想，我梦想，我们的学生能够在校园里，从从容容地读完《论语》《红楼梦》《围城》《莎士比亚全集》；而不是在题海上漂泊，迷失了人生的方向。

　　我梦想，我们的语文教育能够多谈谈人的理想、人的信念、人的创造，以及法治、友善和诚信；而不再以"效率"作为唯一的尺度，以功利来消灭梦想。

　　华南师范大学基础教育课程中心为我们搭建了一个很好的平台，让中学教师和大学教师进行合作。我们会虚心向大学的专家学习，认真落实专家们关于新课程的理念、设想；我们会履行我们应该承担的职责，积极开展相关的课题研究；我们会向专家们转达中学教师和学生的心声，为大学专家研究课程改革提供最真实、最可靠的信息。

　　最后，让我们从现实再回到梦想，让我们携起手来共同编织基础教育的美梦吧！

　　但愿如此！

沈在连

2008 年 4 月

目 录
CONTENTS

第一章 **深度语文的探索过程与成果** ………………… **001**

第一节　深度语文研究实践的过程与方法 ………………… 002

第二节　深度语文教学成果的主要内容 ………………… 004

第三节　深度语文的实践效果与反思 ………………… 007

第二章 **深度语文的理论建构** ………………… **009**

第一节　当前语文教育存在的问题 ………………… 010

第二节　深度语文的内涵及特征 ………………… 012

第三节　深度语文的理论依据 ………………… 017

第三章 **语文核心内容的深度教学** ………………… **023**

第一节　语言深度教学的策略 ………………… 024

第二节　语言深度教学的实践探索 ………………… 026

第三节　有效语文知识刍议 ………………… 029

第四节　语文知识深度教学的实践探索 ………………… 033

第五节　人生境界教育 ………………… 036

第四章 **语文教材创新教育资源开发与利用** ………… **041**

第一节　教材创新教育资源对创新教育的意义 ………………… 042

第二节　创新教育资源的内涵及分类 ………………… 044

第三节　高中语文教材经典课文创新教育资源 ………………… 046

第四节　语文教材创新教育资源使用策略 ………………… 061

第五节　运用教材创新教育资源培养学生写作创新能力 …… 066

第五章　信息技术与语文学科的深度融合 …………… **069**

第一节　网络专题阅读有效性的实践与思考 ………… 070
第二节　基于 BYOD 的整本书深度阅读教学 ………… 074
第三节　语文教师网络工作室的制作与使用 ………… 082

第六章　深度阅读教学 ………………………… **087**

第一节　深度阅读教学的概念及指标 ………………… 088
第二节　深度阅读教学的研究现状 …………………… 089
第三节　深度阅读教学的调查 ………………………… 091
第四节　深度阅读教学的三维策略 …………………… 099
第五节　深度阅读教学的实践模型 …………………… 104

第七章　深度写作教学 ………………………… **107**

第一节　中学作文教学的体系与择用 ………………… 108
第二节　高中作文训练整体目标系统的设计与使用 ……… 111
第三节　深度写作教学的实践探索 …………………… 114

第八章　深度课堂的构建 ……………………… **119**

第一节　深度课堂的内涵、特征及理念 ……………… 120
第二节　基础年级深度课堂的实践探索 ……………… 121
第三节　高三语文深度课堂的实践探索 ……………… 128

第九章　语文专题探究课程的开发 …………… **141**

第一节　语文研究性学习专题集 ……………………… 142
第二节　语文专题探究的一般过程 …………………… 148
第三节　语文专题探究案例 …………………………… 162
第四节　语文专题探究课程的评价 …………………… 169
第五节　语文专题集的使用效果研究 ………………… 171

第十章 深度语文教学方式的探索 ……………………… **177**

第一节 高中语文探究式教学模式的实践探索 …………… 178

第二节 语文项目学习的实践探索 ……………………… 186

第三节 语文专题教学的实践探索 ……………………… 191

第四节 学习任务群深度教学的实践探索 ……………… 199

第十一章 深度语文的测试与评价 ……………………… **217**

第一节 发挥阶段测试的导向功能 ……………………… 218

第二节 建立阶段测试的科学量表 ……………………… 219

第三节 深度阅读教学的评价 …………………………… 221

后记 ………………………………………………… **228**

第一章

深度语文的探索过程与成果

深度语文的探索历经 30 多年，是笔者多年研究实践的结晶。本章介绍了深度语文探索的三个重要阶段、研究的主要方法、依托的主要项目；对主要成果内容进行了简要叙述，对研究成效进行了简要评述。

第一节 深度语文研究实践的过程与方法

我们对深度语文的研究与探索主要是以课题研究的形式进行的，研究过程主要分三个阶段：

一、第一阶段（2001—2005 年）：探索深度学习的方式

我们认为，语文教学的变革，首先应从改变学生的学习方式开始，学生的"学"始终是首要问题。让学生进行深度学习是我们追求的目标，而要达到深度学习的目的，要采用探究学习的方式。2001 年，笔者和吕秀芬、周化俊等老师申报了安徽省教育科学规划课题"高中生语文研究性学习专题的编制与使用"，课题获得省级立项。我们通过开展语文专题研究性学习，将研究性学习引入学科教学领域，探索促进学生深度学习的方式，提高学生的创新思维和创新精神。

（1）编制专题。根据信息加工理论和语文学科特点，我们编制了《高中生语文研究性学习专题集》。该专题以研究能力、语文内容、生活范围三个维度为基础，设计了 42 个语文研究性学习专题。在后来的语文研究实践中，我们不断增加新的专题。

（2）前测。我们选取某校高二（4）班（59 名学生）作为实验班，以高二（5）班（62 名学生）作为对照班。用美国心理学家尤金·劳德塞编制，经我国人才学专家王通讯等改编的《创新意识测试量表》对实验班和对照班进行前测。运用统计分析，研究两个班学生的初始水平。同时，我们利用高二上学期期中考试的成绩，作为两个班学生语文学业水平的前测。

（3）研究实践和指导。在研究过程中，教师重点对学生进行研究方法和研究过程的指导。一是指导学生根据研究性学习的过程和方法完成语文专题学习，形成研究成果，如组织学生选题、开题报告会、中期汇报会和结题报告会等；二是开展系列讲座，如《发现问题，提出问题》《改变您的思维方式》《语文研究性阅读》等；三是协助解决学生研究实践过程中出现的问题，如调查表设计不够科学、不会写作论文和调查报告等。语文教师在平时教学中注意结合《高中生语文研究性学习专题》培养学生的问题意识、创新意识和语文实践的能力，提高学生的研究能力，培养学生的创新精神。

（4）后测。到高二下学期期中考试时，实验班学生的课题研究基本完成，我们仍用《创新意识测试量表》来进行后测，统计分析实验班与对照班的差异；把高二下学期期中考试作为语文学业水平的后测。最后，我们又对学生的语文学习兴趣进行了调查。

课题成果《高中生语文研究性学习专题》在核心期刊《语文教学通讯》2001 年 4 月刊发表。课题结题后，我们对研究材料进行了整理，形成了《新课程：语文专题探究》书稿。

二、第二阶段（2006—2014 年）：探索深度语文的教学策略

（1）深度写作教学策略探索。我一直在探索深度写作教学策略，从写作目标设置、写作范文选择、范文学习方法、写作路径指导和自我评价等方面进行了思考与实践。2006 年我主编的写作指导丛书《高中语文"3D"写作》出版了，共 6 册，每个学期使用一册。后来我又主编了《初中语文"3D"写作》，共 6 册。在这两套丛书中，我系统规划了初中三年和高中三年的写作教学目标，构建了初中和高中写作教学的体系，以"发现·探究·表达"为教学模式，形成了初中和高中写作教学的系列课程。

（2）信息技术与语文学科深度融合的研究。我们认为，信息技术是实施深度语文的辅助条件，信息技术与学科的深度融合也是深度语文教学的重要策略。2008 年我申报了广东省电化教育馆课题"基于网络学习社区的有效课堂教学模式研究"的子课题"基于网络学习社区的语文有效课堂教学模式研究"，得到了立项并成为主课题的第一研究成员。我带领课题组成员重点探索了信息技术与语文学科深度融合的五大问题：一是教学资源的运用问题；二是网络学习工具的使用问题；三是学习方式问题；四是师生关系问题；五是评价反思问题。课题成果在《现代教育装备》2014 年 10 月刊发表。

（3）教材教育资源的深度挖掘。对教材教育资源进行深度挖掘是实现深度语文教学的基础，因此，我们十分重视对教材教育资源进行深度开发。早在 2001 年，笔者就对人教版高一语文教材中的创新教育资源进行了研究，撰写了论文《高一语文新教材中的创新教育资源研究》，研究了创新教育资源的内涵、分类，对人教版高一语文教材中的创新教育资源进行了挖掘，采用列表的形式进行系统开发。该论文在安徽省教育科学研究所主办的 2001 年度安徽省中学语文教育论文评选中获一等奖。2003 年，该论文首次发表在"教育在线"的语文论坛中（笔者为版主，网名"志道据德"）。2010 年，我申报了广东省教育科学规划课题 2010 年度项目"粤教版高中语文教材创新教育资源研究"，得到了省级立项。我和课题组成员黄水平、杨浩然、吕秀芬、刘旭超等老师开展了为期 4 年的研究。我们对粤教版高中语文教材中的创新教育资源进行了挖掘，采用列表的形式进行系统开发，通过课例研究，探索了创新教育资源的运用方法。2014 年课题顺利结题。课题组成员刘旭超老师还对粤教版高中语文教材中的文化教育资源进行了系统挖掘和运用研究，课题得到了广州市教育科学规划课题的立项并且已经结题。我们的课题成果在《语文月刊》《教育导刊》等多家期刊发表。

（4）深度阅读的三维策略研究。2014 年，我们申报的广东省教育科学规划课题 2014 年度一般项目"高中语文'定篇'课文深度阅读的三维策略研究"得到了省级立项。我和课题组成员黄水平、杨浩然、吕秀芬等老师进行了为期 3 年的研究。我们对深度阅读教学进行了重新界定，探索了基于文章学、阅读学和思维科学的深度阅读教学三维策略，即文章本体维度的深度阅读教学策略、阅读能力维度的深度阅读教学策略和阅读思维维度的深度阅读教学策略。通过课例研究，探索了三维策略的运用方法；通过调查和测试，研究了三维策略的运用效果。课题研究成果在《语文教学通讯》《中学语文教学参考》等多家刊物发表。

三、第三阶段（2010—2013 年）：探索深度语文的教学模式

从成果可推广性方面来说，教学模式的建构就显得比较重要了，因此，我们探索了深度语文的教学模式。2010 年 5 月，我申报了广州市第十五届特约教研员课题"发现·探究·表达——高中语文探究式教学模式的实践研究"，课题得到了市级立项。我们探索了探究式教学模式的内涵、特征，课堂教学的使用方法，我自己执教了校级、区级公开课，形成了典型的教学案例。2013 年课题结题，研究成果获得广州市三等奖，论文《"发现·探究·表达"——高中语文探究式教学模式的构想、实践与反思》发表在《教育导刊》，后被人大报刊复印资料全文转载。

第二节》 深度语文教学成果的主要内容

一、深度课堂的核心理念

深度课堂，是学生语言学习与运用的课堂、思维发展的课堂、境界提升的课堂，也是创造的课堂，更是师生共生的课堂。第一，深度课堂是语言学习与运用的课堂。阅读和写作教学要突出语言的鉴赏、学习与运用。阅读教学要在课堂上指导学生反复阅读课文，培养语感，要在理解的基础上重视语言的吸收、运用；写作教学要重视语言的推敲与运用。第二，深度课堂是思维发展的课堂。语文课堂教学要发展学生的思维品质——思维的批判性、深刻性和创造性，发展学生的高阶思维——因果思维、辩证思维、批判性思维和创造性思维。第三，深度课堂是境界提升的课堂。在语料关键处，在课堂关键处，根据语言材料、教学情境对学生的人生境界相机点拨、升华。第四，深度课堂是运用、创造的课堂。语文课堂教学要发展学生高层次的阅读能力——鉴赏能力、迁移能力和创造能力，要指导学生个性化写作、创造性写作。第五，深度课堂是共生、随机和探究的生态课堂。语文课堂是师生共同发展、相互提高的课堂，是随机的课堂，是生成和探究的课堂。

二、指向深度学习的语文专题探究课程

第一，编制了语文研究性学习的专题集。包括专题集编制的原理，从编撰能力、调查研究、语文实践、创新发明和自己设计五个维度设计了 38 个专题，提供了专题集的使用说明与建议。第二，探索了语文探究学习的过程与程序。包括选择专题，确定课题；制订计划，开题答辩；研究实施，积累资料；分析资料，形成成果；结题答辩，反思总结；保存资料，推广成果。第三，探索了语文专题探究常用的研究方法。包括文献研究法、调查研究法、

行动研究法、观察法和个案研究法等。第四，研究了语文探究学习的评价。包括自我评价和教师评价两个方面。第五，对专题集的使用效果进行了定量和定性的研究。

三、深度语文的教学策略

深度语文的教学策略主要有四个方面：

（一）教材创新教育资源的开发与运用

语文教材中的教育资源非常丰富，对学生的教育也具有多方面的意义，我们在教学中要注意全面、深入地挖掘语文教材的教育资源。教材创新教育资源是深度语文的重要教学内容，是培养学生创新精神的重要载体。

第一，研究了创新教育资源的概念内涵、分类及特征。根据创造学的研究理论，我们将创新教育资源分为创新意识和信念教育资源、创新个性教育资源、创新思维教育资源、创新方法教育资源四大类。第二，根据创新教育资源的内涵和分类，挖掘了教材中的创新教育资源，对该资源进行了分类、列表，使教材创新教育资源可视化、显性化，供语文教师教学使用。第三，探索了运用创新教育资源的方法。系统性阶段性地集中教学与长期潜移默化渗透教育相结合；以创新个性的教育为重点，进行全面的创新素质教育；结合语文学科特点，发挥语文学科形象鲜明、情感丰富、审美独特的特色；创造民主、平等、对话的氛围；激发学生的问题意识，反对去问题化教学。第四，对高中语文教材在创新教育资源方面的编写提出了建议。

（二）深度阅读教学的三维策略

第一，基于文章学的文章本体维度的深度阅读教学策略。包括对文章信息层面的深度挖掘与教学，对文章体式层面的深度挖掘与教学，对文章风貌层面的深度挖掘与教学，对文章其他教育资源的深度挖掘与教学。第二，基于阅读学的阅读能力维度的深度阅读教学策略。包括阅读鉴赏力的教学、阅读迁移力的教学和阅读创造力的教学。第三，基于思维科学的思维能力维度的深度阅读教学策略。包括思维深刻性的教学、思维批判性的教学和思维创造性的教学。

（三）深度写作的教学策略

第一，聚焦写作目标，精选名家范文。根据学生写作的问题，确定写作教学目标，精选名家名作，力求范文独特之处既能体现当次写作目标，又具有大家风范。第二，学生研读范文，发现写作目标。教师指导学生阅读范文，从中发现比较独特的特点，明确写作的目标。第三，师生深度对话，发现写作路径。师生通过对话的方式，就写作目标达成路径进行研讨，从写作思维的角度进行探索。第四，教师提供论题，学生合作探究。教师提供写作论题，要求完成本课的写作目标；学生进行合作讨论，运用发散思维，探索写作的各种路径。第五，学生创新写作，根据标准自评。学生根据课堂学习和研讨的内容进行写作，达成本次教学的目标，最后根据教师提供的评价标准进行自评。

（四）信息技术与语文学科教学深度融合

语文课堂教学，要运用信息技术营造良好的学习氛围；利用丰富的信息资源，提供高效的技术支持；采用探究式教学方式，发挥学生学习的主动性，提高语言运用能力、高阶思维能力，提升学生的人生境界，促成学生在网络上即时创作。

信息技术与语文学科教学深度融合的有效方法主要有：第一，教学任务明确，学习过程具体可操作；第二，教学资源由学生自己发现、学习和运用，培养学生发现教育资源、主动运用教育资源的能力；第三，网络学习工具尊重学生主体需要，做到人性化、可操作化；第四，采用合作探究的学习方式，引进竞争式讨论，优化常规讨论与网络讨论，引导学生深度思考；第五，教师恰当运用电脑室教师机的广播、监控功能，与学生平等对话，给学生营造深度学习的环境；第六，在线自评了解学习结果，引导学生进行深度反思。

四、深度语文的教学模式——"3D"教学模式

（一）深度语文教学模式的主要环节与方法

（1）发现（Discover）。教师提供背景、语料，学生在一定的氛围下学习语料，发现问题。这里的发现不是指科学发现的内涵，而是布鲁纳认为的"发现不限于寻求人类尚未知晓的事物，确切地说，它包括用自己的头脑亲自获得知识的一切方法"。相对某一个学生而言，所有新颖的、有价值的知识、方法、经验、思想等，均可以称为发现。比如：发现某种语言现象，发现某种语言运用规律，发现某个作家的特点，发现某个文学流派的特点，发现写作的某个规律，等等。尽管这些规律别人也许已经发现，但对这个学生而言，是新颖的、有价值的，那么，我们便说这个学生有所发现。这里，我们重点强调学生对问题的发现，教师要重点引导学生在已有材料的基础上能够发现新的问题，从而为下一步展开探索打好基础。

（2）探究（Develop）。学生对自己未知的内容进行的思考、探索，包括对难点的探索，对疑点的探索，对重点的探索，对未知点的探索等。

（3）表达（Describe）。学生对探究的成果能够用恰当的方式进行表述。可以是书面的，也可以是口头的，还可以是动作的（比如戏剧表演等）。

在语文教学中可以根据学生和教学内容的实际对三个环节的顺序进行适当调整。

（二）深度语文教学模式操作的注意事项

教师在运用"3D"教学模式进行教学时，应该注意三个环节的把握：一是提供知识铺垫，创设教学情境，进行必要引导；二是介绍探究方法，调整探究思路，拓宽探究视野；三是选择表达方式，精心推敲语言，训练表达胆量。实践"3D"教学时，要注意五个问题：一是问题应该是由学生发现的，不是老师给的；二是课堂应该是民主的，不是专制的；三是课堂教学应该是对话的，不是灌输的；四是对学生的创造精神和相关成果，教师应该是鼓励的，不是压制的；五是对学生学习的评价，应该重视过程、态度和结果的并重，而不是单一的。

第三节 深度语文的实践效果与反思

一、主要实践效果

（一）改变了学生的学习方式

通过深度语文教学，学生能在阅读中发现知识、重点、难点和问题，在探究中理解文章的思想和内容，在表达中提高自己的口语和书面语的表达能力。在写作教学中，能使学生自己发现阅读语料中的精华，探究优秀文章产生的原因，培养学生的探究和创新能力。

（二）提高了学生的学习兴趣

深度语文课堂是生动的、互动的、探究的、合作的和创造的，因此符合学生心理和个性发展的特点，学生喜欢听课。在学校评教评学中，学生对我的评价都比较高，曾经为语文科组第一名。

（三）提高了学生的学业水平

从 2012 年以来，广州市白云区高中学生的语文学业成绩有一定提高，处于白云区高考各学科的前列。2016 年高考，白云区有 6 所学校 10 个语文备课组（分文理）获得了广州市高考语文突出贡献奖。学生在广州市高一名著阅读竞赛和高二古诗文阅读竞赛中成绩明显提高，市一等奖数量明显增加。研究成果在相关实验学校如广州市第六十五中学、广州市第七十一中学、白云中学都产生了良好的效果，学生的学业水平得到了明显提高。

（四）教师深度阅读教学实施情况良好

在文章本体的深度挖掘层面，教师在文章信息和文章体式两个方面实施的深度阅读教学比较好，均达到 70% 以上。在高层次阅读能力层面，教师在阅读鉴赏力和阅读迁移力方面的实施都比较好，达 70% 以上。在高阶思维能力发展层面，思维的深刻性和思维的独立性方面实施都比较好，达到 75% 以上。

（五）教师专业得到了很好的发展

一是课题组成员都发表了相关论文，开设了区级公开课。二是实践教师深度语文课例获得了省部级和市级的优课。三是相关教师的职称、职务得到了晋升。四是实践教师不少成为市级骨干教师、市和区的名教师工作室主持人和市教育专家培养对象。

（六）相关学校得到了发展

如广州市第六十五中学在国家级示范性高中的评估以及广东省教学水平的评估过程中，我们的研究成果得到了很好的运用，其中，研究性学习的实施和"3D"教学评估课《小石城山记》得到了评估专家的高度评价；相关课题研究成果也成为学校参加评估的重要材料。这些成果为学校跨越式发展做出了一定贡献。

二、反思

（一）创新教育资源的全面运用还有待推广

创新教育资源的系统开发为高中语文教师进行创新教育提供了很好的基础条件，但具体运用还取决于教师对创新教育的认识。就高中语文教学现状来说，应试教育仍然大行其道，教师基本无暇去开展创新教育，即使我们已经系统开发出了教材的创新教育资源，高中语文教师是否有兴趣运用还是一个未知数。因此，推广创新教育资源的研究成果，提高对语文学科创新教育重要性的认识，是下一步要做的工作。

（二）高中语文"定篇"课文的深度阅读教学还有较大的提升空间

在文章本体维度方面，对文章风貌的解读不够，对文章的气势、作风、风格和境界等方面的解读也不重视。在阅读能力维度方面，培养学生阅读创造力明显薄弱，对文章语言的学习和迁移运用还不够，特别是词语、句子层面的学习和迁移比较薄弱。在阅读思维维度方面，还不敢有超越的意识。实施深度阅读教学的效果还不够理想，特别是在培养学生阅读创造力和批判性思维方面相对薄弱。因此，深度阅读教学的实施还需要进一步推进。

（三）"3D"教学模式并非万能，在教学实践中我们也遇到许多困惑

我们发现，对于知识类的教学内容，采用讲解法更有效。比如高三复习中需要记忆的内容，我们一般采用让学生自己发现生疏的内容，然后抄录下来，再朗读或者记忆。又比如文言文教学，先要对课文的基本内容进行理解，然后再进行发现、探究、表达的教学，效果才比较好。我们还发现，采用"3D"教学模式进行教学，对学生学业成绩的提高还不是很明显，需要辅以一定量的练习。

第一章 深度语文的理论建构

深度语文的探索基于语文教育存在的真实问题，具有一定的现实必要性；深度语文有一定的理论依据，有自己的理论特征。本章主要分析语文教育中存在的重要问题，阐述深度语文的内涵与主要特征，介绍深度语文的主要理论依据。

第一节》 当前语文教育存在的问题

第二轮课程改革后，语文教学理念有了很大转变，语文教学方法有了很大改进，以语文基础知识为目标的教学向以语文能力为目标的教学转变。语文三维目标的确立使得语文教学能够关注知识与技能、过程与方法、情感态度与价值观的教学，语文教学目标更加全面。语文课堂教学能够重视学生阅读能力和写作能力的培养，体现由语文知识学习到语文能力发展的转变。语文学科和其他学科一起为国家培养了众多人才，这是值得肯定的。

当然，语文教育还是不尽如人意。虽然没有人再说"误尽苍生是语文"，但由于语文教育还是以考试为主要目的，过分追求分数，出现了不少问题。我们将其中的一些问题概括为一个字——"浅"，主要表现在如下几个方面：

一、语文教学目标浅

语文教师在制订教学目标时虽然能够依照三维目标来设计，但事实上还只是把应对考试当成语文教育的目标，忽视了语文教育的本质。比如文言文教学，有些教师把应对考试作为目标，把文言文翻译、文化常识、文章内容概括与分析、断句等作为主要的教学内容，而对于传承中华优秀传统文化的教学则浅尝辄止。在课堂教学中，教师只是限于文化常识的教学，甚至文化常识的教学也只是限于高考可能考到的一些词语含义的记忆；而对于中国古代"仁、义、礼、智、信""孝""和""道法自然""上善若水"等优秀传统文化理念的教学则没有重视，更没有让学生对这些问题进行深度研讨，开展深度教学。因此，这样的文言文教学，学生仍然会对文言文学习的意义感到茫然，学习兴趣培养不起来，更不可能对中华优秀传统文化高度认同，当然就谈不上很好地继承和发扬了。

二、语文课堂浅

中学语文教学还存在大量刷题现象，在训练中学语文，在测试中学语文，这仍是当前比较严重的问题。不少学校把刷题推向了极致，连整本书的阅读都要让学生不停地在训练和考试中来阅读。有的语文教师在高一年级就用高三复习的方式进行教学，语文教学方法单调；语文课堂没有深度思考、深度对话和深度讨论，课堂教学缺少探究性、参与性和思维含量。学生语文学习的兴趣被破坏，语言运用能力没有得到很好发展，语文素养没有得到根本提高，语文创造能力被长期抑制。

三、语文阅读教学浅

语文阅读教学重理解，轻迁移、运用。提高学生的阅读理解力是语文阅读教学的主要目标，语文阅读教学由以前重视识记到重视理解是一大进步。但是，阅读理解力不是阅读能力的最高层次，提高学生的阅读理解力也不是阅读教学的唯一目标和最终目标。阅读能力由阅读识记力、阅读理解力、阅读评价力、阅读迁移力和阅读创造力五大纵向结构组成，目前的语文阅读教学还停留在阅读理解力的教学，对阅读评价力、阅读迁移力、阅读创造力的教学比较少，甚至在阅读理解力的培养方面也不够全面、不够深入。目标分类学将理解能力分为"解释、举例、分类、概要、推论、比较、说明"七个方面，语文教师在阅读教学中往往把"理解"等同于"解释"，集中在对阅读解释的教学，而对"举例、分类、概要、推论、比较、说明"六个方面的教学明显不足。所以，语文阅读教学需要再向前推进一步，重视高层次阅读能力的教学，重视阅读理解力的全面教学。

四、语文写作教学浅

语文写作教学也存在比较大的问题，也可以用"浅"字来概括。第一，语文写作教学重虚情假意，轻真情实感。由于写作教学缺少任务、缺少情境，学生写作不是为了解决学习、生活和社会的实际问题，因此，学生的作品经常出现虚情假意，缺少真情实感的问题。第二，语文写作教学重应试模式教学，轻生活运用。语文写作教学长期以来都是以应试为主要目标，教师总结了不少应试写作的套路，学生运用教师的写作套路进行写作，作品缺少变化、灵魂和创造。第三，重视对个人小我的经营，轻视对国家、社会的担当。写作教学的话题，对学生个人的小我关注度比较高，对国家、社会的关注度不高，不能培养学生的远大理想和国家情怀，不能培养学生的社会责任和社会担当。

五、语文思想熏陶浅

语文思想教育还存在随意拔高思想，简单的二元对立，忽视语文学科思想道德教育具有潜移默化特点的问题。第一，思想教育模式化。在语文阅读中，学生遇到自然风光的描写，一律是热爱祖国大好河山；遇到回忆家乡的描写，一律是思念家乡。第二，人物思想分析简单化。学生对于有缺点的人物，不能客观、全面地进行分析，认识不到人物思想的复杂性，对人物的主要思想性格认识不准。第三，忽视语文学科思想道德教育潜移默化的特点。教师用主观分析代替学生的思想认识，学生用机械的记忆代替思想的认同。第四，认识不到学生思想发展的渐进性和阶段性。教师不能用发展的眼光来看待学生，对学生当下思想品质的认识固化，看不到学生思想的发展性和阶段性。

六、语文评价浅

语文评价也存在两个明显的问题。第一，中学语文评价长期以高考、中考成绩作为唯一的评价标准，轻视语文在生活情境中运用的评价，忽视或轻视对学生听说能力的评价。

高考和中考考什么，教师就教什么，导致口语表达在中学语文教学中长期被忽视，学生的朗诵能力、演讲能力、辩论能力、谈判能力等生活中非常重要的表达能力长期被忽略。第二，重视结果评价，轻视过程评价、增值评价和综合评价。语文评价缺少对学生学习过程的评价，基础年级是以期末考试成绩为准，高三年级是以学业水平和高考成绩为准，增值评价和综合性评价也基本没有运用。

第二节》深度语文的内涵及特征

一、深度语文的概念界定

深度语文是指发展学生语言运用能力，培育高阶思维和高层次读写能力，培养创新精神，提升人生境界的语文教育。深度语文主要包括深度学习语言，培养高阶思维能力和高层次读写能力，提升学生的人生境界，促成学生的语文创造四个方面。概括而言就是：学用语言，培育思维，提升境界，促成创造。

二、深度语文的价值追求

深度语文有四个方面的价值追求：

（一）培养全面发展的人

基础教育具有一定的基础属性，但基础属性不等于发展的底层次性。我们认为，虽然学生个体的发展会有一定的倾向性，在某一方面会有突出的发展而在另一方面则相对缓慢，但语文教育的价值追求应该是促进学生的全面发展。语文教育要实现学生语文素养的全面发展，人格的全面发展，思维的全面发展。我们既要重视学生的基础发展，也要培养学生的高阶思维，发展学生的高层次阅读能力和写作能力，提升学生的人生境界，让基础教育更加扎实、全面，这也应是语文教育的价值追求。

（二）培养个性化和有创造力的人

语文教育在发展学生基本的、通识性的读写能力时，也要发展学生个性化阅读文本、个性化表达观点、创造性阅读和表达，使学生成为有活力、有个性、有创造力的人。

（三）培养有灵魂的人

语文教育在重视读写能力发展的同时，也要重视学生思想品德的教育，探索符合语文学科特点的语文思想道德教育路径。我们认为，语文教育要做到：一是要落实中国学生核心素养中价值引导部分的内容，使学生传承中华优秀传统文化、革命文化和社会主义先进文化，提升人生境界。二是语文学科特别要重视培养具有中国气质、中国底蕴和中国文化的优秀人才。三是语文教育要重视中国传统的人生境界教育，有效运用文学、文化作品中的人生境界材料，提升学生的人生境界。

（四）追寻语文本质，提高语文教育效益

语言是语文学科区别于其他学科的本质特征，语言建构与运用是语文学科的核心素养，语文教育必须体现语文学科的这一本质属性。语文教育要重视语言的学习与运用，在阅读和写作教学中，不但要重视语言的积累与建构，更要提高学生语言的迁移和运用能力，提高语言运用的创造能力，从而全面提高学生的语文素养。

三、深度语文的教学目标

（一）提高学生的语言学习与运用水平

语言，主要包括书面语言和口头语言两部分。学用语言，是指学习和运用语言，包括在运用中学习和在学习中运用两个方面的含义。语言是语文学科的本质特征，语文教学要以语言学习和运用为主要目标，在阅读教学中尤其要注意语言的学习和运用，以提高学生的语言运用能力为目标。

（二）培育学生的高阶思维与高层次读写能力

培育高阶思维与能力，包括发展学生的高阶思维、培养学生的高层次读写能力两个方面。语言与思维密不可分，提高学生的语言运用能力，必须同时提高学生的思维水平。语文教学要发展学生的辩证思维、求异思维、批判思维和创造思维，在提升学生思维灵活性与敏捷性时，还要进一步提升思维的深刻性、批判性和创造性。在阅读教学中，提高学生理解能力的同时，还应重视提高学生的评价能力、迁移能力和创造能力。在写作教学中，也要重视对学生写作个性、写作创造的教学。

（三）提升学生的人生境界

境界，是指事物所达到的程度或表现的情况。用到人身上，尤指造诣。它是人的思想、品德、情操和学识的综合表现。这里侧重于指人生境界，侧重于学生的认识程度。研究表明，人的认识水平，往往决定了他的行为和成就。我们认为，境界是人的某一认识阶段的反映，每个学生都是有境界的；境界有不同的层次，可以由低向高提升，每个学生的境界都是可以提升的。语文教育要培养有灵魂的人，根据语文学科的特点，在语文教育中提升学生的人生境界，使他们从自然境界向功利境界、道德境界和天地境界发展。

（四）促成学生的语文创造

创造是指在语文教学中，学生能够根据已有信息产生新的思想、新的行动、新的文字作品等。促成创造是指教师根据学生特点，结合语言材料，提供丰富的情景铺垫，让学生采用自主、合作、探究的学习方式，特别是探究的学习方式，在语文学习中有所感悟、有所发现、有所创造，从而培养学生的创造精神。我们这里强调"促成"，即强调教师的铺垫作用、引导作用、激发作用、鼓励作用，重在过程，而不仅仅是结果。语文学习的目的是能运用语言进行创造性的工作，阅读要迁移、运用，写作要新颖、个性化、生活化。

四、深度语文的主要特征

深度语文具有四个主要特征，即本质性、人文性、创造性和现实针对性。

（一）本质性

深度语文抓住了语文学科的核心，突出了语言的学习与运用。2017 年版《普通高中语文课程标准》把语言的建构与运用作为语文学科的核心素养，并且认为其与其他三个核心素养并不是并列关系，突出了语言的核心地位。深度语文以语言的学习与运用为核心，突出语文学科的本质属性，对提高语文学科的教学效益有较大的现实意义。

（二）人文性

深度语文能够根据语文学科特点，突出对学生灵魂的塑造——境界教育。语文学科的教学材料有大量文学作品，文学作品的思想价值大都隐含在文本内，需要涵咏、品味、理解，对文学作品的体会、理解，能够提升学生的人生境界。语文境界教育能够充分体现语文学科的特点，让学生在语言、文章、文学和文化的熏陶中提高思想道德情操，使语文思想道德教育能够在潜移默化、春风化雨中得以实现，让学生在美和善的情境中提升人生境界。

（三）创造性

深度语文突出了探究和创新，重视高层次读写能力的培养，突出高阶思维的培育。深度语文的教育目标是促成学生的语文创造，让学生创造力得以激发。深度语文重视探究式教学，在阅读中培养学生的阅读鉴赏力、阅读迁移力和阅读创造力，在思维发展中重视提升思维的深刻性、批判性和创造性。深度语文是要让学生体验到创造的快乐，让学生创造的天性得到充分发展。

（四）现实针对性

深度语文研究实践的起点是基于语文教育的现实问题，目的是解决现实问题。从深度语文的视角，我们认识到语文教育中存在一些重要问题，通过研究实践来解决这些重要问题。深度语文的研究实践不只是为了提出一种新的语文教育理念，提出一种新的语文教育策略，构建一种新的语文教育系统，而是要着力解决语文教育中存在的问题，推动语文教育向新的高度发展，探索具有中国特色的语文教育路径。

五、深度语文与现行语文教学的区别

深度语文与现行语文教学的主要区别表现在五个方面。第一，深度语文对语言教学更加重视，把提高学生的语言运用能力作为语文教育的主要目标，把语言教学放到语文教育的核心位置。第二，在阅读教学方面，深度语文不仅要培养学生的识记能力、理解能力、分析与综合能力，更要发展学生的鉴赏评价、迁移运用和阅读创造能力，主张个性化阅读、批判性阅读、运用性阅读和创造性阅读，提倡发展学生的高层次阅读能力。在写作教学方面，深度语文更重视真情实感的表达、个性化表达、创造性表达，以及在生活情境中进行表达，主张真实写作、个性化写作、创造性写作和生活化写作，提倡发展学生的深度写作能力。第三，深度语文更重视对学生高阶思维的培育，突出对因果思维、辩证思维、批判性思维、发散性思维和创造性思维的培育，提高学生思维的深刻性、批判性和创造性，主张智慧学习、智慧阅读、智慧写作、智慧生活和智慧创造。第四，深度语文根据语文学科思想道德教育具有潜移默化的特点，以提升学生的人生境界来丰富语文学科思想道德教育的方法。第五，深度语文更重视对学生创新精神的培养，突出阅读创造和写作创造的教学，采用自主、合作、探究的学习方式来提高学生的创新能力和创新精神。深度语文与现行语文教育教学具体的区别见表2-1。

表2-1 深度语文与现行语文教学比较表

序号	语文教学维度	现行语文教学	深度语文教学
1	语言教学	以记忆、机械训练和测试为主，效率不高	以品味、鉴赏、迁移和创造为主，提高了教学效率，是深度教学
2	语文知识教学	没有重点，效率不高；以记忆、书面训练和测试为主	选择有效知识，开展量化研究，在合作、探究中学习，提高了效率
3	语文教材教育资源的开发与运用	以教学参考书对教材的分析为主，重视教材中语言资源、文章资源、文学资源的教学，但不重视其他教育资源的开发与运用	开发语文教材中的创新教育资源、文化教育资源和心理教育资源，是对语文教材的深度开发，有利于培养学生的创新精神，提高学生的文化素养和心理健康素质
4	信息技术与语文学科融合	重视运用信息技术开展课堂教学，但运用不恰当，融合度不够，为运用信息技术而丢弃传统、高效的语文教学手段，耗费教学时间，教学效率不高	根据教学内容选择合适的教学手段，采用混合式教学，既发挥信息技术优势，又能体现语文学科特点，提高了语文教学效率，是信息技术与语文教育的深度融合

（续表）

序号	语文教学维度	现行语文教学	深度语文教学
5	语文课堂	讲究效率，重视训练，但忽视语言教学，对学生高层次读写能力和高阶思维的发展不够，对学生创新精神的培养不重视，教学效率仍然不高。是以"教"为中心的语文基础能力发展的课堂	是语言学习与运用的课堂，也是高层次读写能力发展的课堂、高阶思维培育的课堂，还是运用与创造的课堂，更是学生人生境界提升的课堂，是以"学"为中心的语文深度课堂
6	语文课程执行与开发	能认真执行国家课程，但地方课程和校本课程开发对学生个性发展、人生境界提升和创新精神的培养还不够重视	在认真执行国家必修和选择性必修课程的基础上，重视选修课程的开发。根据课程标准，突出语言运用课程、语文探究课程、高层次读写能力发展课程、学生人生境界提升课程的开发，是语文课程的深度开发
7	语文教法、学法	重视师生互动，重视对话，但对探究学习、反思性学习不够重视；阅读教学和写作教学的深度不够，对高阶思维和高层次读写能力的培养不够	指导学生探究学习和反思性学习，重视深度阅读和深度写作，指导学生自己探索学习方法，发现语文学习规律，是语文深度教学和深度学习
8	语文测试与评价	重视高考评价，忽视生活运用能力的评价；重视阅读和写作评价，忽视口头表达的评价；重视结果评价，忽视过程评价；重视对读写基本能力的评价，忽视高阶思维和高层次读写能力的评价	重视全面评价、发展性评价、过程性评价和增值性评价；开展对口语表达的评价，突出对高层次读写能力和高阶思维的评价，是语文的深度评价

六、深度语文与语文核心素养的关系

深度语文与语文核心素养高度一致，都重视语言的建构与运用，重视学生思维的发展，重视审美鉴赏和创造，重视中华优秀传统文化、革命文化和社会主义先进文化的认同、继承和弘扬，重视在学科教学中进行思想道德教育。但深度语文又有自己的特点，它更重视语言和语文知识的深度学习，更重视对学生高阶思维和高层次读写能力的发展，更重视对中华优秀传统文化、革命文化和社会主义先进文化的深度理解与运用，更重视对学生人生境界的提升。

第三节》深度语文的理论依据

一、语文课程标准

（一）语文课程标准突出了语言运用的核心地位

关于"语文"内涵至今还有不同看法，大致有"语言、文字""语言、文学""语言、文化""语言、文章"等四种说法。但不管认同哪种内涵，"语言"都是语文学科的核心内容，是语文教育的"中心"。学用语言，是基于语文学科本质属性的特点。语文教学应该以语言学习与运用为基础和出发点，体现语文学科属性，有"语文味"，不能把语文课上成政治课、历史课、班会课，应该以语言实践为基础，重视语言的积累与运用。

2017 年版《普通高中语文课程标准》对语文课程性质进行了规定，认为"语言文字是最重要的交际工具和信息载体，是人类文化的重要组成部分"[①]"语文课程是一门学习祖国语言文字运用的综合性、实践性课程。工具性与人文性的统一，是语文课程的基本特点"[②]。这突出了语文的交际功能，突出了语言运用的核心地位。课程标准将语言的建构与运用作为语文学科的核心素养，并且语言的建构与运用同其他三个核心素养不是并列的，可见语言运用在语文课程中的重要地位。

（二）语文课程标准重视对学生思维的培育

课程标准将思维发展与提升作为语文学科的核心素养。强调语文教育要发展学生的直觉思维、形象思维、逻辑思维、辩证思维和创造思维，提升学生思维的深刻性、敏捷性、灵活性、批判性和独创性。

（三）语文课程标准重视对学生思想品德的教育

课程标准强调，工具性与人文性的统一是语文课程的基本特点，语文教育要重视发挥语文教育的育人功能。2017 年版《普通高中语文课程标准》在课程内容方面落实习近平新时代中国特色社会主义思想，有机融入社会主义核心价值观，中华优秀传统文化、革命文化和社会主义先进文化教育内容；在课程性质中强调重视培育社会主义核心价值观，培养高尚的审美情趣，积累丰厚的文化底蕴，理解文化多样性。

---

① 中华人民共和国教育部.普通高中语文课程标准（2017 年版，2020 年修订）[S].北京：人民教育出版社，2020：1.
② 中华人民共和国教育部.普通高中语文课程标准（2017 年版，2020 年修订）[S].北京：人民教育出版社，2020：1.

（四）语文课程标准重视培养学生的创新精神

课程标准在教学建议中要求改变学生的学习方式，创设综合性学习情境，开展自主、合作、探究学习，"保护学生的好奇心、求知欲，鼓励自主阅读、自由表达，激发问题意识，引导他们体验发现问题、解决问题的过程"①。

二、深度学习理论

（一）深度学习的概念内涵

学术界对深度学习的概念有不同的理解，我们认同郭华教授的观点："所谓深度学习，就是指在教师引领下，学生围绕着具有挑战性的学习主题，全身心积极参与、体验成功、获得发展的有意义的学习过程。在这个过程中，学生掌握学科的核心知识，理解学习的过程，把握学科的本质及思想方法，形成积极的内在学习动机、高级的社会性情感、积极的态度、正确的价值观；成为既具独立性、批判性、创造性又有合作精神、基础扎实的优秀的学习者，成为未来社会历史实践的主人。"②

（二）深度学习的内容

深度学习的内容是"有挑战性的学习主题"。这是深度学习所主张的学习内容组织方式，即改变孤立、平列、散在的知识点，主张教学内容以内在结构的方式构成学习单元。第一，学习单元具有整体性。学习单元一定是知识单元，但并不是静态的知识单元，而是包含着教学意图、教学情境和学生学习活动方式的动态学习单元，是为学生主动、多样化学习活动展开和发展而设计的有内在结构的学习单元。也就是说能够引发学生深度学习的内容，在组织上是整体的、结构化的。第二，学习单元具有"挑战性"。学习单元客观上要求学生不仅要学会知识，还要通过知识学习，形成关于学科的整体观念和相应的能力，学会学习，获得发展。第三，学习单元需要整体设计。教学内容应该定在学生自己学不会但是在教师（或许也可以是同学，但主要是教师）的帮助下能够学会的水平。③

（三）深度学习的特征

郭华认为，深度学习具有五个特征。第一，联想与结构，即经验与知识的相互转化。强调"联想与结构"，意在强调个体经验与人类知识在深度学习这里不是对立的，而是相互成就、相互转化的。"联想"（唤醒、调动）是关照、重视学生个体经验（包括日常生活经验），而"结构"是通过教学活动对经验和知识的整合与结构化。第二，活动与体验，

---

① 中华人民共和国教育部.普通高中语文课程标准（2017年版，2020年修订）[S].北京：人民教育出版社，2020：42.
② 郭华.深度学习及其意义[J].课程·教材·教法，2016（11）：27.
③ 郭华.如何理解深度学习[J].四川师范大学学报（社会科学版），2020（1）：89-95.

即学生的学习机制。"活动"是指以学生为主体的主动活动，而非生理活动或受他人支配的肢体活动；"体验"是指学生在活动中生发的内心体验。学生要成为学习的主体而不是被动的知识接收器，就得有"活动"的机会，有"亲身经历"（用自己的身体、头脑和心灵去模拟、去经历）知识的发现（发明）、形成、发展过程的机会。第三，本质与变式，即对学习对象进行深度加工。第四，迁移与应用，在教学活动中模拟社会实践。第五，价值与评价，即"人"的成长的隐性要素。[①]

（四）深度学习的设计

钟启泉教授认为，深度学习的设计要从三个角度进行。第一，从儿童提问开始。基于核心素养的深度学习把培育儿童的问题发现力与问题解决力置于重要的地位。"提问"是实现深度学习不可或缺的重要因素。这是因为儿童是学习的主体，儿童自身产生的疑问、问题意识与探究心，是推动儿童学习的原动力。第二，着力于从"基于教科书水准"上升到"超越教科书水准"。第三，支撑深度学习的两根支柱是对话指导与反思指导。[②]

（五）语文学科深度学习的特征

语文学科的深度学习，在遵循深度学习理论的同时，还有自己的学科特征。第一，在学习内容方面有自己的要求。对语文教材中的语文知识要进行深度挖掘；要发展学生高层次读写能力和高阶思维；要促成学生的语文创造；要提升学生的人生境界。第二，语文学科的深度学习，在学习方法上要遵循语文学科学习的特点，发挥语文学科独特的特征，采用发现、探究、表达的教学方法。

三、文章学与阅读理论

（一）文章学要求对文章本体进行深度挖掘

文章学认为，文章本体由文章的信息、体式和风貌三大部分组成。文章的信息可分为文章的事件、意旨、感情和境界四个方面；文章的体式包括文章的结构、语体、体裁、技法四个方面；文章的风貌包括文章的气势、风格、作风和美质四个方面。[③]阅读教学应该关注文章信息、体式和风貌中深层次的内容，挖掘文章的深层意蕴。

（二）阅读理论要求培养学生高层次的阅读能力

曾祥芹主编的《阅读学新论》主张，阅读能力可以分为横向结构和纵向结构；阅读能力的纵向层级结构由五个由浅入深的能力组成，分别是阅读感知力、阅读理解力、阅读鉴赏力、阅读迁移力和阅读创造力；阅读鉴赏力、阅读迁移力和阅读创造力是高层次阅读能

① 刘月霞，郭华.深度学习：走向核心素养[M].北京：教育科学出版社，2018：11.
② 钟启泉.深度学习：课堂转型的标识[J].全球教育展望，2021（1）：19-25.
③ 张会恩，曾祥芹.文章学教程[M].上海：上海教育出版社，1995：27-114.

力；语文阅读教学要全面培养学生的阅读能力，就需要培养学生高层次的阅读能力，重点是阅读鉴赏力、阅读迁移力和阅读创造力。①

四、现代写作学

现代写作学认为，写作行为的创造性是与个体性紧密相连的。写作的内容是人们按照自己的心灵空间，经过加工、改造、重组，重新安排的一个客观世界，是心灵的一种创造。美国写作学家威廉·W.韦斯特在其《提高写作技能》一书中对写作活动的创造性属性作了这样的阐释："所有的写作都是创造性的。所有的写作都包含一种新的表达的'起源、发展、形成'的过程。即使你使用的是'旧'的思想和第二手材料，你也为它们创造着一种新的而且是唯一的表达方式。你产生出一些完全新的东西，一些认真的、完全表达出你的性格和才能的东西。"写作教学的过程就是教学生怎样发现生活、发现思想、发现写作规律的过程，只有采用探究式教学方法，才能体现写作创造性的特点。

现代写作学要求培养学生个性化写作的能力。语文写作教学要追求写作的生活化、个性化。生活中写作是有目的、有情境的，写作生活化符合生活的需要，因此要提倡公民写作、探究式写作。生活中的写作许多情况只是表达自己的情感需要，因此要提倡个性化写作，如随笔、日记。部分学生是有文学天赋的，因此可以鼓励文学创作。

五、思维科学

思维科学要求培养学生的高阶思维，促成学生的语文创造。思维科学将创新思维从形式上分为10个类型，即发散思维（吉尔福特认为它决定创造力）、决策思维（又叫集中思维，是以自己独特的价值观来判断、选择事物或行为，体现一个人的识见，是认识世界的过滤器）、求异思维、批判思维、侧向思维（即利用局外的，貌似无关的信息来发现解决问题途径的思维）、因果思维、系统化思维（又叫立体思维）、形象思维、灵感思维和直觉思维。其中，因果思维、批判思维和发散思维属于高阶思维。思维科学对思维的品质也进行了分类，包括思维的流畅度、思维的广度、思维的深度、思维的独创度，还有思维的灵活性、思维的敏捷性、思维的逻辑性等。其中，思维的独创度是创新思维的核心品质。

阅读心理学揭示了阅读联想、阅读思维和阅读意志对阅读的作用，认为阅读思维是阅读的核心，在阅读中起到关键作用。在语文教育中开发形象思维、灵感思维、求异思维等有独特的优势，文学作品中具有开发形象思维的教育资源，相当一部分的文学作品具有开发灵感思维的教育资源。②叶圣陶先生认为，文学作品最能培养学生的创造力。我们认为，

① 曾祥芹.阅读学新论[M].北京：语文出版社，1999：294-297.
② 赖国强.阅读心理漫谈[M].南宁：广西教育出版社，2000：35-44.

语文阅读教学还要重视培养学生的因果思维、批判思维、发散思维、求异思维等高阶思维，重视培养学生思维的广度、思维的深度、思维的独创度等思维品质。

《语文创造思维心理学》作者熊兆武教授认为，语文教育也要关注创造。他认为，作为普通教育中的重要基础学科——语文学科教育，不仅要把对学生创造力的培养视为己任，而且它在开发学生的创造思维心理、培养创造能力方面有着特殊的功能和极为广阔的天地。熊兆武教授还认为，语文学科在学科性质、教学内容、教学第二渠道、语文教师工作特点方面，都为培养学生的创造能力提供了充分的有利条件。语文学科与研究性学习关系密切，在语文学科可以大力开展研究性学习，培养学生创新精神。熊兆武教授提出，语文学科的开放性，为研究性学习提供了多向性接口；语文学科的模糊性，为研究性学习留下了深入钻研的余地；语文学科的基础性，为研究性学习铺设了跳板；语文学科的综合性，为研究性学习搭建了桥梁；语文学科的时代性，为研究性学习注入了活水；语文教师独特的好学精神和创造性也为研究性学习提供了丰富的动力和资源。[①] 所以，中学语文教育应该充分发挥语文学科优势，开发语文教师创新教育资源；在阅读教学中要让学生有所发现、有所运用、有所创造；在写作教学中要培养学生个性化、创造性地表达。

六、中国传统文化与语文学科特点

中国传统文化中对人生境界的论述比较多，语文教育应充分运用这些教育资源，提高学生的人生境界。在《道德经》中，老子提出了人身修为的五境界，即"修之于身，其德乃真；修之于家，其德乃余；修之于乡，其德乃长；修之于邦，其德乃丰；修之于天下，其德乃普"。在《论语·为政》中，孔子提出了人生不同年龄阶段成长的七境界，即"吾十有五而志于学，三十而立，四十而不惑，五十而知天命，六十而耳顺，七十而从心所欲，不逾矩"。哲学家冯友兰先生对人生境界进行了总结，提出了人生四境界，即自然境界、功利境界、道德境界和天地境界。

语文学习材料与境界关系密切，语文学科要运用学习材料对学生开展人生境界教育。语文学科的语言材料大都有一定的境界，如《论语》中"志于道，据于德，依于仁，游于艺"；老子《道德经》中"大方无隅，大器晚成，大音希声，大象无形"；庄子《逍遥游》中"至人无己，神人无功，圣人无名"；苏轼《赤壁赋》中"苟非吾之所有，虽一毫而莫取"；陶渊明《饮酒（其五）》中"采菊东篱下，悠然见南山"；司马迁《报任安书》中"亦欲以究天人之际，通古今之变，成一家之言"；等等。语文学科的语言材料对提升学生的人生境界具有潜移默化的作用。

语文教学方法和学习方法能促进学生人生境界的提升。人生境界的提升，常常与自己的感悟联系，可以说，没有感悟就没有境界的提升。感悟又与语文学科十分密切，

---

① 熊兆武.语文创造思维心理学［M］.西安：陕西师范大学出版社，1997：51.

感悟既是语文学科重要的学习方式，又是语文学科重要的学习结果。语文学科的思想品德教育有自己独有的特点，它是通过有思想、有境界、有意境和有美感的语言材料对学生进行暗示，教师结合自己的经历和思想认识进行生发、引导，学生在自己学习和教师引导的基础上产生感悟，最后完成思想品德和道德情操的提升。学习材料的暗示性、教师的相机引导性、学生的自我感悟性是语文思想道德教育的突出特点。语文教育是一门艺术，学生的思想、道德情操是在艺术熏陶中慢慢提升的，境界教育很好地体现了这个特点。

第三章 语文核心内容的深度教学

语言、语文知识是语文教育的核心内容。本章主要阐述语言教学的基本理念，语言深度教学的策略和实践案例；对语文知识的有效性进行了探讨，提出语文知识有效性的主要标准，根据目标分类学开展语文知识的深度教学实践；提出语文境界教育的观点，探讨了语文境界教育的基本内容和层次。

第一节 》语言深度教学的策略

一、语言教学的基本理念

第一，语文教育要深入认识语言。语言是语文教育的基础，是语文学科区别于其他学科的本质特征，因此，语言是语文教育的重点内容。中学语文教育出现"少、慢、差、费"的现象，一个主要原因是中学语文教育对语言的重要性认识不够，中学语文教师对语言教育的认识和实践不到位。

第二，培养学生的语言敏感是语文教学的重要任务。学生有了语言敏感，就会自觉地发现语言、运用语言、提升语言运用的水平。语言敏感的培养，要求教师要善于引导学生发现优秀的语言，品味、鉴赏优秀的语言，培养学生对语言的兴趣，进而培养对语言的敏感。

第三，语言学习不只是单纯的记忆和理解，还有鉴别、重组和运用。语言习得是在语言运用中动态学习的，教师要引导学生对语言进行鉴赏和评价，从而培养语言的敏感，让学生领略到语言的美。在教学中，要特别重视对语言的模仿、运用，教师要设置一定的语言情境，让学生模仿、运用语言。

第四，可以采用探究式方法学习语言。采用探究式的方法学习语言，能加深学生对语言的理解和鉴赏，提高学生对语言运用的敏感度。

二、语言深度教学的策略

（一）积累——渐悟策略

在语言教学的过程中，教师有意识地让学生大量接触有创新因素的语料，指导学生积累语料，不但能提高学生语言运用的水平，也能培养学生的创造能力和创造精神。在阅读教学中，教师可引导学生发现特殊的语言信息。第一，发现特殊的词语，如"永远地'国'下去"。（词类活用）第二，发现特殊的修辞格，如双关、通感、仿拟、移用、拈连、易色、飞白等。第三，发现特殊的句式，如"怎么了，你？"（倒装）第四，发现特殊的情感，如"原来如此！"（愤怒至极）第五，发现特殊的语言风格，如"威尼斯并非没有桥，三百七十八座，有的是。"（清新活泼）第六，发现特殊的意境，如"深蓝的天空中挂着一轮金黄的圆月，下面是海边的沙地……"（神异画面）第七，发现特殊的想象，如"啊，我思念那洞庭湖，我思念那长江，我思念那东海，那浩浩荡荡的无边无际的波澜呀！"等等。进而使学生自觉地积累这些富有创新精神的语言，渐悟语言运用的创新规律，逐渐培养学生的语言运用和语言创新能力。

（二）模仿——迁移策略

语言的使用是一种技能。一种技能，只有通过正确的模仿和反复的实践才能养成。婴幼儿学习语言主要靠的是模仿，中学生学习语言同样得进行正确的模仿。人类在进行语言模仿时，还会根据语言逻辑，运用同样的语言形式进行迁移、推演，从而表现出语言学习的创造性。如，幼儿在学习"拿"这个词语后，会将之用在许多方面，远远超出"拿东西吃"的范畴，比如用"拿"来代替"抓痒"以弥补词汇的不足；稍大一点的儿童会根据语言规则，更换词语（运用相同类别、相同词性的词语进行替换），来表达新的内容。这些都是在语言模仿中迁移的表现。在语言教学中，教师应利用这一学习规律，在模仿的同时注重迁移训练，如替换句式内部的词语，替换比喻中的喻体，仿造语言特点再造一个形式相似内容不同的句子，等等。在迁移中，学生的创造能力和创造精神便会得到提高。

（三）想象——发散策略

爱因斯坦曾说："想象力比知识更重要。"创造力是以想象为基础的。语言，特别是文学语言具有很多的想象因素，比如李煜《虞美人》中"问君能有几多愁，恰似一江春水向东流"，用"一江春水"形容"愁"多，具有极强的想象力。在语言教学中，教师应根据语料特点调动学生进行环境、场面、形象、意境的再造想象和创造想象；想象的方向应是发散的、立体的。如朱自清《绿》中关于梅雨亭的一段描写便是一幅立体的画面，教学中可以利用这一段语言，引导学生进行多方位的发散想象。

想象的发散，属于发散思维。吉尔福特认为，发散思维所表现出来的外在行为，即代表这个人的创造力。他的创造力测试量表，主要就测量发散思维（1999 年高考作文题"假如记忆可以移植"与该量表中"如果人们不需要睡眠，会发生什么结果"一样，都属于后果推断测验，测量想象和发散思维）。因此，当我们遇到诗、词、散文和小说中意境高远、想象丰富的语言时，不但要及时引导学生进行再造想象和创造想象，更要注意想象的发散。叶圣陶先生也曾举王维"大漠孤烟直，长河落日圆"为例，来说明如何驱遣我们的想象。

有时想象语言未来的运用环境、对象，也是一种想象的发散，比如，看到"不必说……也不必说……这里我只想说说……"这一语言结构，可以想象未来可能运用的各种场合、对象；或对于某一成语、修辞格等想象未来可能运用的各种场合、对象。如此，将想象和发散结合，既能加强学生对语言的体会，又能促进未来的语言运用，更能培养其创造能力和创造精神。

（四）比较——求异策略

有比较才有鉴别，有比较才有优劣。许多语言如果把它和另外一个词语、句式、修辞格等进行比较，便会发现它们的差异。修辞学上有一种观点，认为同一语义存在着若干个"平行同义结构"（王希杰），语言表达就是要努力寻找、选择其中最适合题旨的一个。在语言教学中，我们应努力探寻最好的那一个语言形式，而只有在比较中才能看出哪一个更好。

这种比较正是同中求异的思维方式，而求异思维在思维科学中被看作是创造思维的重要表现。因此，在教学中，应重视语言的比较，运用求异思维，发现最好的语言形式。如"春风又绿江南岸"中的"绿"，与"吹""拂"等词语一比较便会发现"绿"的创新价值了。

（五）批判——完善策略

在语言学习和运用中，也常常会碰到陈言，教师可引导学生对这些语言进行讨论、分析，运用批判思维，提出修改意见，进而使这些语言完善。如，学生作文中常有"套话""空话""假话"，通过讨论、分析，运用批判思维使它们完善，写出新颖、得体、诚实而有个性的语言。即使对比较好的语言，也可以大胆怀疑，寻找更好、更新的语言来表达，因为语言艺术无止境，任何一个语言形式与理想中的表达效果都有距离，再好的语言也只能是无限接近理想中的表达效果。这种批判完善的思维方式，正是创造的动力。

《第二节》语言深度教学的实践探索

这里，我们以运用工具书培养学生研究性学习词语为例，谈谈如何开展语言深度教学。

一、运用工具书培养学生的编撰能力

编撰能力是根据现有的资料进行整理加工的能力，要求对信息收集、整理、加工和重新组合。对于从事社科工作的人来说，编撰能力是常用的重要的能力。我们结合语文学科的特点，运用工具书来培养学生的这种能力。

（一）运用《古汉语常用字字典》编撰《高中文言文 168 个常用字用法手册》

《全日制普通高级中学语文教学大纲（试验修订版）》规定高中语文应掌握150个常用文言实词和18个文言虚词。文言词语的学习，基本是三个途径：一是阅读课文下面的注释；二是做课后思考和练习；三是查工具书解决词义。这还不属于研究性学习。我们在这三种常规学习方法的基础上，让学生利用《古汉语常用字字典》编撰《高中文言文168 个常用字用法手册》。

1. 方法

①版本指导。《古汉语常用字字典》有不同的版本，不同的编者。我们指导学生采用王力先生主编的商务印书馆 1998 年版的《古汉语常用字字典》，使学生认识到，做学问使用的参考资料应当具有权威性、学术性和新颖性，尽量采用最新的版本。考虑到学生的

经济负担，我们也建议学生可以采用陕西人民出版社出版的《中学生古汉语常用字字典》，并主张将两个字典参照使用。

②编写体例。考虑到便于使用，我们改变了字典按音序排列的体例，而是按课文先后的顺序。释词也不完全按照字典的例句，而是采用教材例句优先的原则，凡是教材中有例句的就不用字典上现成的例句。暂时没有教材例句的先用字典中的例句，以后课文中一旦再出现与《高中文言文 168 个常用字用法手册》中义项相同的，就立即用课文中的例句。

③义项和例句的数量。我们考虑学生使用的特点，确定以常用义项作为入选对象，对一些冷僻的义项一般不收。

2. 示例

《劝学》

闻：

① 听见。顺风而呼，声非加疾也，而闻者彰。《劝学》

② 见闻，知识。博闻强志。《史记·屈原列传》

③ 声望，名声。不能称前时之闻。（教材课后练习）

④ 听说。燕、赵、韩、魏闻之。《邹忌讽齐王纳谏》

⑤ 使上级听见，报告上级。能谤讥于市朝，闻寡人之耳者，受下赏。《邹忌讽齐王纳谏》

⑥ 闻名、著称。事母以孝闻。《隋书·李士谦传》

3. 作用与效果

第一，学生加强了常用文言词语的理解和记忆。第二，扩展文言词语的义项，使文言词语有计划、有重点地解决。教材中的文言词语，有的在注释中，不系统；有的在思考练习中，义项不全面，一般不超过 4 项。而从高中语文教材来看，某个文言词语的练习往往只有一次，不再重复，其他义项只散见于其他课文的注释或文章中。编撰《高中文言文 168 个常用字用法手册》可以使学生依照教材附录的顺序一个一个地解决，做到个个清。第三，培养学生的编撰能力。第四，为自己平时复习和高三阶段的复习提供方便。

（二）运用《现代汉语词典》编撰《高中语文现代汉语词语用法手册》

高中语文教材中出现了一些较生疏的词语，教材附录集中收录了这批词语，如《记念刘和珍君》一课中有"寥落、平素、相干、惨淡、桀骜、黯然、噩耗、菲薄、微茫、喋血、流言、尸骸、罗网、屠戮、绯红、干练、依稀、殒身不恤"。这些词语只有少部分在课文注释中出现，于是我们指导学生运用工具书，结合课文中的语境来解释词语，编撰成《高中语文现代汉语词语用法手册》。除一般性解释外，我们重点引导学生辨析词语的语境义，即增加词语在本课中语境义的义项。

二、运用工具书提高学生词语运用的鉴别能力

（一）辨析词语使用的不同意义，认识词典义与语境义的区别

词语运用千变万化，有的使用词语的基本义，有的使用比喻义，有的使用引申义，有的甚至是采用了一些特殊的修辞手法如反语、易色、象征等，其词语的意义不再采用词典中的义项。如鲁迅《拿来主义》中的"摩登"一词，其意义就不只是"现代的""时髦的"意思，还有了讽刺意味。"发扬国光"也不再是褒义词。让学生查《现代汉语词典》，对比语境义与词典义的区别，使他们认识词语运用的灵活性，词语理解要符合语境规律。

（二）辨析同义词、近义词的区别

对语文教材中的一些同义词、近义词的区别，我们让学生自己查词典来解决。如鲁迅《拿来主义》中的"抛来""抛给""拿来"的区别。

（三）甄别词语运用的正误

毛泽东《改造我们的学习》一课中，学生对"空气"的使用有疑问。我们引导他们利用工具书来解决疑问，有一位学生写出了《"气氛"与"空气"》的小论文。运用工具书我们还发现高中语文教材中一些文言文或课后练习答案的错误。如高中语文第一册《勾践灭吴》练习二中，"孰为汝多知乎"中"知"的理解，教学参考书上解释为"智慧"，而《古汉语常用字字典》中解释为"知识"。我们引导学生讨论，最后以《古汉语常用字字典》的解释为准。

在语文教学中，我们发现工具书对于加强学生语文研究性学习具有很重要的作用，如果引导得当不仅能提高学生语文素养，而且能培养他们的研究能力，应引起语文教师的高度重视。

"气氛"与"空气"

安徽省固镇县第一中学 高一（1）班 刘明连

毛泽东在《改造我们的学习》(人民教育出版社，2000年版全日制普通高级中学教科书，语文第二册)中，三次用到"空气"一词："二十年来，一般地说，我们并没有对上述各方面作过系统的周密的收集材料加以研究的工作，缺乏调查研究客观实际状况的浓厚空气。认真地研究现状的空气是不浓厚的，认真地研究历史的空气也是不浓厚的。"乍一看有些别扭，于是有些同学包括我自己也认为这几句话中的"空气"用得不恰当，应当用"气氛"。

查《现代汉语词典》(商务印书馆，1996年版)是这样解释"气氛"的："一定环境中给人某种强烈感觉的精神表现或景象。"

"空气"，《现代汉语词典》(商务印书馆，1996年版)中有两种解释："构成地球周围大气的气体。气氛。"

由上可知，毛泽东所用的"空气"一词解释应是："一定环境中给人某种强烈感觉的精神表现或景象"。查《辞海》(上海辞书出版社，1980年版)上面关于"气氛"的解释与《现代汉语词典》(商务印书馆，1996年版)中关于"气氛"的解释大体相同，"指洋溢于某个特定环境中的情调与气息"。而关于"空气"的解释却只有一种："弥漫于地球周围的混合气体……"。难道《辞海》还没有《现代汉语词典》全面？为了慎重起见，笔者又查阅了上海辞书出版社1999年版的《辞海》，上面还是没有"空气"的第二种解释。经过思考我们认为：

一、《改造我们的学习》文中所用"空气"一词是正确的。

二、虽然"气氛"与"空气"的第二种解释相同，但它们之间还是有区别的。从范围上说，"空气"要比"气氛"更广一些，《改造我们的学习》文中是针对全国来说的，范围较大，所以此处应用"空气"一词。这就要求我们在使用一些解释相同的词语的时候，注意它们之间的细微区别，以免用词不当。

三、工具书《现代汉语词典》和《辞海》的功能不同，这点往往被我们中学生所忽视。一个字或词，尤其是词语的解释，往往查一种工具书上面没有，就认为另一本工具书上一定也没有，这样就会引出一些错误。孰不知它们的功能是有区别的。《现代汉语词典》收录的是日常生活中比较常用的字词，而《辞海》收录面较广，是一部百科性的工具书，所以收录内容不太详细。不仅《现代汉语词典》与《辞海》功能不同，而且各种工具书的功能都不尽相同，这就要求我们在使用工具书时，一定要搞清它的功能，以免出现错误。

通过让学生借助工具书编纂相关的词语手册，借助工具书提高学生对词语运用的鉴别能力，不仅能提高学生对词语的理解力，而且能使得学生对词语运用有更深刻的认识，从而提高学生对语言的敏感。

第三节 有效语文知识刍议

一、知识也有"质量"

人们通常认为，知识越多越好，没有知识是无用的；事实上，这正是人们认识上的误区。

方展画在《现代人的思维训练》中认为，不同的知识对于思维能力有不同的价值，不是知识越多对于思维的正面作用越大。法国生理学家贝尔纳指出："构成我们学习最大障碍的东西是已知的东西而不是未知的东西。"科学家贝里奇认为，如果一个人已有丰富的知识，并且能足够用于思维时，这些知识有助于解决问题；然而，如果已有的丰富知识不能足够用于思维，那么这些知识"就使得头脑更难想象出新颖独创的见解"，并且"一些虚妄的知识也会成为障碍"。在科学发明的过程中，有不少新发现是为学术权威所压制的；而不少学者，知识丰富到一定的程度便丧失了创造力。20世纪50年代，美国学者霍兰、阿斯逊通过调查指出，在某些学院，学生成绩越好，反而其创造性越差。由此可见，知识越多越好的说法不完全正确。

随着各种知识的急剧增加，人们开始提出"知识质量"的概念。1971年尤普金·简托斯提出"知识的质的参数"，即：知识的正确性或可靠性；知识的概括性；知识的系统性；知识的变易性；知识的持续性。波塞研究了10方面与艺术有关的知识在艺术教学和实践发展中的关系，从中得出艺术理论、艺术方法论两方面知识是最为重要的结论，也即艺术理论、艺术方法论的知识"质量"最高。

二、中学语文有效知识的界定

对于中学语文教学来说，也存在知识"质量"问题。我们认为，语文知识的"质量"主要是指其有效性，也即应用可能性、迁移性和持续性三个方面。

中学语文知识的内容十分广泛，如语音、文字、标点、句子、语法、修辞等语言学知识，文学史、文学理论、写作学、文化学、阅读学、语文学习方法论等知识，还有与语文教学有关的历史、哲学等社会学方面的知识。这些知识在正确性、可靠性、系统性方面的质量都比较高，但是它们相对于中学生，相对于中学语文教学目标来说，其有效性却不尽相同。仅就汉字来说，常用汉字有2500字，次常用汉字有1000字，不常用汉字有4000多字，显然2500个常用汉字的使用频率最高，小学阶段应该优先掌握2500个常用汉字。

对于中学语文知识有效性的界定，应考虑如下因素：

第一，对形成语文素养和语文能力作用的大小。中学语文教学目的和任务是提高学生的语文素养，培养学生正确、熟练地运用祖国语言文字的能力。从本质上说，所有的语文知识对于学生语文素养和语文能力的培养都具有一定的作用，但作用的大小显然不一样。因此，应加强对语文知识与语文素养、语文能力关系的研究，确定符合中学语文教学实际的语文知识体系和有利于提高语文素养、发展语文能力的语文知识量。只有这样才能切实减轻学生学习负担，提高语文教和学的效率。

第二，在中学生现在、未来应用中的频率和范围。学以致用，这是学习的根本目的；不是所有的语文知识在学生现在和未来的生活、工作中都能经常使用，在初、高中六年的有限时间中，如何教授学生终身受用的知识是十分重要的。不少语文知识在学生现在和未来应用中的频率很低，完全可以不教、不学、不考。

第三，对于学生创造力的影响力。创造能力是现代教育的一个重要目标，更是素质教育的主要目标。在进行语文知识教学时，应充分考虑对学生创造意识、创造习惯、创造个性和创造能力影响的大小。如在向学生传授人物评传方面的知识时，关于有创造性或有利于启发创造的人物故事应作为传授的重要内容。

第四，对学生人格、世界观的影响力。人格和世界观是每一个人存在、发展的重要基础，任何一门学科的知识都可能存在着与人格、世界观的关系。学校要培养的是人格健全、世界观正确的人。中学语文教学在这方面担负着极其重要的任务，"文道统一"自古已然。语文知识的教学应有利于学生的可持续发展。

三、研究中学语文知识有效性的价值

第一，研究中学语文知识的有效性能够使语文教学由模糊到相对精确，提高语文教育的确定性和科学性。语文是一门基础性、综合性学科，语文学科也属于人文学科，因此，具有较大的模糊性。但是，语文教育既然是一门科学，那么就要研究语文教育的确定性、规律性和规范性，我们要研究语文教育目标、内容、方法、手段、评价的比较确定性的内容，而研究有效语文知识是提高语文教育确定性和科学性的前提。首先，我们要组织各方面专家对语文知识和语文能力进行系统研究，特别对语文知识的有效性进行系统研究；然后，把这些有效语文知识作为必备语文知识编写到语文教材中；最后，由教师在教学中指导学生学习和掌握，达到迁移、运用的水平。

第二，研究中学语文知识的有效性能提高语文教学效率，减轻学生负担。中学语文知识由于内容太多，教师在教学中往往采用满堂灌的方法，学生为了应考常常需要背诵大量的语文知识。仅名句一项，学生就须背上千条，不少名句在现在和未来的报刊中应用率很低。这些都大大加重了学生的学习负担。中学生每天要学习5~7门课程，在语文学科上安排的课外学习时间每天不超过1小时，在有限的时间内只有学习有效性强的语文知识，才能提高学习效率。从另一方面讲，只有将那些有效性差的语文知识避而不授，才能减少语文学习的知识量，提高语文教学效率。

第三，研究中学语文知识的有效性能使语文教学由大而"无边"到大而"有边"。中学语文教学的模糊性使中学语文教师感到语文难教，学生普遍感到语文学习见效慢，有不可知论的倾向和畏难情绪。前几年，人们又提出了"大语文"的教学观，使语文显得更加扑朔迷离。笔者认为，如果仅就中学语文教和学的目标、内容、时间、空间等实际情况来说，语文教学不能无限地"大"下去，必须有一个范围，必须从量上进行规定。这样，中学语文教学才能由模糊到清晰，由不可知到可知，从而增强学生学习语文的信心，改变语文教学"少、慢、差、废"的现状。

四、研究中学语文知识有效性的方法

第一，根据目标分类学构建语文知识分类和运用体系。布卢姆的教育目标分类学对知识进行了科学的分类，将知识分为事实性知识（包括术语知识、具体细节和元素知识）、概念性知识（包括分类和类目的知识，原理和概括的知识，理论、模型和结构的知识）、程序性知识（包括具体学科的技能与算法的知识，具体学科的技术和方法的知识，决定何

时运用适当程序的标准的知识）、反省认知知识（策略性知识、元认知知识、自我知识）4 大类和 11 小类的知识。这为我们进行语文知识归类提供了很好的标准。同时，目标分类学还从认知过程维度对知识学习过程进行了分类，将知识的认知过程分为记忆（包括再认、回忆）、理解（包括解释、举例、分类、概要、推论、比较、说明）、运用（包括执行、实施）、分析（包括区分、组织、归属）、评价（包括核查、评判）、创造（包括生成、计划、产生）6 大类 19 小类的认知过程。[①] 我们应该根据以上分类标准建构语文知识的分类和运用体系，明确语文知识教学的内容和要达到的运用水平，这是语文教育的基础性研究工作，是不可回避的第一研究内容。

第二，基于统计学的语文知识量化研究。研究事实性、概念性语文知识的有效性，必须使用统计学，对其进行量化分析。目前我们首先应对那些较为明显的易于量化的事实性、概念性语文知识进行研究，如常用词语、常用成语、常用修辞格、常用名句、常用文学常识、常用文化常识、常用文言词语等。这项研究非常重要，章熊先生在《语文教学沉思录（三）》中认为："量化分析需要时间。正如一切科学研究一样，对语文教学的量化分析只能从一个一个有限的目标着手，要一个课题一个课题地进行，而且要组织好队伍，解决课题研究的许多问题。这是一个相当艰难的历程，不是一蹴而就的。在量化分析取得相当成果以前，广大教师仍然会觉得无所依据。"只有突破了语文知识量化研究，语文教育的科学性和有效性才有保障。

第三，基于学科专家分析、论证的语文知识等级研究。语文学科知识涉及语言学、文章学、阅读学、写作学、文学、文化学等诸多的学科内容，构建有效语文知识体系需要以上各学科专家的大力支持。我们认为，可以请学科专家从学习难度和有效性两个维度对语文知识进行分类评估。一是请专家对相关领域知识的学习难度进行评估，便于将语文知识分配到不同学段中，利于语文教师进行教学。可以从知识学习的难度对语文知识进行五个等级的评估，即 A 级——很难，B 级——难，C 级——比较难，D 级——比较容易，E 级——容易。同时，请学科专家根据知识学习的难度，提出年级适用性的建议。如比喻修辞格这一知识，可以请修辞学家确定知识学习的难度为哪个级，适宜开始教学的年级为哪个年级。二是请学科专家对语文知识的有效性进行评估，可以按照我们上面提出的有效性的四个标准对语文知识进行五个等级的分类。如，关于某一语文知识（如小说的双线结构）"在学生现在、未来应用中的频率和范围"这个标准，学科专家可以将知识评估为 A 级——必须知识，B 级——常用知识，C 级——比较常用知识，D 级——不常用知识，E 级——很少用知识。我们相信，语文知识经过学科专家的分类评估，对构建语文知识教学的体系，对语文教师教学、学生学习具有很大的参考意义。

第四，基于实证的一线教师语文知识教学实验研究。语文知识教和学的有效性，最终还是需要回到语文教育实践中检验，因此，组织一线教师开展语文知识有效性的实证研究

---

① L.W. 安德森, 等. 学习、教学和评估的分类学 [M]. 皮连生, 主译. 上海: 华东师范大学出版社, 2008: 35-77.

是重要的方法。我们可以组织大量一线教师对语文知识的有效性进行准实验研究和调查研究，研究语文知识对学生语文素养形成的作用，探索语文知识教学的有效方法，最后形成与语文教育实际相符的有效语文知识体系。

《中国高考评价体系》中提出，高考要考查学生的"必备知识"和"关键能力"。我们认为，明确了语文有效知识的概念内涵，认识到研究语文有效知识的价值和方法，可以帮助我们更好地理解、教学、评估语文"必备知识"。但是，只有确定了有效知识的标准，用科学的研究方法建构起有效语文知识体系，语文"必备知识"的教学和评估才能科学和有效。

第四节 语文知识深度教学的实践探索

我们以义务教育课程标准实验教科书语文八年级上册第二单元《老王》一课为例，谈谈如何进行语文知识的深度教学。

一、语文知识深度教学的设想

第一，以布卢姆目标分类学为依据，追求科学的目标设计，达成目标、教学与评估的一致性，提高语文教学内容的确定性，从而提高语文教学效率。

第二，在事实性知识和概念性知识学习的基础上，突出语文程序性知识和反省认知知识的教学；探索语文写作技巧类知识（程序性知识）的教学策略，即习得策略、迁移和运用策略。

第三，读写结合，突出语文应用，充分发挥阅读课文的功能。从文本挖掘、阅读能力和思维能力三个维度开展深度阅读教学。

二、语文知识深度教学的目标

语文知识深度教学的目标见表 3-1。

表 3-1 语文知识深度教学的目标

第一部分 目标	
单元整体分析	一、教材内容 义务教育课程标准实验教科书语文八年级上册第二单元（课程教材研究所、中学语文课程教材研究开发中心编著，人民教育出版社 2007 年 3 月第 2 版） 6.《阿长与〈山海经〉》鲁迅 7.《背影》朱自清 8.《台阶》李森祥 9.《老王》杨绛（√） 10.《信客》余秋雨

（续表）

	第一部分 目标
单元整体分析	写作：叙事要详略得当
	综合性学习：让世界充满爱
	二、语文课程标准
	（一）总目标
	1. 具有独立阅读的能力，注重情感体验，有较丰富的积累，形成良好的语感
	2. 学会运用多种阅读方法
	3. 能初步理解、鉴赏文学作品，受到高尚情操与趣味的熏陶，发展个性，丰富自己的精神世界（√）
	（二）七至九年级阅读目标
	1. 能用普通话正确、流利、有感情地朗读
	2. 养成默读习惯，有一定的速度，阅读一般的现代文每分钟不少于500字
	3. 能较熟练地运用略读和浏览的方法，扩大阅读范围，拓展自己的视野
	4. 在通读课文的基础上，理清思路，理解主要内容，体味和推敲重要词句在语言环境中的意义和作用
	5. 对课文的内容和表达有自己的心得，能讲出自己的看法和疑问，并能运用合作的方式，共同探讨疑难问题
	6. 在阅读中了解叙述、描写、说明、议论、抒情等表达方式（√）
	7. 能够区分写实作品与虚构作品，了解诗歌、散文、小说、戏剧等文学样式
	8. 欣赏文学作品，能有自己的情感体验，初步领悟作品的内涵，从中获得对自然、社会、人生的有益启示
	9. 对作品的思想感情倾向，能联系文化背景作出自己的评价；对作品中感人的情境和形象，能说出自己的体验；品味作品中富于表现力的语言
	三、2017年广东省初中毕业生语文学科学业考试大纲
	文学类文本阅读：
	18. 理清思路，整体把握作品的主要内容
	19. 把握不同体裁作品的情境与形象
	20. 揣摩作品的精彩细节
	21. 欣赏作品的表现手法，品味富于表现力的语言（√）
	22. 领悟作品的内涵，获得有益启示
	四、单元目标
	人教社义务教育课程标准实验教科书语文八年级上册第二单元提出：
	1. 本单元以"爱"为主题，对普通人尤其是对弱者关爱（√）
	2. 熟读课文，从中了解叙述、描写等表达方式，揣摩记叙文语言的特点（√）
	3. 叙述详略得当（√）
	五、课文分析
	《老王》是本单元的第4篇课文，通过作者与车夫的交往，写车夫在艰难困苦的生活中仍然能够保持善良厚道的品格，也含蓄地提出了关怀不幸者的社会问题，本课在材料组织方面有独特的特点，特别是在详略叙述方面很突出
	六、学生情况分析
	前面3课的学习，学生对记叙和描写有了初步的认识，在此基础上，可以根据本课特点，让学生进一步学习叙述的详略手法

（续表）

第一部分 目标	
课时目标	根据如上分析，本课的具体目标如下： 1.掌握叙述详略得当的叙事手法，包括： （1）能回忆课文老王的生活片断（记忆） （2）能区分老王生活片断的详略（分析） （3）能评价详略的作用与效果（评价） （4）能运用详略的叙述手法写某一个人物（创造） 2.体会、感悟老王和作者一家的善良

三、语文知识深度教学的过程与方法

语文知识深度教学的过程与方法见表3-2。

表3-2　语文知识深度教学的过程与方法

第二部分　教学		
教学任务与过程	教学内容	设计意图
一、预习与检查	（一）预习作业 1.通读课文，用一段话概括本文的主要内容和思想（书面表达） 2.细读课文，列出文章的主要思路（书面表达） （二）课堂检查 1.展示学生概括的主要内容和思想，师生点评，然后明确 2.展示学生列出的文章思路，师生点评，然后明确	整体把握文章内容；提高阅读理解力与概括力；发展聚合思维
二、任务一：叙述详略手法的学习	（一）引起注意，解读教学目标，并给予学习指导 （二）习得阶段 活动1：回忆课文老王的生活片断，区分老王生活片断的详略，并能口头表达 活动2：概括详略的内涵和特点，评价详略在本课的作用与效果，并能书面表达 （三）迁移阶段 活动3：阅读本单元其他3篇课文，分析叙述详略手法的特点、作用与效果，并能书面表达 （四）运用阶段 活动4：运用详略的叙述手法写某一个人物，表现"爱"的主题，课堂列出提纲	重点学习文章叙述详略的技巧；提高阅读理解、分析、评价与运用能力；提高思维的批判性、创造性
三、任务二：体会思想、情感	活动5：讨论，如何理解课文中"几年过去了，我渐渐明白：那是一个幸运的人对一个不幸者的愧怍"	通过文章的语言来揣摩思想、情感
四、作业	运用详略的叙述手法写某一个人物，表现"爱"的主题；课堂写出提纲，课后写作 要求：运用详略的叙述手法，表现"爱"的主题	迁移运用和创新；发展创造思维

四、语文知识深度教学的评估

语文知识深度教学的评估见表3-3。

表3-3　语文知识深度教学的评估

第三部分　评估	
阶段性评估	阅读课外一篇记叙文，完成下列问题： 1.找出文章中的叙述片断 2.区别叙述片断的详略 3.概括叙述详略的内涵及特点 4.评价叙述片断详略的作用与效果 5.运用详略手法列提纲
终极性评估	阅读课外一篇记叙文，完成下列问题： 1.判断详略的手法并能评价其作用与效果（阅读） 2.运用详略的手法列提纲或写文章（写作）

第五节　人生境界教育

"文道统一"是中国文学创作的传统，语文学科向来也有思想道德教育的传统。唐代韩愈将"教师"定义为"传道受业解惑者也"，其中，"传道"即有传授道理的意思。从事语文教育工作，必然存在对学生进行思想道德教育的要求。我们认为，根据语文学科的特点，建构语文学科思想道德教育的特色——境界教育，是一个有效路径。

境界是指事物所达到的程度或表现的情况；一指造诣。人生境界指人生达到的程度或造诣。

一、语文学科要重视境界教育

（一）中国传统文化重视人生境界

中国传统文化中对人生境界的论述比较多。《道德经》提出人身修为的五境界，即"修之于身，其德乃真；修之于家，其德乃余；修之于乡，其德乃长；修之于邦，其德乃丰；修之于天下，其德乃普。"孔子提出人生成长的七境界，即"吾十五志于学，二十而冠，三十而立，四十不惑，五十知天命，六十而耳顺，七十而从心所欲，不逾矩"（《论语》）。冯友兰先生提出的人生四境界，即自然境界、功利境界、道德境界和天地境界。近代王国维先生提出的做学问的三重境界也值得我们借鉴："昨夜西风凋碧树，独上高楼，望尽天涯路"，此第一境也；"衣带渐宽终不悔，为伊消得人憔悴"，此第二境也；"众里寻他千百度，蓦然回首，那人却在灯火阑珊处"，此第三境也。

基础教育阶段，学生的语文知识在积累，语文能力在持续提高，思想、品格和情操也有一个发展和提升的过程，因此，教育者不能过早给学生定性、下结论。如用"境界"这一概念来评价人，则可以得到这样的推论，即每个人都是有境界的，每个人的境界都是有层次的，每个人的境界都是变化的，每个人的境界都是可以提升的。我们认为，实施境界教育有几个比较好的优势。第一，在语文教育中，我们给学生当下思想、品格和情操的定位是肯定的和辩证的，肯定其境界的客观存在，肯定其境界是历史的存在。第二，学生的思想、品格和情操是可以塑造的，即学生境界是可以通过教育改变的，因为境界本身是可以提升的。第三，学生的发展是多元的，即学生的境界可以是多层次的，比如功利境界和天地境界，都是有益的、值得肯定的。第四，目标不是固定的，而是因人而异的，有的人可以达到天地境界，有的人可以达到道德境界。语文教育要承认学生境界的可变性，结合语言材料，根据学生特点，对学生进行境界教育，发挥语文教师的教育作用，发挥语文学科的育人功能。

（二）语文学习材料蕴含一定的人生境界

境界与语文学科关系密切。语文学科的语言材料本身有一定的境界，如苏轼《赤壁赋》中"苟非吾之所有，虽一毫而莫取"就是一种人生境界；杜甫《自京赴奉先县咏怀五百字》中"穷年忧黎元，叹息肠内热"是一种人生境界；陶渊明"不为五斗米折腰"是一种人生境界；范仲淹《岳阳楼记》中"先天下之忧而忧，后天下之乐而乐"也是一种人生境界；文天祥《过零丁洋》中"人生自古谁无死，留取丹心照汗青"更是一种人生境界；而吴承恩《西游记》中"扫地恐伤蝼蚁命，爱惜飞蛾纱罩灯"又何尝不是一种人生境界呢？

（三）境界与感悟有很大关系

人生境界的提升，常常与人的感悟、觉解有联系，而语文与感悟也密不可分。语文学科的思想品德教育，主要通过语言材料进行暗示，教师结合自己的经历和思想认识进行生发，学生在自己学习和教师引导的基础上产生感悟，进而提高思想和道德情操。这也正是我们主张开展境界教育的一种原因。语文教育的育人功能是在学生语文实践和教师引导下潜移默化的，是暗示的，由学生感悟的，而不是硬塞给学生的说教。语文教育是一门艺术，学生的思想、道德情操是在艺术熏陶中逐渐提高的，境界说能很好地体现这个特点。

语文教师的教学、学生的学习，也与人生境界的提升有一定关系。语文教师在语文教学中常常会结合自己的经历和思想认识进行生发，学生在学习和教师引导的基础上产生感悟，两者共同作用促进学生人生境界的提升。因此，构建语文学科思想道德教育的特色——境界教育，是语文教育的必然追求。

二、语文境界教育的内容要求

语文学科的境界教育在内容上要符合如下几个要求：

第一，语文学科的人生境界教育要聚焦社会主义核心价值观。"富强、民主、文明、和谐；自由、平等、公正、法治；爱国、敬业、诚信、友善"是社会主义核心价值观，是学科思想道德教育的核心内容。语文学科对学生进行人生境界提升的教育首先要关注社会主义核心价值观的落实。

第二，语文学科的人生境界教育要植根于中国优秀的传统文化。中国优秀传统文化是中华文化的瑰宝，是开展学生思想道德教育的宝贵财富，开展学生人生境界教育必须借鉴中国优秀传统文化。一是要体现中国优秀传统文化中的核心思想理念。如"革故鼎新、与时俱进的思想，脚踏实地、实事求是的思想，惠民利民、安民富民的思想，道法自然、天人合一的思想"和"讲仁爱、重民本、守诚信、崇正义、尚和合、求大同等核心思想理念"。二是要体现中华传统美德。如"天下兴亡、匹夫有责的担当意识，精忠报国、振兴中华的爱国情怀，崇德向善、见贤思齐的社会风尚，孝悌忠信、礼义廉耻的荣辱观念"，以及"自强不息、敬业乐群、扶危济困、见义勇为、孝老爱亲等中华传统美德"。三是体现中华人文精神。如"求同存异、和而不同的处世方法，文以载道、以文化人的教化思想，形神兼备、情景交融的美学追求，俭约自守、中和泰和的生活理念"，以及"有利于促进社会和谐、鼓励人们向上向善的思想文化内容"，等等。

三、语文人生境界的基本层次

关于人生境界的层次，自古以来不同学者有不同的论述，从可操作层面上看，冯友兰先生的四境界说比较实用，我们就以冯友兰先生的四境界说为基础，进行较具体的细化，同时把核心价值观和中华优秀传统文化进行融合，便于教学中实施。

第一，混沌境界。即冯友兰认为的自然境界。没有明确的目标，没有明确的方向，随遇而安，不思进取，混混沌沌地生存着。没有自觉，更没有觉他。

第二，自我境界。即自利境界。认识到自我存在的价值，对自我有比较明确的体认，有明确的人生目标，能自我克制，自我修为，自我发展，直到自我实现。主要包括五个小的层次：第一层，自我体认（善待自我），能认识到自我是有价值的存在，认识到自我是独特的存在，认识到自我是重要的存在，不轻贱自我，做到善待自我。第二层，自我克制（克制自我），能守礼法，俭约自守，能守诚信，能明恭敬，能知廉耻。第三层，自我修为（提升自我），能求真，脚踏实地，实事求是；能向善，心怀仁慈，崇德向善，见贤思齐；能知孝悌，明忠信，崇正义；能做到温和、谦让；能清净和善、敬业乐群、中和泰和。第四层，自我发展（自我实现），能主动发展，自强不息、革故鼎新、与时俱进。第五层，自我成就，能建功立业，成名成家，立功立言。

第三，利他境界。即能以他人为主要利益目的，不以自我为主要利益目的。又可分为五个层次：第一层，利家人，做到孝老爱亲。第二层，利他人，能做到扶危济困，见义勇为。第三层，利苍生，惠民利民、安民富民，文以载道、以文化人。第四层，利国家，具有天下兴亡、匹夫有责的担当意识，精忠报国、振兴中华的爱国情怀，促进民族团结、国家统一的意识。第五层，利天下，能够追求世界进步，人类发展；能求大同，求同存异、和而不同。

第四，天地境界。即以利于天地自然为主要目标。做到悲天悯人，热爱自然与环境，爱护动物，爱护一切生命；超越自我、超越社会、超越世界、超越人类，具有宇宙情怀。

第五，无为境界。即主动无为的境界。是没有功利的境界，是高级的混沌境界，是高级的自觉境界，是对人生世相有了深刻体悟的境界。像圣人无名，像神人无功，像至人无己；做到道法自然，天人合一，无为无不为的境界。

第四章 语文教材创新教育资源开发与利用

教材教育资源是指教材中用于教育领域培养后备劳动者和专门人力的一类资源。语文教材教育资源类型多样，如语言教育资源、思维教育资源、审美教育资源、文化教育资源、文学教育资源、写作教育资源、创新教育资源、历史教育资源、政治教育资源、哲学教育资源、人生境界教育资源、自然教育资源、心理教育资源、阅读方法教育资源、艺术教育资源、人生智慧教育资源，等等。语文教师要善于挖掘、运用教材教育资源。下面以我和我的研究团队（黄水平、杨浩然、吕秀芬等）承担的广东省教育科学规划课题 2010 年项目『粤教版高中语文教材创新教育资源研究』为例，谈谈如何深度开发、运用教材教育资源。

第一节 教材创新教育资源对创新教育的意义

一、背景

联合国教科文组织教育丛书《学会生存——教育世界的今天和明天》对教育目的做了这样的论述："人是在创造活动中并通过创造活动来完善他自己的。他的创造机能就是那种对文化最敏感的机能，就是那种最能丰富和超越成就的机能，也就是那种最容易受到压制与挫折的机能。"还认为："教育既有培养创造精神的力量，也有压抑创造精神的力量。"国际教育专家们认为，创造是最容易受到压制和挫折的，而教育对创造精神的培养具有双向作用。因此，我们不可忽视教育对于创造精神的影响力。

1999 年 6 月 13 日，中共中央、国务院发布《关于深化教育改革，全面推进素质教育的决定》，指出："实施素质教育，就是全面贯彻党的教育方针，以提高国民素质为根本宗旨，以培养学生的创新精神和实践能力为重点，造就'有理想、有道德、有文化、有纪律'的、德智体美全面发展的社会主义事业建设者和接班人。"第三次全国教育工作会议明确提出，要继续深化教育改革，全面推进素质教育，培养学生的创新精神和实践能力。培养学生的创新精神是中国新一轮基础教育改革的重点。

二、《普通高中课程方案》和《普通高中语文课程标准》关注创新教育和探究学习

《普通高中课程方案》（2017 年版，2020 年修订）关注创新教育和探究学习。在培养目标中强调，要培养学生"敢于批判质疑，探索解决问题，勤于动手，善于反思，具有一定的创新精神和实践能力，具有强烈的好奇心、积极的学习态度和浓厚的学习兴趣"[1]。在课程内容确定的原则中强调，要"注重培养学生的学习兴趣、学习能力和探索精神，注重培养分析问题、解决问题的能力"[2]。在课程实施与评价中强调，要大力推进教学改革，"关注学生学习过程，创设与生活关联的、任务导向的真实情境，促进学生自主、合作、探究地学习，注重对学生学习过程的评价，推进信息技术在教学中的合理应用，提高课程实施水平"[3]。

《普通高中语文课程标准》（2017 年版，2020 年修订）十分关注创新教育。高中语

---

[1] 中华人民共和国教育部. 普通高中课程方案（2017 年版，2020 年修订）[S]，北京：人民教育出版社，2020：3.
[2] 中华人民共和国教育部. 普通高中课程方案（2017 年版，2020 年修订）[S]，北京：人民教育出版社，2020：8.
[3] 中华人民共和国教育部. 普通高中课程方案（2017 年版，2020 年修订）[S]，北京：人民教育出版社，2020：11.

文课程标准的理念强调，"语文课程还应当适应当代社会的发展需要，为培养创新人才发挥重要作用。要引导学生在语言文字运用的过程中发现问题，培养探究意识和发现问题的敏感性，探求解决问题和语言表达的创新路径"①。

在课程目标方面新课程标准也强调了探究和创新。"运用批判性思维审视语言文字作品，探究和发现语言现象和文学现象，形成自己对语言和文学的认识。"②"自觉分析和反思自己的语文实践活动经验，提高语言运用的能力，增强思维的深刻性、敏捷性、灵活性、批判性和独创性。"③

三、挖掘语文教材创新教育资源的价值

《中国大百科全书（教育）》认为，"教材，狭义地说是根据一定学科的任务编选和组织具有一定范围和深度的知识和技能体系。它一般用教科书的形式来具体反映"。教材是组成教学过程的四个基本要素（教师、学生、教材、教学条件）之一，是语文教育内容的载体，是发挥语文教育功能的基础。它规定了学生应掌握的知识体系、技能体系，应培养的思想品德，是教师教学的主要依据，是学生学习的主要依据，是全面实现语文教学目标的主要手段。教材的教育资源直接影响教育的质量，对学生的发展具有决定性意义。在新课程标准指导下的高中新教材，必然要认真体现新课程标准的立意。

但是，语文教材中的创新教育资源大部分是蕴藏着的，只有开发出来，才能在教学实践中加以利用。可以这样说，对语文教材中创新教育资源的开发水平，决定了语文创新教育的水平。目前，许多教师还缺乏创新教育的意识，不能体现新课程标准和新教材对创新教育的要求；或者虽有这方面的意愿但缺少创造学、创造心理学方面的知识，不能正确理解创新教育资源的内涵，无法挖掘教材中的创新教育资源。大部分语文教师只是对个别篇目进行了挖掘，还缺乏对教材创新教育资源的系统开发。教师对教材创新教育资源的开发力度不够，导致语文创新教育还没有落到实处。

基于如上背景和原因，我们把语文教材中的创新教育资源作为研究对象，以创造学、人才学、创造心理学、教育心理学为指导，研究了创新教育资源的内涵，依据教学参考资料和教材研究的相关文献，结合自己的教学实践和对教材的理解，对高中语文教材经典作品中的创新教育资源进行了系统开发，希望对语文创新教育的实施有所帮助。

---

① 中华人民共和国教育部.普通高中语文课程标准（2017年版，2020年修订）[S].北京：人民教育出版社，2020：3.
② 中华人民共和国教育部.普通高中语文课程标准（2017年版，2020年修订）[S].北京：人民教育出版社，2020：6.
③ 中华人民共和国教育部.普通高中语文课程标准（2017年版，2020年修订）[S].北京：人民教育出版社，2020：6.

《第二节》创新教育资源的内涵及分类[①]

在研究教材创新教育资源之前，我们有必要先弄清创新教育资源的概念内涵和分类。我们主要吸收心理学、创造学、创造心理学、教育学等最新的研究成果，当对同一概念有不同理解时，我们选择最新和最权威的观点。即便是这种简单的学习和选择过程，也是比较复杂的，耗费了我们比较多的时间和精力。由于篇幅限制，同时这里主要是展示教材创新教育资源的研究成果，所以，关于创新教育资源的概念及其分类的具体根据和选择、确定的过程，在此从略。

一、创新教育资源内涵

创新教育资源是指用于教育领域中培养具有创新精神和创造能力的后备劳动者和专门人力的一类教育资源。根据人才学、创造学和创造心理学的研究理论，我们将之分为创新意识和信念教育资源、创新个性教育资源、创新思维教育资源、创新方法教育资源四大类。

二、创新教育资源分类

（一）创新意识和信念教育资源

创新意识是指一个人根据社会和个体发展所需，引起某种创造动机，表现出创造的意向和愿望。它是人们进行创造性活动的出发点和内在动力。创新意识主要包括创新敏感、创新意向、创新观念、创新欲望四个方面。创新信念，是指能支持创新的较为稳固的、坚定的认识，对创新实践有巨大影响。创新信念一般有如下几个方面的内容：①乐观地看待世界——"世界会更美好"；②相信世界具有无限可能性——"说有容易说无难"；③具有超现实的价值观——"我所做的是最有价值的"；④相信自己有能力创新——"我能创新"。

（二）创新个性教育资源

托兰斯（Torrance）研究发现，创造力与智力的相关系数在 0.30 以下，而高智力组与高创造力组之间的相关性更低。我国著名心理学家林崇德也认为，"创造性人才不完全表现在智力上，而且更重要地表现在非智力因素方面"（林崇德：《培养和造就高素质的创造性人才》）。其中，人的个性对创造有着非常大的影响。几乎所有研究人的创造能力的著作，都不可回避个性在创造中的作用。个性为创造力的发挥提供心理状态和背景，具有

[①] 沈在连.高一语文新教材中的创新教育资源研究［EB/OL］.（2003-02-27）［2021-04-29］.http://bbs.eduol.cn/thread-16275-1-1.html.

动力、定向、引导、维持、调节和强化六大功能。

创新个性是指对创造力有支持作用的、稳定的、有一定倾向的心理特征总和。创新个性的特征较多，不同领域的创新人才其个性表现也不尽相同；但人们通过研究发现，创造性人才在个性和其他方面有一些共同特征，吉尔福特认为可以据此发现创造型人才。托兰斯通过调查认为，创造力强的人具有如下 13 种特征：思维和行动的独创性；思维和行动的独立性；个人主义，自足；想象力丰富，喜欢叙述；不随大流，不依赖群体的公认；有好奇心，不断地提问；探索各种关系；主意多；喜欢进行试验；灵活性强，顽强坚韧；喜欢虚构；对事物的错综复杂性感兴趣，喜欢用多种思维方式探讨复杂的事物；耽于幻想。吉尔福特（1970）认为，创造者的特征为如下 8 种：对问题的敏感性；流畅性，其中包括形象的流畅性、语词的流畅性、思维的流畅性、联想的流畅性和表达的流畅性；灵活性，包括自发灵活性、顺序灵活性；独创性；分析能力；综合能力；发现或改组新定义的能力；思维强度。而我国学者林崇德（1999）认为，创造型人才在人格（或个性）上有 8 个方面的特点：有高度的自觉性和独立性，不肯雷同；有旺盛的求知欲；有强烈的好奇心，对事物的运动机理有深究的动机；知识面广，善于观察；工作中讲求理性、准确性与严格性；有丰富的想象力、敏锐的直觉，喜好抽象思维，对智力活动与游戏有广泛的兴趣；富有幽默感，表现出卓越的文艺天赋；意志品质出众，能排除外界干扰，长时间专注于某个感兴趣的问题之中。

以上几位研究者从个性、思维等诸方面揭示了创造者的特征。笔者从创新个性的角度，综合比较外国学者吉尔福特、托兰斯、克尼洛、泰勒、巴伦、麦克金农、詹森贝蒂和我国学者林崇德、俞国良、孙劼人、陶国富、陈龙安等人的研究成果，选择如下 10 个较为重要的基本特征作为创新个性教育资源的主要内涵：①很强的自信心；②强烈的竞争意识；③有危机感；④旺盛的求知欲；⑤独立性强，反潮流，反权威；⑥强烈的好奇心；⑦有冒险精神；⑧坚持性强，能长期专注于自己感兴趣的问题中，探索问题时无时间观念；⑨反功利，超现实；⑩有执着的情感。

（三）创新思维教育资源

创新思维是一种新颖而有价值的、非结论的，具有高度机动性和坚持性，且能清楚地勾画和解决问题的思维活动。它特别注重在现成材料的基础上进行创造想象、奇特构思，从而开拓认识的新领域，获得认识新成果。创新思维从品质方面分析有如下 7 个指标：思维的流畅度、思维的广度、思维的深度、思维的独创度、思维的灵活性、思维的敏捷性、思维的逻辑性。其中，思维的独创度应是核心品质。如前文所述，创新思维从形式上可分为发散思维、决策思维、求异思维、批判思维、侧向思维、因果思维、系统化思维、形象思维、灵感思维、直觉思维。在语文教育中开发形象思维、灵感思维、求异思维等有独特的优势，文学作品中具有开发形象思维的教育资源，相当一部分的文学作品具有开发灵感思维的教育资源。叶圣陶先生认为，文学作品最能培养学生的创造力。

根据思维分类的研究，结合语文学科性质，也考虑到语文教材静态的特点，我们以思维形式作为创新思维教育资源的主要内涵，包括：①发散思维；②决策思维；③求异思维；④批判思维；⑤侧向思维；⑥因果思维；⑦灵感思维。

（四）创新方法教育资源

创新方法是指在进行创新过程中所使用的方法。在创造学上，主要有如下几个经典的创新方法：检查单法（又叫头脑风暴法，为创造学之父奥斯本所创）、类比模拟发明法、分析借鉴发明法、移植综合发明法、希望点列举法、智力激励法、聚焦发明法、集中发明法。经过实践和研究，创新方法可以说像海滩上的沙子一样丰富。在语文教材中，关于介绍创新方法的文章比较少，我们也不可能要求编者花大部分篇幅来介绍创新方法，毕竟是语文教材不是创造学教材。所以，我们这里的创新方法教育资源，主要是指语文学科范围内的创新。

就语文学科来说，创新方法主要有写作创新方法、阅读创新方法、听知创新方法、说话创新方法。这里，因为是对教材进行分析，我们主要考虑了写作的创新，其内涵主要指写作方面的各种可资借鉴的创新，它包括内容和形式方面的创新。根据写作学和文章学原理，我们确定了如下几种主要的创新教育资源：①立意、谋篇创新；②观点创新；③材料创新；④布局、思路创新；⑤开头、结尾创新；⑥标题创新；⑦表达技巧创新；⑧语言创新；⑨形象创新；⑩情感、境界创新；⑪风格创新；⑫体裁创新。

第三节 高中语文教材经典课文创新教育资源

我们根据上面的定义和分类，对粤教版《普通高中课程标准实验教科书 语文》必修 1 到必修 5 的每一篇课文进行了分析，借鉴了《教师教学用书》和相关的文献资料，将创新教育资源进行了挖掘和系统化，为了便于阅读，我们将这一成果设计成表格的形式。

一、《普通高中课程标准实验教科书 语文》必修创新教育资源表 [①]

表 4-1　粤教版《普通高中课程标准实验教科书 语文》（必修 1）创新教育资源表

序号	篇目	创 新 教 育 资 源			
		创新意识、信念	创新个性	创新思维	创新方法
1	朝抵抗力最大的路径走		要有大成就，必定朝抵抗力最大的路径走		主张朝抵抗力最大的路径走，观点创新

① 沈在连.粤教版高中语文教材（必修）创新教育资源开发[J].语文月刊，2014（1）：16-25.

（续表）

序号	篇目	创新教育资源			
		创新意识、信念	创新个性	创新思维	创新方法
2	我很重要	强调"我很重要"，有乐观的信念	对自我存在进行肯定，有强烈的自信心	①批判"我不重要"，主张"我很重要"；②从人的诞生和对于父母、伴侣、同道、孩子、事业等多个角度来谈"我很重要"	主张"我很重要"，观点创新
3	北大是我美丽羞涩的梦	有一个美丽羞涩的梦	班级学生自称"天才"；老师、家长对我"你能行"的鼓励		
4	"布衣总统"孙中山	虽为"布衣"，却早怀大志		改造传统服装，发明"中山服"，具有创新思维	
5	华罗庚	在腿残疾后，确立了自己的研究志向，终生研究数学	①反权威，对苏家驹的观点提出质疑；②对数学有特殊的兴趣，人称"罗呆子"；③有危机感，告诫自己"树老易空，人老易松"	求异思维，在数论、多复变函数方面贡献巨大，写作《堆垒素数论》专著	引用华罗庚的诗句，描述他的人生经历，表达其人生感受
6	罗曼·罗兰（节选）	①立志用创作和生动的语言恢复人民失去的信心；②追求梦想，梦想写一部长篇小说	有强烈的好奇心，倾心于最宝贵的东西，倾心于英雄人物，倾心于全人类的艺术家；对一切都感兴趣		
7	留取丹心照汗青——文天祥千秋祭	保持浩然正气，具有超现实的价值观	坚持性强，有执着的情感，不论敌人怎么威逼、利诱都不改自己的信念		①语言美，有气势，多用排比；②根据历史和诗人的诗词，想象当时的各种情形，想象丰富
8	我的回顾	具有超现实的价值观，不追求名利，而是从思想上掌握个人以外的世界	①反权威，对所有权威怀疑；②坚持性强，选择了研究客观外在世界，一生追求，从没有后悔	在物理学领域，不久就学会识别那种能导致深邃知识的东西，善于运用决策思维	批判了现代教学方法，认为会扼杀好奇心；主张好奇心需要自由，观点创新
9	拣麦穗		作品中的"我"童年时要嫁给卖灶糖的老汉，长大后怀念老汉对"我"的朴素的爱，体现了人物的独立性		①对比描写了两种美梦的破灭；②对"我"和卖灶糖老汉的描写，生动、丰富

（续表）

序号	篇目	创新教育资源			
		创新意识、信念	创新个性	创新思维	创新方法
10	我与地坛		有执着的情感，"对小说中魔了，完全是为了写作活着"	爱独立思考，运用侧向思维和灵感思维，由地坛到人生	探索了新的散文写作方法，风格独特，语言创意很多
11	离骚	具有超现实的价值观，认为"举世混浊唯我独清"	宁可牺牲生命，也绝不改变自己的志向，有执着的情感，坚持性强		①创造了骚体；②开中国浪漫主义文学先河；③语言形象生动，多用香花、美草比喻人的理想和高洁的品格
12	孔雀东南飞		刘兰芝有独立人格，追求爱情自由，宁死也不改变节操	对刘兰芝回家前的精心打扮和太守家下聘礼的描写，形象生动，采用铺陈描写，运用发散思维	①首尾呼应，人物个性鲜明；②是最早的一部叙事长诗
13	汉魏晋诗三首	陶渊明追求个性自由，抛弃功名利禄，具有超现实的价值观	①陶渊明有独立的个性，反潮流，不为五斗米折腰；②陶渊明坚持理想，流连山水、菊花，终生不改志趣	运用灵感思维	①《归园田居》意境高远，②《短歌行》求贤若渴，观点创新；③《迢迢牵牛星》运用叠音词，想象丰富

表4-2　粤教版《普通高中课程标准实验教科书 语文》（必修2）创新教育资源表

序号	篇目	创新教育资源			
		创新意识、信念	创新个性	创新思维	创新方法
1	我的母亲		母亲有坚强的意志，不畏困难，坚持性强		
2	冰心：巴金这个人		巴金讲"真话"，追求"真话"，保持独立性	通过冰心对巴金的评价来表现巴金，运用侧向思维	
3	故乡的榕树				①老话题，却写得很清新；②榕树的形象丰富、生动
4	毛泽东词两首	乐观，相信会主宰大地的沉浮	具有冠绝古今的气魄，表现了极强的自信		①风格豪迈，语言悲壮；②对秋的歌颂独步古今
5	中国现代诗歌五首			《死水》将现实比作"死水"，运用批判思维	具有音乐美、绘画美、建筑美

（续表）

序号	篇目	创新教育资源			
		创新意识、信念	创新个性	创新思维	创新方法
6	外国诗歌四首		《致大海》反对专制暴政，反对世俗生活的丑恶与平庸，歌颂自由，反权威，独立性强	《致大海》运用了批判思维。四首诗歌都运用了灵感思维	①《底片》运用了对比手法；②《黑八月》使用了夸张、比喻和比拟等修辞手法
7	中国现代诗歌四首			《欢乐》从颜色、声音、气息、触觉、嗅觉等不同角度，描写快乐，运用发散思维	①《雨巷》替新诗的音节开了一个新纪元；②《雨巷》运用象征手法，创造了"丁香姑娘"这一独特形象
8	议论散文两篇			由门、窗想到人生哲理，生活感悟，运用灵感思维	
9	菱角的喜剧			由菱角想到事物的复杂性、多样性，认识事物不能绝对化、简单化，运用灵感思维	标题由"复杂"改为"菱角的喜剧"，有新意
10	鱼书				以"鱼书"为标题，富有神秘色彩，引起阅读兴趣
11	赤壁赋		遭受"乌台诗案"，作者出狱后却有一种潇洒脱俗、随遇而安的人生态度，反功利，超现实	由水与月想到人生哲理，运用灵感思维	①将散文与韵文结合，创造了文赋；②采用主客问答形式，有创意
12	与妻书		确立"中国非革命无以自强"的思想，参加起义，改变社会现实，具有批判和冒险精神		
13	逍遥游（节选）	具有超现实的价值观，提倡绝对的精神自由	继承老子思想，发展老庄哲学，具有独立性	运用灵感思维	①塑造了鲲鹏展翅九万里的形象，鲜明生动；②想象力丰富、奇特
14	论毅力		主张"有毅力者成，反是者败"，提倡坚持性		

表 4-3 粤教版《普通高中课程标准实验教科书 语文》（必修 3）创新教育资源表

序号	篇目	创新教育资源			
		创新意识、信念	创新个性	创新思维	创新方法
1	黄山记			采用侧面描写的手法，以山峰来衬托云海，使云海的特点生动地表现出来，运用了侧向思维	文章开头把大自然作为主人公来写，独辟蹊径，给读者耳目一新之感
2	巩乃斯的马		批判牛、骆驼、驴等形象，对马有执着的情感，从马的形象感悟许多人生道理	批判现实，批判奴性，提倡公平	
3	瓦尔登湖	作者坚守瓦尔登湖畔，回归自然，有超现实的价值观	瓦尔登湖坚持着自身的纯洁，保持着自身的独立性		
4	说数		奇妙的数字，引起读者的好奇心		①将抽象的数字形象化、趣味化；②运用了比喻、拟人、对比等手法
5	奇妙的超低温世界		奇妙的超低温，引起读者的好奇心		
6	寂静的春天		环境污染越来越严重，引发读者的危机感		
7	这个世界的音乐		把自然界的各种声音比作音乐，引起读者的兴趣		
8	足不出户知天下	乐观看待信息高速公路的作用		叙述了信息高速公路给人们带来的各种便利，想象丰富，运用了发散思维	
9	药	作者弃医从文，追求理想，有超现实的价值观	指出辛亥革命的不彻底性，具有独立的个性	批判现实黑暗，揭示了群众的愚昧与革命者的悲哀	①采用了双线结构；②塑造了华老栓、康大叔和夏瑜三个典型形象
10	项链			先写罗瓦赛尔夫人平时的表现，再写她的悲剧命运与结局，运用了因果思维	构思精巧，情节曲折，结尾出人意料
11	微型小说两篇		主张人要有强烈的竞争意识；对工作要投入极大的热情和精力，主动应对，才能和别人拉开差距	阿诺德收集信息运用了发散思维，所以考虑问题全面，得到重用	《差别》采用了对比的手法

（续表）

序号	篇目	创新教育资源			
		创新意识、信念	创新个性	创新思维	创新方法
12	荷花淀	一群妇女，生活在战争年代却保持了乐观的精神		运用了灵感思维	①创造独特风格，形成"荷花淀派"；②写战争，不写其残酷，却写人情美、生活美
13	春之声	描写了生活中的希望与转机		运用了灵感思维	是我国较早引进意识流手法的作家
14	唐诗五首		杜甫追求表达的卓越，具有"语不惊人死不休"的坚持精神	运用了灵感思维	①王维开创山水田园诗派；②杜甫开创"沉郁顿挫"的风格，是唐代现实主义诗歌的代表
15	蜀道难	李白乐观自信	个性豪放不羁，不媚不俗，追求个性独立和自由	运用了灵感思维	丰富的想象，大胆的夸张，富于浪漫色彩，是唐代浪漫主义诗歌的代表
16	琵琶行		白居易被贬为江州司马，出官二年，恬然自安，有淡泊名利的超功利个性	批判社会现实，发出"同是天涯沦落人，相逢何必曾相识"的感叹	对琵琶女的技艺描写形象、生动，采用了多种手法
17	诗词三首		陆游忧国忧民，至死不变，"家祭无忘告乃翁"，具有很强的坚持性	运用了灵感思维	李煜把愁比喻成江水，形象且有新意
18	元曲三首		①关汉卿铜豌豆的性格，具有坚持性和独立性；②讽刺汉高祖，具有强烈的批判精神，反权威	运用了灵感思维和批判思维	

表 4-4 粤教版《普通高中课程标准实验教科书 语文》（必修 4）创新教育资源表

序号	篇目	创新教育资源			
		创新意识、信念	创新个性	创新思维	创新方法
1	时评两篇			批判月饼"买的人不吃，吃的人不买"送礼成风的社会现象	

（续表）

序号	篇目	创新教育资源			
		创新意识、信念	创新个性	创新思维	创新方法
2	论"雅而不高"			批评"雅而不高"的现象	
3	呼唤生命教育			①纠正漠视生命的观念，提倡生命教育；②分析虐待生命的现象，寻找产生的根源	
4	拿来主义	拿来的目的是为了创新		批判闭关主义与送去主义	运用比喻、反语、讽刺手法
5	善良		作者反潮流，具有独立性	批判普遍流行的关于善良的观点	①提出自己的新观点；②运用对比和排比手法
6	米洛斯的维纳斯		执着于自己的理解，反对各种复原维纳斯的方案	认为维纳斯唯其断臂才更显美丽，运用求异思维	语言含蓄
7	宝玉挨打	曹雪芹少年不循封建礼法	①作者"披阅十载，增删五次"，才最后完成这部伟大作品，表现了很强的坚持性；②贾宝玉不追求功名利禄，具有超功利、反现实的个性	作者批判社会现实，对封建社会大胆怀疑，反对功名利禄	①《红楼梦》在思想、艺术方面都成为中国古典小说的高峰；②塑造了具有叛逆性格的贾宝玉形象
8	阿Q正传（节选）			批判国民愚昧，批判封建专制统治；揭示辛亥革命的不彻底	创造了具有精神胜利法的阿Q形象
9	变形记			批判社会现实，揭示异化现象	①开小说独特之风格；②由人变虫，重点写出了心理变化，新颖独特；③在情节和叙述方式方面有许多创新
10	棋王（节选）		王一生超越现实，走向象棋的精神圣地		
11	孔孟两章	创立儒家学说	孔子"知其不可而为之"，具有坚持性	批判社会不公平现象，反对战争	
12	劝学		终身学习为创新，"学不可以已"，"锲而不舍"，具有坚持性	作者对蟹的身体结构和生活习性的认识有错误，要批判发展	比喻论证比较形象、有力

（续表）

序号	篇目	创新教育资源			
		创新意识、信念	创新个性	创新思维	创新方法
13	过秦论			批判秦仁义不施，终致灭亡，运用了批判思维	古今独步，记而代议
14	师说	作者具有强烈的革新欲望	①不畏讥笑，倡导从师学习，坚持为人师；②开展古文运动，开一代文风	批判耻师风尚，提出新的师道思想，运用了批判思维和求异思维	①主张"惟陈言之务去"；师其意，不师其辞；②提出教师职能观，阐述了师生关系，观点新颖
15	谏太宗十思疏		作者冒死直谏，反功利，超现实	提出十思，运用了发散思维	比喻、排比生动有力

表 4-5　粤教版《普通高中课程标准实验教科书 语文》（必修 5）创新教育资源表

序号	篇目	创新教育资源			
		创新意识、信念	创新个性	创新思维	创新方法
1	钱		警惕"钱"灾，要有危机感	从"钱"的来历，到"钱"变化，再到"钱"的作用和未来，运用发散思维	
2	东方风来满眼春	增强了改革开放的信心，更加乐观	①邓小平创"一国两制"，为顺利收回香港和澳门铺平道路；②他鼓励要有"闯"的精神，有"冒"的精神，大胆尝试，不怕犯错误	求异思维	
3	"神五"载人航天飞船飞行新闻两篇	飞船上天，极大鼓舞了中国人民，增强了自信	①科学工作者勇于创新，工作严谨、细致；②杨利伟具有顽强的意志，克服了种种困难，具有很强的坚持性	求异思维	
4	喜看稻菽千重浪	①相信自然界客观存在"天然杂交水稻"就一定能培育出人工杂交水稻来；②有生愿望是引导"绿色革命"	①不迷信权威，反对"无优势论"，勇敢地向权威挑战；②实事求是，力排众议，不怕担风险；③率先使中国实现超级稻目标，解决了中国的粮食问题	求异思维	
5	访李政道博士		①创新不光是要胆子大，还要有坚实的根基；②艺术是创造力与情感的结合，是人类创新的动力	求异思维	
6	甘地被刺		坚持和平事业，奉献生命		
7	雷雨			批判黑暗的社会现实	

（续表）

序号	篇目	创新教育资源			
		创新意识、信念	创新个性	创新思维	创新方法
8	哈姆莱特（节选）				①创造了忧郁王子哈姆莱特的形象；②语言诗化
9	城南旧事（节选）				用小英子的眼光看世界，视角独特
10	等待戈多（节选）		开创荒诞派戏剧，具有反传统精神	戏剧没有矛盾冲突，没有结局，运用了求异思维	荒诞派戏剧代表作
11	鸿门宴				开纪传体文学的先河
12	游褒禅山记	①作者少好读书，求知欲强；②在政治和文学方面主张革新	①主张"尽吾志"，有坚持性；②深思慎取，不盲从，反传统和权威	由游山而感悟，运用灵感思维	散文雄健峭拔，独树一帜
13	郑伯克段于鄢			颍考叔为解决郑伯与母亲相见的问题，提出了"阙地及泉，隧而相见"的办法，运用了求异思维	
14	报任安书	坚持自己的价值观，相信自己做的是最有价值的	为了"成一家之言"而忍辱负重，有着很强烈的执着和创新精神		

二、《普通高中课程标准实验教科书 语文》选修创新教育资源表 [①]

表4-6　粤教版《普通高中课程标准实验教科书 语文》（《选修1·唐诗宋词元曲选读》）

创新教育资源表

序号	篇目	创新教育资源			
		创新意识、信念	创新个性	创新思维	创新方法
1	王维诗四首		动机：追求恬淡自然的生活		诗中有画
2	李白诗四首		动机：对自由的向往	①创作的灵感；②想象能力；神仙世界	奇特的想象
3	杜甫诗五首	执着的爱国情怀		批判思维：现实主义	

① 沈在连，黄水平.粤教版高中语文选修教材创新教育资源初探[J].教育导刊，2014（1）：76-78.

（续表）

序号	篇目	创新教育资源			
		创新意识、信念	创新个性	创新思维	创新方法
4	即景抒情诗四首	创新意识：前不见古人，后不见来者		思维的逻辑性：炼字、炼词、"推敲"	
5	山水田园诗四首		动机：追求自然的生活		
6	边塞战争诗四首	建功立业的信心	为报国立功，宁可战死沙场	侧向思维：通过描写妻子对丈夫的思念，来表达丈夫对家人的思念	曲笔写法
7	白居易诗四首	新乐府诗革新的意向	兴趣：反映现实，批判社会	①批判思维：揭露"双簧"戏；②形象思维：花非花，雾非雾	新乐府诗的风格
8	杜牧诗三首			①求异思维：对项羽的不同的评价；②批判思维：批判唐玄宗荒淫误国	
9	李商隐诗三首		兴趣：李商隐从小对文学的爱好	批判思维：汉文帝不问苍生问鬼神	虚实结合的手法
10	酬赠诗四首	坚守节操：节妇拒绝男人诱惑		侧向思维："只是梦见别人，就是没梦见朋友"来表达思念	
11	咏物诗四首				托物寓情
12	咏史诗三首	对盛唐社会衰败的敏感度：金铜仙人被移走			托古讽今
13	柳永词二首	信念：衣带渐宽终不悔，为伊消得人憔悴	兴趣：柳永以毕生精力作词，扩大了词境	形象思维：形象生动的描写	情景交融
14	苏轼词二首	人生遇到挫折仍保持乐观豁达	一点浩然气，千里快哉风	形象思维	词的集大成者
15	李清照词二首		消沉情绪对后期词风的影响	形象思维	
16	辛弃疾词三首	隐居不忘爱国	爱国情怀对豪壮词风的影响	形象思维	
17	爱国词四首		爱国情怀对作者的词风的影响	形象思维	虚实结合
18	登临词二首	对时局的敏感度：现在是北伐好时机			对比

（续表）

序号	篇 目	创 新 教 育 资 源			
		创新意识、信念	创新个性	创新思维	创新方法
19	言情词三首			形象思维：言情的形象化	
20	关汉卿散曲二首		"铜豌豆"的个性：蒸不烂、煮不熟、捶不扁、炒不爆、响珰珰		双关：帘秀
21	马致远散曲二首	我能：马致远战文场，曲状元			咏史讽今，叹世情怀
22	张可久散曲二首			思维的深度：对现实人生的深刻思考，讽刺世人见钱眼开	通俗又高雅
23	山水风光散曲二首			形象思维：写瀑布比喻奇妙	
24	讥时咏史散曲二首			批判思维：社会是非颠倒	嬉笑怒骂，直言不讳

表 4-7　粤教版《普通高中课程标准实验教科书 语文》（《选修 5·短篇小说欣赏》）

创新教育资源表

序号	篇 目	创 新 教 育 资 源			
		创新意识、信念	创新个性	创新思维	创新方法
1	柳毅传	对自由美好生活的向往与追求		求异思维：练习一，是报恩还是爱情故事？你也可以有另外的见解	
2	促织			批判思维：揭露了封建社会的残酷压榨以及讨皇帝欢心者升官的黑暗现实	超现实主义："人"变"虫"的故事
3	杜十娘怒沉百宝箱	对美好生活的向往		发散思维：练习一，给出杜十娘各种合情合理的出路	
4	狂人日记	信念：将来是容不得吃人的人	改变社会的动机	批判思维：封建社会是个吃人的社会	日记体小说
5	封锁			直觉思维：陌生化的视角体验世界	陌生化写法
6	游园惊梦			直觉思维：历史兴衰感和人物命运的沧桑之变	意识流的写法：传统与现代艺术的融合
7	哦，香雪	执着的理想信念	对外面世界的好奇心		小说诗化

（续表）

序号	篇目	创新教育资源			
		创新意识、信念	创新个性	创新思维	创新方法
8	一个文官的死			批判思维：等级社会造就了奴性的小人物	
9	热爱生命	生命的力量无比强大	坚强的意志：无论遇到多大的困难，热爱生命，努力地求生		
10	家庭女教师		好奇心：小孩视角，对成人世界的探求		用孩子的眼光来观察世界
11	辛伯达航海旅行的故事	艰辛的追求，对生命的眷顾	航海的冒险精神	直觉思维：坑洞可能有出口	
12	喀布尔人		超越阶级的爱		诗化、散文化的写法
13	小径分岔的花园			发散思维："小径分岔的花园"的多重含义	

表4-8 粤教版《普通高中课程标准实验教科书 语文》（《选修9·传记选读》）
创新教育资源表

序号	篇目	创新教育资源			
		创新意识、信念	创新个性	创新思维	创新方法
1	在哈金森工厂	邓小平留法期间，不畏困难，坚定共产主义信念	邓小平的个性：执着、乐观、好学		
2	铁肩担道义	李大钊无私无畏的英勇气概	李大钊：追求光明、追求真理的个性		
3	我读一本小书同时又读一本大书		沈从文小时候，对大千世界的好奇心，充满童真的野性		从大自然学东西
4	在寻找"野败"的日子里	袁隆平，作为一个科学工作者不怕艰苦，以苦为乐的精神			抓住属于自己的机会
5	遨游建筑天地间	林徽因克服种种困难，终于在建筑系上课了			天才与勤奋之间的关系
6	在画布里搏斗的人生	谢坤山用嘴画画：没有不可能做不到的事			绘画创作的本身在于画出用心的真谛
7	为世界工作	马克思为人类解放事业奋斗终生的忘我精神	马克思对学问研究的冷静、沉着、专注，甚至痴迷的个性		

（续表）

序号	篇目	创新教育资源			
		创新意识、信念	创新个性	创新思维	创新方法
8	幸福从细小处开始				在事务中发现细微的问题，并提出解决问题之道
9	一个学派的诞生		阿马尔迪等对物理学有高度的热情，喜欢富有挑战的创造人生，个性天真	因果思维	
10	扼住命运的咽喉	贝多芬与命运抗争的坚强毅力	贝多芬强烈的责任感和独立的精神		
11	远行希腊				邓肯的现代舞是吸收了希腊文化的传统而创造出来的
12	电脑神童盖茨		比尔·盖茨的个性：对电脑浓厚的兴趣、丰富的想象力、冒险的精神		兴趣与刻苦钻研结合起来，发展创造性思维
13	项羽本纪（节选）	项羽胸怀大志：学万人敌		批判思维：司马迁批评项羽自矜功伐，奋其私智，而不师古	
14	苏武传（节选）	苏武：威武不能屈、富贵不能淫、贫贱不能移的高尚气节	忠贞不渝的爱国精神		
15	马钧传		马钧不说空话，重视实践的个性	批判思维：批判只说空话，不重视实践的豪门贵族	"虚争无益，不如试之易效也"
16	子刘子自传	热情地参与"永贞改革"，并始终认为是对的			
17	徐霞客传		徐霞客：性喜山水，喜欢探求胜景，富有科学探索精神		
18	谭嗣同传	立场坚定，忠于圣主，勇于牺牲			

表 4-9　粤教版《普通高中课程标准实验教科书 语文》(《选修 15 · 论述文选读》)

创新教育资源表

序号	篇目	创新教育资源			
		创新意识、信念	创新个性	创新思维	创新方法
1	人的正确思想是从哪里来的?				人的正确思想只能从社会实践中来
2	社会和个人		人若有生活的保障,加上有自由支配的空闲时间和精力就能发展他的个性	思想的深度:社会与人的关系——人从生到死,社会支配着他的物质生活与精神生活	
3	恪守人格尊严 追求人伦和谐			批判思维:批判勤俭过时论	以人为本,肯定人的价值,肯定人格的尊严
4	民主是个好东西	民主是个好东西		发散思维:多角度地看民主问题	
5	甘瓜苦蒂,物不全美	苦尽甘来	人贵有自知之明	辩证思维:坚持两点论	对任何人都应全面地分析
6	中国艺术表现里的虚和实			辩证思维:全与粹、虚与实的辩证关系	
7	千篇一律与千变万化			严密思维的逻辑性	重复与变化的统一
8	中国科学对世界的影响			批判中国人从来没有科学技术的观点	科学技术应用于社会实践
9	熵:一种新的世界观(节选)			系统思维:能量的互相转化	
10	人们如何决策			决策思维:取舍、成本、边际、激励	
11	为遇难同胞下半旗志哀,中国挺住!		意志:在灾难面前,始终坚韧与顽强		
12	一切生命都有尊严,一切生命都有梦想	梦想:所有的生命都是具有梦想的			
13	坚决制止低俗炒作行为			批判思维:批判低俗的"女体盛宴"	
14	汉语,请别让我为你哭泣			批判思维:汉语正面临着危机	
15	台湾历史不容歪曲			批判思维:批判错误观点	
16	谈《水浒》的人物和结构			思维的逻辑性:人物描写、行文结构特点的严密论证	

（续表）

序号	篇目	创新教育资源			
		创新意识、信念	创新个性	创新思维	创新方法
17	疑是神来笔，应有此奇句			直觉思维：炼字、炼词的赏析	
18	评《泰坦尼克号》			思维的逻辑性：观点与材料严密的论证	电影创新方法：最新颖的高超电影技术与极端的公式化的故事互助
19	《梅里美中短篇小说集》序			①批判思维：反封建、反资本主义；②思维的逻辑性：观点与材料严密的论证	
20	最先与最后	要敢为人先		批判思维：批判不为最先、不耻最后	
21	不完满才是人生	信念：不完美才是真实的人生		直觉思维：生活的体验	
22	中国人，你为什么不生气			批判思维：批评中国人不维护自己的权益，过分忍耐	
23	美腿与丑腿	乐观地看待这个世界：人更应关注顺利的事、有趣的部分			
24	论帽子哲学		人的特点：我们全都主观地看待一切；真正的猜测，十之八九是失误的		
25	人是能够思想的芦苇		人的全部的尊严在于思想		
26	读书与书籍				①读书时，是别人代替我们思想；我们因读书受到启发；②要读原著；③不滥读
27	爱情的艺术			直觉思维：爱的艺术	
28	说达			因果思维：写不了，常常是因为没有想清楚	
29	简笔与繁笔			系统化思维：简笔与繁笔，各得其宜，各尽其妙	

第四节 语文教材创新教育资源使用策略 ①

一、以创新教育资源系统为依据，全面系统地培养学生的创新素质

语文教材中的创新教育资源非常丰富。经笔者统计，在数量上，几乎每一课都有可用的创新教育资源，数量极为可观。从种类来看，每个类别都有多个可用的创新教育资源，各子类的资源齐全。面对数量众多、种类齐全的创新教育资源，我们不可能也没必要对每一个资源都要利用起来，在课堂上花时间对学生进行显性的创新教育。挑选典型性的资源，全面、系统地开展创新教育，是非常重要的事情。那么，挑选资源、安排教学目标的主要依据是什么呢？是"创新教育资源"的类别系统。

根据创造学的研究理论，创新教育资源可分为创新意识和信念教育资源、创新个性教育资源、创新思维教育资源、创新方法教育资源等四大类。各大类又包含一些更小的子类。具体如下：

创新意识包括创新敏感、创新意向、创新观念、创新欲望。创新信念包括乐观地看待世界，相信世界具有无限可能性，相信所做的是最有价值的，相信自己有能力创新。创新个性包括自信心、竞争意识、危机感、求知欲、反潮流、反权威、好奇心、冒险精神、专注、反功利、超现实、执着。创新思维包括发散思维、决策思维、求异思维、批判思维、侧向思维、因果思维、系统化思维、形象思维、灵感思维、直觉思维。

以上是创新教育资源的分类系统，也是创新教育的教学目标系统。在创新教学目标设置上，每一种创新资源的子类，对应一种创新素质的培养；每个子类别的创新资源，至少选一至两个最有典型性、最有教育感染力的资源。这样，创新教育既有系统性，也能避免同类别的创新素质在语文课堂上重复性地进行教育培养。同时，还要关注其他学科所拥有的资源。若其他学科有同类别的创新素质培养活动，建议避免与其他学科重复培养与教育，或者至少不把该方面的资源当作重点资源。若能如此，创新教育不仅在语文学科内具有全面系统性，而且还能与其他学科融会贯通，优势互补，减少很多重复性的教育工作，提高创新教育的效率。

① 沈在连.粤教版高中语文教材创新教育资源使用策略 [J].现代语文，2014（5）：151-154.

表4-10　创新教育目标安排样表

资源类别	课文	创新素质培养目标列举
创新意识	《选修5·短篇小说欣赏》第4课《狂人日记》	动机：医治民族的国民性。民族复兴的使命
创新信念	《必修5》第14课《报任安书》	信念素质：坚持自己的价值观，相信自己做的是最有价值的
创新个性	《必修5》第4课《喜看稻菽千重浪》	个性素质：不迷信权威，敢于向权威挑战
创新思维	《必修1》第2课《我很重要》	发散思维素质：多个角度思考问题
创新方法	《必修5》第5课《访李政道博士》	创新方法：①创新是要胆子大，要有坚实的根基；②艺术是创造力与情感的结合，是人类创新的动力

二、阶段性地显性集中教学与长期潜移默化渗透教育相结合

系统教学是所有知识体系构建时最有效的方法之一。集中在一个时间段，系统性地进行有意识、有目的的创新教育是必需的，它比分散的随意性教学效果要好很多。显性的、有意识的、系统性的教学活动，能更有效地提高学生创新教育方面的意识，能更有效地帮助学生构建创新知识体系。因此，对于创新教育，最好还是在不影响语文本身教学体系的基础上，像所有的基础学科课程一样，应该有一个集中的、阶段性的、系统性的教学。

但是，在完成一轮系统性地显性集中教学之后，显性的、有意识的创新教学活动，可逐渐减少；潜移默化影响的教育可逐渐增多。在某些重要的创新教育目标上，尽管在前一轮系统性地显性集中教学中曾经出现过，再重复加强一两次；次要的，在前一轮系统性地显性集中教学中教育次数比较少的，可在课堂上适当点到为止；多数的创新教育资源，在完成一轮系统性地显性集中教学之后，可以不用提及相关的问题，还是通过潜移默化的影响来实现比较合适。因为在完成一轮系统性地显性集中教学之后，学生就有了一个系统的创新意识和相关的创新知识。只要学生掌握了文章的内容，文章又有感染力，相关的创新教育资源方面的内容就能自然而然、不知不觉地长期影响着学生。

阶段性地显性集中教育与长期潜移默化渗透教育相结合，能使创新教育的目标更有效地实现。单独使用其中一种方式，效果都会大打折扣。二者相比较，尽管阶段性地显性集中教育会更高效，但潜移默化教育的时间会更长，影响深远。因此，在整个高中语文教学阶段，阶段性地系统性集中创新教育之后，更多的应该是长期潜移默化的教育。

三、发挥语文的人文优势，培育学生的创新动力

语文，作为一门重要的人文基础课程，教材的主体构成与其他学科大不相同。多数学科的构成是一个体系知识，而语文的构成却是一篇篇的作品（课文）。它或以形象来表现对现实生活的情感体验和认识；或以生活的表象事实抽象出思想。课文的内容直接作用于人的精神和心灵，具有强大的教育感染力。对智慧的开发、人格信念的培养、美好个性的熏陶、自由独立精神的养成起着重要的作用。

因此，我们应该很好地利用语文学科的人文优势，发挥出语文的创新资源的教育优势，从精神和心灵方面进行创新素养的培养，尤其是在动机兴趣、情感个性、信念意志等方面。这三方面的资源与其他学科相比，语文教材中不仅数量多，而且影响大，具有很大的优势。

（一）利用动机兴趣类的创新教育资源，唤起学生创新的欲望

创造力发生的源头是从动机兴趣开始的，创造性高的学生一般都有高成就的动机、强烈的好奇心、浓厚的求知兴趣。因此，在进行创新教育时不仅要关注学生创新能力的培养，还要关注学生创新兴趣的培养。动机兴趣是激活创新力的原动力。

语文教材中有很多的动机兴趣类的创新教育资源可用。动机类资源，如：《北大是我美丽羞涩的梦》作者怀揣着"一个美丽羞涩的梦"考上北大；《报任安书》作者为"成一家之言"隐忍苟活而写出《史记》；《狂人日记》作者因有志于改造民族的国民性，创作了大量的作品。这些动机类的创新教育资源，能让学生认识到动机对创新的作用，唤起立志的决心。兴趣类资源，如：《华罗庚》的传主对数学有特殊的兴趣，促成了华罗庚数学方面的巨大成就；《说数》中"奇妙的数字"和《奇妙的超低温世界》的"奇妙的超低温"，唤起学生对数字和超导的好奇心。这些兴趣类资源，能极大地唤起学生创新的欲望。

（二）利用信念意志类的创新教育资源，培养学生超越、抗挫的意志

学生乐观的信念、坚强的意志和刚毅的人格因素对创新活动也很重要。要完成一个创新活动，通常需要有坚定信念作支撑，依靠坚强的意志力，才能克服创新活动中所碰到的各种困难，实现创新目标。大量杰出人物的创造发明都证明了这一点。因此，在课堂教学中要加强挫折教育，培养学生的抗挫能力，锻炼学生的意志品质。这也是培养学生创新能力的前提。我们教师应该有目的、有计划地渗透抗挫教育。

语文教材中有很多信念意志类的创新教育资源。信念类的，如：《我很重要》中对自我存在进行肯定；《我的回顾》中不追求名利、超现实的价值观；《瓦尔登湖》中回归自然的价值观。它们都会影响学生的价值观，影响学生的创新欲望。意志类的，如：《我与地坛》作者"为了写作活着"，身残志坚；《我的母亲》中母亲坚强的意志，不畏困难；《孔孟两章》中孔子"知其不可而为之"……他们是抗挫、超越的榜样，能极大地唤起学生克服困难的决心。

（三）利用个性类的创新资源，激活学生个性发展

创新能力只有在个性充分发展的基础上才能得到发展。创新是个性的核心和精华之所在，发展个性是形成和发展创新能力的基础，创新能力的发展又是个性发展的必然结果；离开个性这个发展的土壤，创新能力的发展不可能实现。因此，发展学生的创新能力，就必须充分发展学生的个性。要发展学生的个性，就要肯定和承认学生的个性差异，尊重每个学生的主体人格，相信每个学生都具有创新的潜能，发现并鼓励每个学生大胆发展自己独特的积极的个性。语文教材中有很多个性类的创新教育资源。如：《华罗庚》中反权威的求异思维，有危机感的个性，让华罗庚在数学方面取得了巨大成就；《冰心：巴金这个

人》中巴金讲"真话",追求"真话"的个性,成就了巴金的文学成就;《蜀道难》中李白豪放不羁,不媚不俗,追求个性独立和自由个性,成就了一代"诗仙"……这些有利于创新的个性,都会对学生个性的发展产生深远的影响。

四、发挥语文的思维优势,培育学生创新素养

尽管语文在某些抽象思维以及思维的严密性方面是不如数学、物理等科学学科,但在与创新能力相关的某些思维方面,尤其是在形象思维、批判思维、发散思维等方面,与其他学科相比,具有很大的优势。在语文教材中,这三方面的创新教育资源不仅数量多,而且典型性强、启发性大,有很强的示范性和教育感染力。因此,在教学活动中,我们也应很好地发挥语文的形象思维、批判思维、发散思维的作用。

(一)利用形象思维教育资源,培养学生的想象力

爱因斯坦说:"想象力比知识更重要,因为知识是有限的,而想象力概括世界的一切。"钱学森说:"形象思维是我们当前研究思维科学的一项最重要的任务。"杨振宁也认为:"从事文艺创作需要丰富的想象力,从事科技工作同样需要丰富的想象力。"而想象力、形象思维恰恰是语文课程的优势。因此,在创新思维教学中要充分发挥语文学科的优势。

语文教材中形象思维的创新教育资源相对于其他课程是最丰富的。语文系列教材中,60% 是文学作品。文学又最能唤起人的联想和想象,进而诱发创造性思维。这点尤其体现在对文学作品的鉴赏上。鉴赏时需要解读文字信息,发挥联想与想象,在脑海中描绘意象、画面,并且补充空白,进而评价作品的是非曲直,鉴别作品的高下优劣。因此,文学作品的教学,其本身就是在培养学生的形象思维,培养学生的想象力。

(二)利用批判思维教育资源,激发学生思维的求异性

批判思维是指对所看到的现象和事物的性质、价值、精确性和真实性等作出个人的判断,并有独立的、综合的、有建设意义的见解。怀疑、否定、探究、创新、超越是它的特征。其中,怀疑是出发点,探究是支点,创新、超越是目的。批判思维可以帮助人克服墨守成规,促进人们去发现、去创新,是激发创新意识的催化剂。一句话,没有批判性思维,就不可能有创新。

语文教材中有很多适用于批判思维培养的创新教育资源。如:《我很重要》主张"我很重要",批判"我不重要";《善良》批判普遍流行的关于善良的观点;《阿Q正传》批判国民愚昧,批判封建专制统治,揭示了辛亥革命的不彻底;《过秦论》批判秦王朝的暴政,仁义不施,终致灭亡……这些,能激活学生对现实的反思,开拓新的思路方向,从而培养学生的批判性思维。

(三)利用发散思维的创新教育资源,激发学生思维的独特性

发散思维也称辐射思维、多向思维、立体思维。其思维形式是以某一问题为核心,把思维向四周大胆地、无拘无束地放射开去。发散思维为人类拓展了无限的思维空间,发散

思维是创新的源泉。语文教材中有很多适用于发散思维培养的创新教育资源。如：《我很重要》从人的诞生和对于父母、伴侣、同道、孩子、事业等多个角度来谈"我很重要"；《中国现代诗歌四首·欢乐》从颜色、声音、气息、触觉、嗅觉等不同角度，描写快乐；《米洛斯的维纳斯》一反常规思维，认为维纳斯唯其断臂才更显美丽，采用的是求异思维；《柳毅传》课文后面的"练习一：是报恩还是爱情故事？你也可以有另外的见解"。这些，都能训练学生多角度思考问题的能力，培养学生的发散思维，形成独有的个性。

五、开展语文实践活动，培养学生创新实践能力

参与各种实践活动是培养创新能力的最佳途径。学生通过亲身参与、体验实践活动，能综合地运用所学知识，积极地探索解决现实问题的方法。在解决现实问题的过程中激发学生的主动性和创造性。当今世界，"只有有能力把自己的知识和智力投入到创新实践活动的人，才能适应知识经济社会发展的需求"。因此，我们要尽可能多地利用实践活动类的教育资源，培养学生的创新能力。语文教材中有很多可用于创新实践活动的教育资源。如：粤教版的《语文（必修）》1~5册的每册第一单元和各单元后面的"表达交流活动"，就是典型的创新实践的教学资源。此外，还有与文学创作、表演相关的一些实践活动，也是很好的语文创新实践活动的教育资源。我们可以利用好上述资源，来培养学生的创新能力。

（一）读写活动

读写活动通常是以课文为引导，设计一些主题，让学生参与读写的创新实践活动。我们以粤教版的《语文（必修）》1~5册各单元后面的"表达交流活动"为例，分析如何利用读写活动教学资源。让学生通过阅读、考察、调查、访问、探究、反思和写作等一系列的活动，最后完成专题写作，从而达到提高学生写作水平，培养学生创新能力的目的。

如：《语文（必修）5》第一单元可设计为以"走进经济"为专题的读写活动课。在活动中可以让学生查阅有关经济方面的资料，调查身边的人，了解中国的经济改革，了解经济活动运作的一些过程和细节，然后写成专题性的文章。可写作的专题如：金钱大课堂——钱的演变过程；青少年消费面面观；钱与金融危机；中国经济的发展历程……又如，《语文（必修）5》第二单元可设计为"新闻报道"活动课。可在班上开个"新闻视窗"，让学生投身到社会中去采访，并把采访材料写成人物专访、通讯报道等稿件，在"新闻视窗"上展示。

（二）创作表演：课本剧、小品

《语文（必修）5》第三单元是"戏剧单元"，有个"粉墨登场乐一回"的"表达交流活动"。它是剧本创作、课本剧改编、表演等活动课的优秀资源。我们可以利用好这些资源。如：学完课文《雷雨》《哈姆莱特》《长亭送别》后，我们可以让学生自己写小品剧本，或把《长亭送别》改为现代话剧，或重新改编《雷雨》大结局等。有条件的还可以安排剧本表演活动。让学生在剧本创作、改编、表演活动中体味人生，熟悉戏剧语言艺术。

这些活动，都有利于培养学生在写作方面的创新能力。

此外，每年的元旦，很多学校会有"元旦文艺汇演"活动。小品的创作、表演也是很好的创新实践活动资源，我们可以让学生自己创作、表演。

（三）文学创作活动

中学生的文学创作活动资源，就目前来说，比较好的活动形式是成立文学社，办杂志，校外投稿，网上读写等。其中主要还是以文学社为依托，开展各种文学创作活动。如：结合文学鉴赏活动写读后感，结合观赏优秀影视剧写影评，结合社会现象写短评等。还可开展编辑社刊、组织学生参加征文活动、向杂志投稿、网上发表作品等各种活动。这些都是培养学生写作创新能力的很好的活动。总之，我们只要努力发掘出语文创新教育的资源，充分发挥语文在创新教育方面的优势，相信一定能完成创新教育目标。

第五节 运用教材创新教育资源培养学生写作创新能力 [①]

一、运用教材创新意识与信念教育资源，提高学生作文的创新意识

创新意识教育资源是指能引起人的某种创造动机、创造意向和愿望的一类教育资源。它是人们进行创造性活动的出发点和内在动力。创新意识主要包括创新敏感、创新意向、创新观念、创新欲望四个方面。创新信念教育资源，是指能支持创新的稳固、坚定认识的教育资源。一般包括如下四方面：乐观地看待世界，相信世界具有无限可能性，具有超现实的价值观，相信自己有能力创新。教材中许多篇目都具有创新意识和信念教育资源，在写作中学生可以很好地借鉴。比如必修教材中《我很重要》强调了"我很重要"，有乐观的信念；《毛泽东词两首》作者相信会主宰大地的沉浮；《报任安书》作者司马迁坚持自己的价值观，相信自己写《史记》是最有价值的；《离骚》作者屈原追求心中的"美政"，认为"举世混浊唯我独清"；《瓦尔登湖》作者坚守瓦尔登湖畔，回归自然；《汉魏晋诗三首》中陶渊明追求个性自由，抛弃功名利禄，有超现实的价值观；《拿来主义》作者鲁迅认为，拿来的目的是为了创新；《师说》作者韩愈具有强烈的革新欲望；《游褒禅山记》作者王安石少好读书，求知欲强，且在政治和文学方面主张革新。

在作文教学中我们可以引导学生理解教材的创新意识和信念资源，提倡学生在作品中

---

① 沈在连.运用教材创新教育资源 培养学生写作创新能力 [J].教育导刊，2014（3）：93.

有意识地借鉴，表达乐观自信的信念，激发强烈的创作欲望，追求自己的理想，赞美超现实的价值观，从而写出有灵魂的、高雅的作品来。

二、运用教材创新个性教育资源，培养学生的写作个性

创新个性教育资源是指对创造力有支持作用的、稳定的、有一定倾向的心理特征总和的一类教育资源。根据外国学者吉尔福特、托兰斯、克尼洛、泰勒、巴伦、麦克金农、詹森贝蒂和我国学者林崇德、俞国良、孙劼人、陶国富、陈龙安等人的研究成果，我们认为，以下 10 个较为重要的基本特征可以作为创新个性教育资源的主要内涵：很强的自信心；强烈的竞争意识；有危机感；旺盛的求知欲；独立性强，反潮流，反权威；强烈的好奇心；有冒险精神；坚持性强，能长期专注于自己感兴趣的问题中，探索问题时无时间观念；反功利，超现实；有执着的情感。

教材中创新个性教育资源是最丰富的，很值得借鉴。如《朝抵抗力最大的路径走》认为要有大成就，必定朝抵抗力最大的路径走；《罗曼·罗兰》主人公有强烈的好奇心，倾心于最宝贵的东西，倾心于英雄人物，倾心于全人类的艺术家，并且对一切都感兴趣；《拣麦穗》主人公"我"在童年时要嫁给卖灶糖的老汉，长大后怀念老汉对"我"的朴素的爱，体现了人物的独立性；《我与地坛》的作者有执着的情感，"对小说中魔了，完全是为了写作活着"；《孔雀东南飞》中刘兰芝有独立人格，追求爱情自由，宁死也不改变节操；《冰心：巴金这个人》中巴金讲"真话"，追求"真话"，保持独立性；《致大海》反对专制暴政，反对世俗生活的丑恶与平庸，歌颂自由，反权威，独立性强；《赤壁赋》作者苏轼遭遇"乌台诗案"，出狱后却有一种潇洒脱俗、随遇而安的人生态度。从创造学的研究看，一个人的创造能力与创新个性高度相关，因而是非常重要的教育资源，应该重点借鉴。我们都知道，有个性是上乘之作的重要标志；而借鉴教材创新个性教育资源，可以很好地培养学生作文的个性，破解当前作文"模式化"的难题。有个性的学生，往往也能够写出具有个性的作文；而通过借鉴教材创新个性教育资源，不仅能使学生写出有个性的作文，也对学生个性的发展产生影响。很明显，我们的教育需要培养具有个性的"这一个"，而不是流水线上的"陶俑"。

三、运用教材创新思维教育资源，提高学生写作的思维品质

创新思维是指一种新颖而有价值的、非结论的，具有高度机动性和坚持性，且能清楚地勾画和解决问题的思维活动；这一类教育资源我们叫作创新思维教育资源。根据思维分类的研究，考虑到语文学科独特的性质，加之语文教材的特征，我们以思维形式作为创新思维教育资源的主要内涵，包括发散思维、决策思维、求异思维、批判思维、侧向思维、因果思维、灵感思维。

我们知道，写作的内在因素是思维，学生思维的发展对写作具有决定性意义。我们研究发现，高中语文教材中的创新思维教育资源也是比较丰富的。如《死水》将现实比作"死水"，进行批判；《巩乃斯的马》批判现实，批判奴性，提倡公平；《琵琶行》批判社会

现实，发出"同是天涯沦落人，相逢何必曾相识"的感叹：这些作品运用了批判思维。《欢乐》从颜色、声音、气息、触觉、嗅觉等不同角度，描写快乐，运用了发散思维。《议论散文两篇》由门、窗想到人生哲理、生活感悟；《菱角的喜剧》由菱角想到事物的复杂性、多样性，认识事物不能绝对化、简单化；这些作品运用了灵感思维。《黄山记》采用侧面描写的手法，以山峰来衬托云海，使云海的特点生动地表现出来，运用了侧向思维。《项链》先写罗瓦赛尔夫人平时的表现，再写她的悲剧命运与结局，运用了因果思维。借鉴教材创新思维教育资源，不仅可以提高学生文章的新颖性，而且可以提高学生的创新思维能力，对他将来工作和生活都具有重要意义。

如果说写作个性是比较高层次的要求，也是中学生比较难以达到的目标，那么借鉴教材创新思维教育资源，写出有一定新意的文章是完全可能的。重点可以借鉴发散思维、求异思维、批判思维和灵感思维四类创新教育资源。通过创新思维入手，从审题立意开始，引导学生创新表达自己的观点，这是破解当前写作"模式化"倾向的最有效方法。

四、运用教材创新方法教育资源，提高学生的写作技巧

创新方法是指在进行创新过程中所使用的方法；这一类教育资源我们称为创新方法教育资源。就语文学科来说，创新方法主要有写作创新方法、阅读创新方法、听知创新方法、说话创新方法。根据写作学和文章学原理，我们确定了如下几种主要的创新教育资源：立意、谋篇创新；观点创新；材料创新；布局、思路创新；开头、结尾创新；标题创新；表达技巧创新；语言创新；形象创新；情感、境界创新；风格创新；体裁创新。

教材中的创新方法教育资源，是学生最容易学习、借鉴的一种教育资源，粤教版教材许多篇目都可以作为我们写作的借鉴。比如《拣麦穗》对比描写了两种美梦的破灭，对作品中"我"和卖灶糖的老汉的描写，生动、丰富。《底片》运用了对比手法。《黑八月》使用了夸张、比喻和比拟等修辞手法。《说数》将抽象的数字形象化、趣味化；运用了比喻、拟人、对比等手法。《差别》采用了对比的手法。《赤壁赋》将散文与韵文结合，创造了文赋；采用主客问答形式，有创意。《逍遥游》塑造了鲲鹏展翅九万里的形象，鲜明生动；想象力丰富、奇特。《阿Q正传》创造了具有精神胜利法的阿Q形象。《哈姆莱特》创造了忧郁王子哈姆莱特的形象；语言诗化。《荷花淀》创造了独特风格，形成"荷花淀派"；写战争，不写其残酷，却写人情美、生活美。《雨巷》替新诗的音节开了一个新纪元；运用象征手法，创造了"丁香姑娘"这一独特形象。

对这一类写作创新方法的借鉴，我们可以采用仿写的方法，让学生学习、借鉴，在很短时间内学会运用。高中作文教学由于应试原因，以及教师没有研究写作教学的基本原理，忽视教材创新教育资源的学习与借鉴，导致目前学生作文"模式化"倾向严重，作文失去了个性，失去了创新，甚至也失去了应有的技巧。我们相信，只要我们能够认真研究写作教学的内在规律，有效运用教材的创新教育资源，从写作能力提高的根本着手，一定会指导学生写出有灵气、有个性、有新意的上乘作品来。

第五章　信息技术与语文学科的深度融合

信息技术从起步、应用、融合进入了创新阶段，信息化2.0已经融入教育，智慧校园建设在全国如火如荼，智慧课堂的探索如雨后春笋。语文教学必然要关注信息技术的运用，探索信息技术与语文学科的深度融合是必然而迫切的选择。本章介绍了网络专题阅读、基于平板电脑的课堂教学以及教师网络工作室的制作与使用三个主要内容，通过实践探讨了网络专题阅读的有效性，运用平板电脑实施整本书的深度阅读，语文教师网络工作室的制作与使用方法。

第一节 》 网络专题阅读有效性的实践与思考 ①

我们在有效教学的理论指导下，通过广东省电教馆课题"基于网络学习社区的有效课堂教学模式研究"的实践，探索了信息技术与语文学科教学融合的有效方法，即教学任务明确，学习过程具体可操作；教学资源由学生自己发现、学习、运用；网络学习工具尊重学生主体需要；采用合作探究的学习方式，引进竞争式讨论，优化常规讨论与网络讨论；教师恰当运用电脑室教师机的广播、监控功能，与学生平等对话；在线自评了解学习结果，进行反思等。

一、教学任务明确，学习过程具体可操作

在《李白的诗与酒》网络专题阅读的教学中，我们设计了 Webquest 课件，课件的"任务"页面提出了本节课明确的目标，见图 5-1。

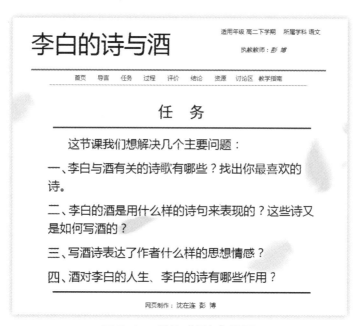

图 5-1　课件"任务"页面

这些目标明确具体，有一定的层次性和逻辑性。

在课件的"过程"页面中，笔者明确了每一步的程序，并且将每一步过程中的关键词设置了超链接，与相应的页面或者论坛上的论题进行链接。

如上过程清晰、明了，加粗文字均为超链接，使学生操作更加方便。

① 沈在连.网络专题阅读有效性的实践与思考[J].中国现代教育装备，2014（20）：62-64.

二、教学资源由学生自己发现、学习、运用

普通的阅读教学，一般由教师找好阅读内容展开阅读。《李白的诗与酒》网络专题阅读课则遵循了网络课的规律，让学生根据目的自己到网络上搜寻资源——李白写到酒的诗篇，然后选择、复制、粘贴到论坛相应的栏目（见图5-2）。学生自己搜寻、判断、选择资源，提高了阅读兴趣，发挥了主观能动性，为下一步的学习、探究提供了条件。学生找到了许多李白写到酒的诗，几乎囊括了网络上现有的李白写到酒的诗篇。重点诗篇《将进酒》《月下独酌》等被多位学生发现。

在此基础上我们让学生自己阅读，找出最喜欢的诗，说明理由。然后对设计的问题进行讨论，使学生对李白诗歌的学习进一步深入。这样，搜寻的教学资源就得到了比较好的利用。

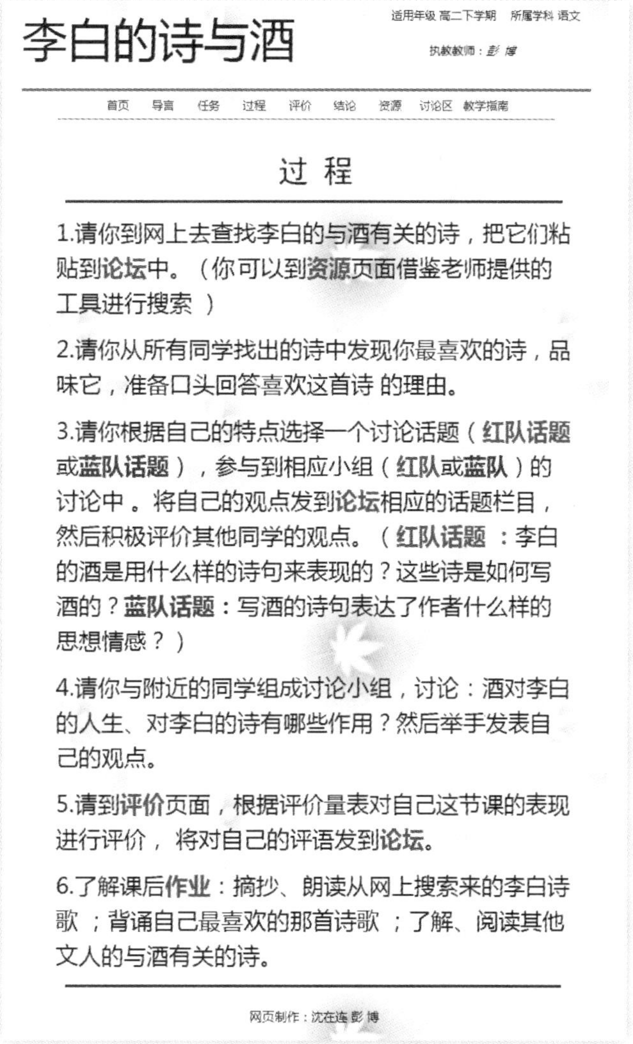

图 5-2 课件"过程"页面

三、网络学习模板尊重学生主体需要

在制作 Webquest 课件时，我们注意需方便学生利用，宁可自己多费点时间，也要便于学生操作，利于学生学习。

（1）采用惟存教育实验室编译的 Webquest 设计模板。这是从国外引进的一套网络探究学习的课件模板，具有"首页、导言、任务、过程、评价、结论、资源、讨论区（论坛链接）、教学指南"等页面，具备了专题探究式学习的软件特征。

（2）图文并茂，激发学生学习兴趣。

（3）对重点内容在文字上进行了处理，比如加粗、变字体、变颜色等。

（4）对可以与目标内容进行链接的关键词设置了超链接。特别是"过程"页面，几乎每一个过程的关键词都设置了超链接。

（5）在"资源"页面提供了教师准备好的资源搜索工具和文献，甚至搜索的关键词都提供了，这样便于不同技术水平的学生进行使用，见图5-3。

这样，能够节约学生学习时间，提高课堂学习效率。

四、采用合作探究的学习方式，引进竞争式讨论，优化常规讨论与网络讨论

合理的教学策略，能提高语文课堂教学的有效性。《李白的诗与酒》网络专题阅读在这方面也进行了有益的探索。

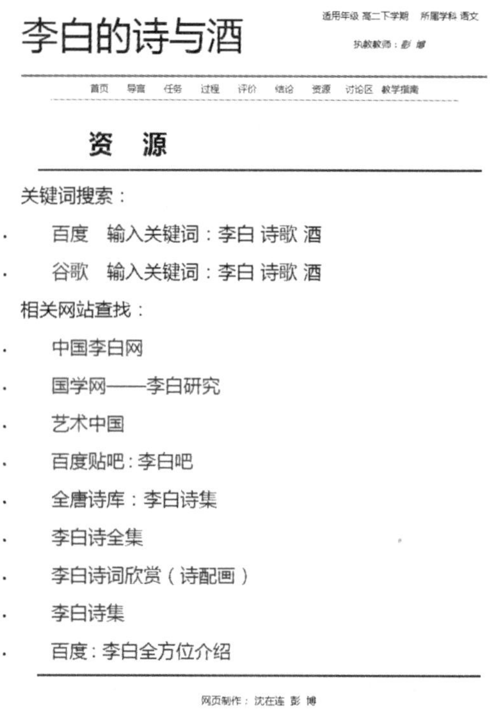

由于教材和图书馆没有关于李白诗与酒方面的阅读文本，考虑学生已有的计算机技能，兼及课题研究的学术目标，我们尝试把网络探究式学习（Webquest）作为基本教学形式，综合运用支架策略，进行探究性学习。

图 5-3　课件"资源"页面

采用支架策略的原因是：学生目前缺乏足够的研究能力，需要教师提供必要的学习支架，为学生提示专题学习的方向，提出引导性问题；另外，考虑到青年教师教学经验和教学机智的因素，设计适当可控的学习进程。

（1）问题引导，指引方向。本节课设计了三个层面的问题，第一个层面的问题是："阅读诗歌，找出最喜欢的诗歌，品味诗歌。"第二个层面的问题是："李白的酒是用什么样的诗句来表现的？这些诗句是如何写酒的？写酒诗表达了作者什么样的思想情感？"第三个层面的问题是："酒对于李白的人生、对李白的诗歌有哪些作用？"三个问题由浅入深，层层深入，明确了探究的方向，也能够引发学生的探究欲望。

（2）引入竞争，提高主动性。第二个层面的问题有意引入了竞争，学生根据自己对问题的兴趣组成讨论小组。"李白的酒是用什么样的诗句来表现的？这些诗句是如何写酒的？"这个问题作为红队话题；"写酒诗表达了作者什么样的思想情感？"则作为蓝队话题。

（3）网络讨论与常规讨论结合，发挥各自优势。第二个层面的问题有两个，可以同时进行，就采用网络讨论的方式，突破空间限制。第三个层面的问题我们采用常规讨论，按照空间进行分组。这样做是根据讨论内容选择了恰当的讨论方式。网络讨论能突破空间限制，利于学生个性化选择，平等、充分地交流；常规讨论，简单、快捷。

五、教师恰当运用电脑室教师机的广播、监控功能，与学生平等对话

在教学方法上，我们也进行了有效性的尝试。《李白的诗与酒》网络专题阅读这堂课，我们是在多媒体教室开设的，硬件支持教师广播的功能，电脑程序支持对学生的电脑进行控制。在教学中，语文教师只是在给学生介绍网络课件使用方法，展示、点评学生优秀帖子时才使用这一功能，其他环节都是让学生自己按照程序进行操作。这样做是为了既发挥教师的引导、监控作用，也注意促进学生自主学习活动的展开。

在教学设计中，我们还设计了教师参与到学生讨论组中进行讨论，学生之间对发的帖子进行再点评，甚至赞成听课的教师也发帖参与到学生的平等交流中来，大家都以网名的形式参与讨论，可以不分身份。（在实际的课堂教学中，这一点没有充分发挥，很是遗憾！）

六、通过在线自评了解学习结果，进行反思

网络课，教师利用信息技术是可以比较准确地了解学生学习的结果和心得的。我们设计了一个"评价"页面，从量上来评价学生的学习过程和结果，见图5-4。

李白的诗与酒

适用年级 高二下学期　所属学科 语文
执教教师：彭博

首页　导言　任务　过程　评价　结论　资源　讨论区　教学指南

自 我 评 价

能力类型	能力水平				得分
	起步（5分）	发展中（7分）	完成（9分）	典范（10分）	
查找资料的能力	能运用百度、Google或者教师提供的网站进行查找	能综合运用各种方法上网查找资料，能找到李白的诗歌	能查找3个以上的网站，找到1～3首李白的与酒有关的诗歌	能查找到5首以上李白的与酒有关的诗歌	
对资料处理、运用的能力	能发现李白诗的优点，喜欢其中某一首诗	能理解李白诗歌写酒的方法	能理解李白诗歌写酒的方法和思想情感的表达方式	能理解李白诗歌写酒的方法、思想情感的表达方式，提出独特见解	
参与讨论的能力	能够主动参与讨论	能根据自己的情况参与分组，进行讨论	能在自己的小组进行讨论，发言1次以上，发帖1个以上	能在讨论时发表新颖、有价值的观点	
论坛使用水平	会在论坛上注册，能在论坛上发1个帖子	能将自己查到的1～3首诗歌发到论坛上	不仅能将自己查找的诗歌发到论坛上，还能在论坛上和大家讨论、交流	能在论坛上发5篇以上的资料，质量比较高；在论坛上发表的见解新颖，跟帖在3个以上	

图 5-4　课件"自我评价"页面

通过学生在线自评，教师及时了解学生的收获，存在的问题；学生自己也明确了本节课的得失。

笔者指导的这个课例，一是发挥了网络技术优势，吸收信息技术与语文学科整合的研究成果；二是采用探究式学习方式，激发学生学习的自主性；三是转变了教师课堂教学的角色，营造平等、和谐的课堂氛围；四是探索了基于信息技术的有效课堂教学方法。

第二节》 基于 BYOD 的整本书深度阅读教学

一、问题提出

2017 年版普通高中语文课程标准设计了整本书阅读任务群，并设置了学分。关于小说的整本书阅读，新课程标准提出，小说"从最使自己感动的故事、人物、场景、语言等方面入手，反复阅读品味，深入探究，欣赏语言表达的精彩之处，梳理小说的感人场景乃至整体的艺术架构，理清人物关系，感受、欣赏人物形象，探索人物精神世界，体会小说主旨，研究小说的艺术价值"①。运用信息技术促进整本书阅读教学，是信息技术与语文学科整合的重点。

近三年来，全国高考语文试卷对语文阅读考查的深度明显提高，特别是对文学作品的鉴赏评价能力和学生批判性思维的考查比较重视。反观我们的阅读教学，在深度阅读方面已经不能适应高考的要求。②新课标将阅读教学的学业质量水平分为5级，第5级规定："在鉴赏活动中能从不同角度、不同层面鉴赏文学作品。能具体清晰地阐释自己对作品的情感形象、主题和思想内涵、表现形式及作品风格的理解。能比较多个不同作品的异同，能对同一作品的不同阐释发表自己的观点，内容具体，依据充分。能对作品艺术形象及价值有独到的感悟和理解。"③ 高考和新课标对深度阅读的要求已很明确，那么，运用信息技术对学生整本书的深度阅读进行指导有哪些可行的策略呢？这是我们要探索的目标。

2018 年 12 月 6 日—7 日，广州市白云区组织了一次大型的区级教研，主题是智慧课堂，高中各学科都开展了智慧课堂的课例研究。基于以上背景，我们将本次语文课例研究的主题确定为基于 BYOD 的整本书深度阅读教学。笔者指导了广州市第六十五中学易群老师的一节区级语文公开课，课题为《〈围城〉的深度阅读》，本节课属于白云区整本书阅读课

① 中华人民共和国教育部.普通高中语文课程标准（2017 年版）[S].北京：人民教育出版社，2018：10-11.
② 沈在连.深度阅读：怎么考？如何教？[J].中学语文教学参考·高中，2018（5）：74-75.
③ 中华人民共和国教育部.普通高中语文课程标准（2017 年版）[S].北京：人民教育出版社，2018：10-11.

程化的一部分。这节课引起了教师们的兴趣，大家发表了不同的意见，而笔者重点关注的是基于 BYOD 的整本书深度阅读教学策略。

二、基于 BYOD 的深度阅读教学的研究进展

BYOD，是指把手机、平板电脑、笔记本或其他移动设备引入教学或工作环境的做法。沈在连认为，深度阅读是指对文本进行深度挖掘并发展读者高层次阅读能力和高阶思维能力的阅读。其内涵有三个维度：第一，对文本深度挖掘，主要指挖掘文章的隐含信息和细节，鉴赏文章独特的体式和风貌；第二，发展读者的高层次阅读能力，主要指发展阅读鉴赏力、阅读迁移力和阅读创造力；第三，发展读者的高阶思维，主要指发展思维的深刻性、思维的批判性和思维的创造性。[①]

基于 BYOD 的深度阅读教学策略研究文献很少。袁华莉、余胜泉提出基于网络的深度阅读教学的五个策略：第一是利用网络环境支持学生阅读发现，还给学生亲历阅读的过程；第二是利用核心问题引导学生深层次感悟；第三是围绕课标拓展阅读，引发学生多元感悟；第四是以写促读，深化教学目标；第五是利用技术工具支持学生高效深度审美。[②] 许丹丹老师认为基于网络的深度阅读教学的有效策略有三个：第一是划定主题，丰富阅读；第二是划定内容，选择阅读；第三是划定范围，超文本阅读。[③] 这些研究探索了基于网络的深度阅读策略，但我们认为基于 BYOD 的整本书深度阅读教学策略与普通的单篇课文的教学不同，同时，应该进一步丰富目前已有的策略。

三、研究方法与过程

本次探索主要采用课例研究的方法，使用的硬件为平板电脑（学生每人 1 台）与电子白板，软件为某公司的晓黑板和慧学云。

第一次设计，试教，研讨。易老师自己独立设计了初稿，在高二（6）班试教，试教后我们进行了充分讨论。通过讨论，第一，明确了基于 BYOD 的深度阅读教学的理念是以学生的"学"为中心，而不是以教师的"教"为中心，将教学中教师讲授的时间由 3/4 压缩到 1/3，以学生活动为主；第二，明确本节课是区域"智慧课堂"的教研活动，探索的主要目标是基于 BYOD 的整本书深度阅读教学的策略，设计重点应该是尝试运用信息技术实现整本书深度阅读的教学策略；第三，要关注整本书深度阅读的指导，体现整本书阅读课程化的特点，即利用有限的课堂教学时间，指导学生开展整本书深度阅读的方法，从而促进学生课外整本书的深度阅读。易老师运用批注的方法指导学生进行深度阅读值得肯定，同时，明确聚焦人物形象的分析方法，教给学生运用批判性思维多角度地分析人物的方法，根据

① 沈在连. 深度阅读：怎么考？如何教？ [J]. 中学语文教学参考·高中，2018（5）：74-75.
② 袁华莉、余胜泉. 网络环境下语文深度阅读教学研究 [J]. 中国电化教育，2010（7）：13-22.
③ 许丹丹. 网络环境下语文深度阅读教学研究 [J]. 课外语文，2015（1）：76-77.

对学生阅读兴趣和阅读批注的调查，确定本节课的重点是对鲍小姐的人物形象进行分析。

第二次设计，试教，研讨。易老师第二次为借班上课，教师的教学理念有了很大转变，能够以学生"学"为中心设计教学活动，聚焦到人物形象的分析，尝试了一些基于 BYOD 的阅读策略。但时间分配明显不合理，教学内容没有完成，教学重点不突出，教学策略没有突出智慧课堂的特点。通过研讨，精简教学环节，压缩非重点内容的教学时间，以普通教学不可替代为原则增加基于 BYOD 的深度阅读策略，增加教师总结人物形象分析方法的内容。

第三次设计，展示，研讨。最后展示的教学环节如下：课前布置前置作业；检测前置学习效果；确定深度阅读教学内容；根据学生阅读的数据和兴趣进行分组、讨论；展示交流，再阅读，引入评论资源加深研讨；教师总结；深度阅读效果检测；布置作业，迁移运用。研讨时，执教者先进行了反思，听课教师对这节课进行了热烈的讨论，笔者最后进行了点评。

四、基于 BYOD 的整本书深度阅读的教学策略

从深度阅读教学角度看，通过课例研讨，我们发现基于 BYOD 的课堂可以有四个促进整本书深度阅读教学的策略。

（一）基于 BYOD 的文本深度挖掘策略

深度阅读要求对文章本体中深层次的信息、体式和风貌进行理解与探究，包括对文本隐含信息的理解与探究、文章独特体式的理解与探究、文章独特风貌的理解与探究三个方面。基于 BYOD 的阅读教学可以发挥网络和手持设备的优势，引导学生对文本进行多角度的深度挖掘。

1. 引入深度阅读资源，促进学生对文本的深度理解

基于 BYOD 的阅读教学最大的优势是可以引入阅读资源，充分运用海量网络资源。本次课例教师运用《围城》电子书供学生在线阅读和批注，学生自己也在课前收集了作者的相关信息和其他作品信息进行阅读。为了提高深度阅读效果，我们在课堂讨论环节中引入了评论文本供学生阅读，学生通过阅读名家对《围城》中人物的评论，结合自己的批注和讨论，加深了对人物的理解，达到深度阅读的目的。

2. 阅读过程、成果的可视化，奠定深度阅读发生的基础

一般的课外整本书阅读，教师对学生阅读的过程和阅读的成果比较难以发现，教师只能通过和学生对话，阅读学生写的阅读体会，或者通过纸质的测试来了解学生的阅读情况。基于 BYOD 的整本书深度阅读，学生阅读电子书《围城》，阅读的同时进行批注，学生阅读进度的数据和批注结果教师在线可以通过软件完全了解，做到了阅读批注可视化、阅读进度可视化、阅读数据可视化、阅读行为可视化。阅读过程和结果的可视化，使得教师能更好地发现深度阅读的教学内容，学生也可以了解其他学生阅读的深度，促进深度阅读的发生。

3. 分析线上阅读数据，实现文本深度阅读的价值发现

深度阅读文本的价值发现有多种方式，如对文本隐含信息的发现，对文本深层情感的发现，对文本深层思想的发现，对文本独特技法的发现，对文本独特风貌的发现，对文本创新教育资源的发现，等等。整本书深度阅读教学的内容以往由教师做出价值判断，或者根据少数学生的疑问引发。基于 BYOD 的深度阅读教学，可以有效运用信息技术帮助教师快速发现学生阅读文本的兴趣和真实情况，从而发现深度阅读的内容。本节课我们运用网络数据和软件中所有学生的批注来发现深度阅读教学的文本价值——多角度分析鲍小姐的人物形象。

易老师通过前置作业来了解学生对文本的理解情况，发现深度阅读的文本价值。

阅读钱锺书的《围城》完成下面几个任务：

（1）第一章印象深刻的人物调查（晓黑板）

A. 方鸿渐　　B. 鲍小姐　　C. 苏文纨　　D. 孙太太　　E. 阿刘

（2）选择书中一个你感兴趣的人物，批注式阅读，并且把批注文本传送到慧学云。

第 1 个问题学生对鲍小姐感兴趣的为 42%，方鸿渐为 33%，苏文纨为 23%，孙太太为 0，阿刘为 2%。从数据看学生对鲍小姐最感兴趣。第 2 个问题，学生对鲍小姐的批注也比较多，且有不同的观点。于是教师根据学生的兴趣和阅读的真实情况将对鲍小姐的多角度解读作为《围城》整本书深度阅读指导的主要内容，通过有限的课堂阅读指导，教给学生多角度理解小说人物的方法，学生由这节课迁移到对其他人物的理解，从而实现新课标中整本书深度阅读教学的目标。

（二）基于 BYOD 的发展学生高层次阅读能力策略

高层次阅读能力包括阅读评价力、阅读迁移力和阅读创造力三个方面。基于 BYOD 的阅读教学可以利用技术提高学生高层次阅读能力。本节课做了三方面的探索。

1. 在线批注，促进学生阅读评价力和阅读创造力的发展

学生课外阅读《围城》，运用批注法在线批注，写阅读感受，既对《围城》的思想内容和表达技巧进行点评，发展了学生的阅读评价力，又可以在批注和写阅读感受中发表自己新的观点，提出疑问，发展学生的阅读创造力。

2. 阅读结果在线点评，进一步促进学生阅读评价力的发展

课堂上，学生进行分组讨论后将观点用文字、图片、语音形式发到软件中，所有学生和教师可以看到各组的讨论结果。师生对批注和讨论结果进行再阅读，再点评，进一步促进了学生对《围城》中人物的深度反思，提高了学生的阅读评价力。

3. 精心设计在线作业，培养学生阅读迁移力与阅读创造力

本节课的作业易老师设计如下：

课外作业（任选其一）：

（1）再读《围城》第一章，体味钱锺书先生是用怎样幽默的语言来塑造鲍小姐这一形象的，写一篇800字以上的小论文，题目自拟。

（2）仿照钱锺书先生多角度刻画人物的写法，写一段略带幽默的自我介绍或者人物介绍。500字左右。

第（1）题在线作业是对本节课的深化，由对鲍小姐的形象分析到作者对鲍小姐的形象塑造方法的推进，由文章信息层面的鉴赏到文章独特技法的鉴赏，能够培养学生的阅读创造力。第（2）题在线作业是这节课方法的迁移。本节课教师通过鲍小姐人物形象的多角度解读教给学生人物形象分析的方法，用作业引导学生迁移运用本节课的方法来写作，提高学生的阅读迁移力与创造力。

（三）基于BYOD的培育学生高阶思维策略

高阶思维包括思维的深刻性、思维的独立性和思维的创造性三个方面，基于BYOD的阅读教学可以利用技术提高学生的高阶思维能力。

1.基于在线数据的分组与讨论，培养学生的批判性思维

阅读讨论组的组建有多种方式，有基于阅读兴趣的分组，基于阅读共同价值观的分组，基于阅读能力层次的分组，基于阅读角度的分组，基于阅读任务完成情况的分组。本节课教师基于学生阅读兴趣和阅读角度进行分组，线上和线下同时分组，分为4个小组，学生从不同角度分析人物，将讨论结果发到论坛上，每个小组派2人在线下（讲台）展示，阐述本小组观点，其他组可以在线上或线下发表不同的看法，甚至争论，在线上和线下的思维碰撞中提升学生的批判性思维。

2.在线文本再读与深度探析，培养学生思维的深刻性

在分组讨论展示时，教师引导学生回视文本，寻找支撑自己观点的证据，根据文本反驳对方错误的评论或点评，通过对文本的再读与深度探析，提升学生思维的深刻性。

（四）基于BYOD的深度阅读教学效果的检测策略

基于BYOD的阅读教学，在深度教学的效果检测方面尤其有优势。深度阅读教学的检测从检测时间来说，可以分为前置阅读作业的检测、阅读教学过程的检测和阅读教学结束的效果检测三个方面；从检测的内容来说，可以分为对文本深度理解的检测、对学生高层次阅读能力的检测、对学生高阶思维的检测；从检测的形式来说，可以分为不限时检测、限时检测、抢答检测等；从检测题型看，可分为选择题、判断题、填空题、简答题等。本节课主要探索了前置作业检测和阅读教学结束的效果检测，题型采用选择题，前置检测的内容主要是对文本的深度理解情况，阅读教学结束的效果检测主要是对阅读的批判性思维的检测。

1.对前置作业的在线检测，了解学生整本书阅读的深度

本节课，易老师设置了前置作业，在课前进行了在线检测，课堂展示了检测结果数据，使学生和教师都清楚认识到了学生课外阅读的成果，了解了阅读的深度。

《围城》第一章阅读内容小测：

（1）与《围城》主人公方鸿渐发生过情感纠葛的女性一共有（　　）

　　　　A. 二位　　B. 三位　　C. 四位　　D. 五位

（2）在小说中被人称作"熟食铺子"和"真理"的是（　　）

　　　　A. 方鸿渐　　B. 孙柔嘉　　C. 李梅亭　　D. 鲍小姐

（3）下列不属于苏小姐讨厌鲍小姐原因的一项是（　　）

　　　　A. 鲍小姐穿着暴露，行为不检点。

　　　　B. 鲍小姐拿早餐喝咖啡时用的方糖去哄小孩。

　　　　C. 鲍小姐直接用嘴衔着烟头凑在方鸿渐正抽着的烟头上借火。

　　　　D. 鲍小姐睡懒觉。

（4）书中"那个戴太阳眼镜、身上摊本小说的女人，衣服极斯文讲究。皮肤在东方人里，要算得白，可惜这白色不顶新鲜，带些干滞。她去掉了黑眼镜，眉清目秀，只是嘴唇嫌薄，擦了口红还不够丰厚。假使她从帆布躺椅上站起来，会见得身段瘦削，也许轮廓的线条太硬，像方头钢笔划成的"描述的是（　　）

　　　　A.孙太太　　　B.唐晓芙　　C.鲍小姐　　D.苏文纨

（5）临近下船，鲍小姐对方鸿渐一改平时亲热态度，对他很冷淡，方鸿渐很生气，下列不属于他生气的原因的一项是（　　）

　　　　A.鲍小姐将要见自己的未婚夫。

　　　　B.鲍小姐的冷淡让他的自尊心受到了打击。

　　　　C.鲍小姐的态度让他觉得自己的感情遭到了欺骗。

　　　　D.鲍小姐的这种态度的转变让他很失望。

（6）下列不属于方鸿渐写信给父亲要求解除婚约的原因是（　　）

　　　　A. 自己留学期间身体不好，担心短命耽误了那个未婚妻。

　　　　B. 未婚妻是家长选的，不是自己心仪的。

　　　　C. 看到人家谈情说爱，觉得自己就这样命定心有不甘。

　　　　D. 未婚妻只上过一年高中，后来就没进学校，在家实习家务。

2.堂上在线即时检测，强化整本书深度阅读指导的效果

本节课结束时，易老师设计了对深度阅读教学效果的即时检测。本节课的目标是指导学生能从不同角度分析小说的人物形象，检测题采用多项选择题，考查学生是否能做到对鲍小姐人物形象进行多角度的理解（课后作业设计了多角度分析人物形象方法的迁移运

用），从而强化学生思维的批判性。

> 下列关于鲍小姐的分析正确的项是（   ）
>
> A. "又有人叫她'真理'，因为据说'真理'是'赤裸裸的'，她并未一丝不挂，所以他们修正为'局部的真理'。"侧面写出了鲍小姐衣着打扮的暴露，讽刺了她在生活上的放浪、无耻。
>
> B."'咱们俩今天都是一个人睡'，鲍小姐好像不经意地说。"其实是故意暗示方鸿渐，主动邀请方鸿渐跟自己发生一夜情，显示了她不为世俗所羁绊的大胆，也显示了他为了追寻快乐的放荡不羁。
>
> C. "她自信很能引诱人，所以极快、极容易地给人引诱了。"这句话道出了鲍小姐在英国的不检点。钱锺书先生在主被动的互换中嘲讽了鲍小姐的放浪无耻。
>
> D. "鲍小姐的回答毫不合逻辑：'也许你喜欢苏小姐死鱼肚那样的白。你自己就是扫烟囱的小黑炭，不照照镜！'说着胜利地笑。"这是鲍小姐讽刺苏小姐的白皮肤像死鱼肚，方鸿渐是"扫烟囱的小黑炭"，一辩二讥中表现了鲍小姐的贪利不吃亏，看似不合逻辑，其实正好符合人物性格。

基于 BYOD 的课堂检测可以即时反映学生阅读的情况，检验阅读指导的效果，也能使检测结果可视化，从质和量两个角度反映教学的效果。

五、反思

这节课不仅使我们提升了自己，也探索了一些新的策略，收获很大，但也有许多遗憾和值得反思的地方。

1. 课堂空间的设计与布置制约课堂教学的基础

开展基于 BYOD 的课堂教学，对信息技术和设备有一定要求，需要设备能够正常使用，网络能够一直保持畅通；同时还需要有优秀的程序支持语文阅读教学。在我们进行课例研究的过程中，也出现过设备问题、网络问题，使用的软件也不够人性化，一些需要的功能还不具备。极端的事件是，我们到某校调研智慧课堂时，有一节基于 BYOD 的英语阅读课用了 30 分钟才处理好网络问题，一节 40 分钟的课只上了 10 分钟。这说明基于 BYOD 的深度阅读教学还有很长的路要走，在设备、网络和软件都不够完善的前提下经常化开设基于 BYOD 的阅读指导课还存在客观困难。硬件的升级需要政府和相关企业进一步投入，软件的完善需要相关企业与学校进行合作开发，根据教师的教学需求不断更新软件。

2. 手持设备使用的适当性与教学策略的有效性是课堂教学的关键

基于 BYOD 的整本书深度阅读教学，最关键的是设备使用的适当性与教学策略的有效性。这个问题必须依靠教研部门和教师主动探索与实践才能解决，政府和企业没有办法解决。

在手持设备使用的适当性方面，我们提出的原则是每一次使用都应当是必要的，具有超过普通教学手段的效果，甚至是普通教学不可替代的。作为教师要做的有：一是要探索什么教学内容需要使用设备；二是哪个教学环节需要使用设备；三是如何发挥网络和设备的优势；四是比较基于网络的教学和常规教学的各自优势与不足，把发挥信息技术优势与保持传统教学方法优势相结合，使教学内容、教学方法与技术和设备进行深度融合。本节课例研究在分组讨论环节易老师设计了以线上数据为分组依据，线上和线下一起分组讨论，采用混合式教学。线上分组和讨论使得网络优势得到发挥，营造平等对话的氛围，讨论结果可视化、共享化；线下分组讨论节约了时间，增加了学生互动，加强了学生口头交流与人际交往，有利于塑造学生健全的人格。

教师设计基于 BYOD 的深度阅读教学要探索有效的教学策略。本节课根据深度阅读教学的三个维度设计了深度阅读教学的三大策略，加上独特的在线即时检测策略共探索了四大策略。从教学结果来看还是有一定效果的，从课堂结束时的即时检测结果看，学生大部分掌握了多角度分析人物形象的方法，为课外阅读提供了方法，培养了学生的高层次阅读能力与高阶思维。但由于执教教师对教学节奏把握不好，课堂教学时间分配不够合理，影响课堂后半段的教学效果。同时，一些策略如文本的再读与深度探析明显没有做到，课堂即时检测试题的设计不够科学，这也影响了深度阅读教学的效果。

3. 教师的教学理念和信息技术素养也是影响教学的重要因素

基于 BYOD 的深度阅读教学需要教师有先进的教学理念和较高的信息技术素养。我们在前期对一些学校进行智慧课堂的调研时发现，不少教师仍然是以教师的教为中心开展教学设计，智慧课堂缺少学生的活动，缺少学生的智慧；有的智慧课堂不是以学生为中心而是以设备为中心，仅仅用手持设备展示结果，或者教师仅用手持设备来放课件。也有不少语文教师因为不能熟练使用手持设备而无法设计与实施智慧课堂。有的教师不能有效控制课堂进程和学生网络行为，对于与设备、网络和软件有关的突发事件无法处理，只能等待信息技术专业人员或者专业软件公司来人解决。

4. 时间成本影响教师使用手持设备教学的意愿

我们调查具有较高信息素养的教师为什么不愿经常上基于 BYOD 的课，一个相同的答案是：太耗费时间。本节公开课，教师由设计到展示，比常规公开课所用的时间多数倍，一是技术与设备的熟悉，二是教学策略的研究与设计，三是课堂进程的控制，这些都很耗费时间。因此，目前这样的课例只能作为一种探索，真正走入常态课的行列还为时过早。

综上，技术和设备制约智慧课堂，但关键在教师。教师的信息素养、教学理念、运用意愿和教学策略等都影响智慧课堂的实施。我们建议，目前先选择使用简单、好用且超过普通课堂效率的策略，比如在线阅读，在线堂上检测，深度阅读资源引入，基于阅读数据的线上线下同时分组讨论，等等。

第三节 语文教师网络工作室的制作与使用

一、网络工作室的意义

随着学校信息化程度的提高，语文教师也迫切需要提高自己的信息素养。让自己在网上有个教育之家，让自己的教育手段从旧石器时代迈向网络时代，让自己从自闭走向开放、从自我走向大众、从自娱走向同乐。他山之石，可以攻玉，这是驾驭互联网这匹烈马的一种境界；而将你的思考、探索发布出来，使大海中再多一滴水，更是一种境界！从网络资源的消费者到建设者，正是语文教师个人价值的提升。

语文教师网络工作室是指由语文教师制作发布的用于个人教学、教研的教育网站。它以个人使用为主要目的，具有搜集教育资源、整理个人资料、方便课堂教学、促进学生学习、提高教研水平、宣传个人成果、与同行交流等作用。江苏省OEH开放实验室编制的《数字化学习能力的分级标准》（实验用五级），将数字化学习能力分为浏览级、交流级、发布级、协作级、服务级五个级别。语文教师网络工作室属于服务级，即能够将自己原创的教学资料、教学研究成果和自己搜集的资料制作成网页发布到互联网上，在语文教学中加以使用，组织学生进行必要的网络学习，为同行提供教学服务并进行交流，能够独立管理自己的网站。网络工作室以自己使用为主，同时为其他教师提供服务。

二、网络工作室制作的方法

对于语文教师来说，制作网络工作室是一大难题，只要我们学起来，其实技术并不困难；关键还是内容问题。笔者考察许多语文教师的网上工作室，发现大都不够实用，或者成为网络垃圾资源的仓库，或者大而全、大而空，或者功能过于单一（教育主题网站除外），或者缺少个性和创造性，不符合语文教师特定的教学、教研需要。

（一）语文教师网络工作室的栏目

语文教师网络工作室的栏目应该满足基本需要，即学习进修、课堂教学、成果展示、教学研究、资源整理、交流互动等。据此，笔者认为，语文教师网络工作室常见的栏目应该有：

1. 课堂教学：包括网络教室（组织专题学习、开展网络阅读、展示教学课件、进行在线交流、提供同步辅导等）、Webquest（进行专题探究）等内容。其中网络教室可以用南京易学研究中心的"天空教室"教学平台，Webquest模板可以到惟存教育网站下载。

2. 备课中心：包括课文电子文本（便于编制试卷、写作教案、创作论文时使用）、课文赏析、原创或经过自己改编的教学设计、原创或改编的课件、试卷、相关的素材等内容。

3. 进修提高：包括方针政策、教育理论、语文教学理论、报刊文摘等内容。

4. 学生频道：包括学习档案、学生成绩（需用密码保密，只有自己可以查阅）、优秀作文、学生专集、师生对话等内容。

5. 教学研究：包括课题研究、教育论文、教育随笔、文学创作、兴趣爱好、教育管理、公开课等内容。

6. 课程建设：包括原创的校本课程、选修课程等内容。

7. 资源链接：包括教育网站链接、语文网站链接、报刊链接、文史哲等资源网站链接、重要的公益图书馆链接等内容。

8. 班级管理：如果是班主任，还需设置此栏目。包括学生信息、教育档案（以上两项内容需保密，只有自己可以浏览）、班级规范、班级成果、教育案例、发展性评价、师生交流等内容。

我们在制作时，为了达到实用目的，必须有如上的栏目内容，但栏目名称可以自己拟定，比如"课堂教学"栏目可以用"人文课堂"作为名称。

（二）制作工具建议

制作工具方面建议初学者用 FrontPage2000，可以买一本这方面的书，或上网下载相关的教程，或到有关论坛学习；有一定制作经验的教师可以用 DreamweaverMX，水平更高的语文教师可以自己编制程序。最省事的办法就是直接到网站（如中国站长站）下载免费的文章管理系统（如动力文章管理系统 Ver 3.0 Build 或更高版本）和论坛程序，只要设置相应的栏目，增添文章就可以了，不需要什么技术，几乎人人都会。网络教室，可以从天空教室网站下载程序。将自己的网站上传到学校服务器上，或放到因特网的免费空间，还可以租用虚拟主机。一般采用 ftp 上传，问一下电教老师就行了。

三、网络工作室的使用

建设网络工作室的主要目的还是使用，如何合理地、最大限度地发挥工作室的作用，还需要大家深入研究，这里谈一点个人经验。

（一）课堂教学

语文教师网络工作室最基本的功能是辅助课堂教学，根据教学的不同需要和网络运用的不同层次，可以设计不同的运用方式。

1. 展示课件和图片

这是网络工作室最基本的运用方式，即将工作室上的 PPT、FLASH、视频、音频、图片等在课堂上进行展示、播放。我们常常发现，用别人网站上的课件进行课堂教学时，可能因该网站流量被限制、服务器故障、课件与自己的设计不契合等原因不得不放弃，而有了自己的网络工作室，我们可以对课件进行加工，反复调试，一旦将这些资源组织好了，可以重复使用，不断完善。只有自己的才是最好的！

2.组织专题学习

语文学科教学，常常用到专题学习。比如在小说或诗歌单元教学结束时，我们可以组织小说或诗歌的专题教学活动，先由学生讨论提出问题，老师根据学生的讨论发现大家感兴趣的问题，在进行价值审视后作为学习的主题，然后搜集网络资源、设计探究程序、制作 Webquest，将之发到网络上，最后组织学生进行专题学习。惟存教育网站有许多 Webquest 教学案例，大家可以去学习。

3.开展网络阅读

有条件的学校，语文教师还可以组织学生进行网络阅读。①可以让全班学生阅读同一文本，进行讨论探究。比如将《史记》htm 版下载到自己的工作室，组织学生在网络教室集体阅读某一篇，然后展开讨论，学生将自己的观点发布到语文教师网络工作室，大家交流观点，互相评价、启发。我们常常希望某一节阅读课，能让大家阅读同一文本，但让所有学生今天去购《史记》，明天去买《围城》是不可能的，有了网络工作室就可以实现自己的理想。②开展专题阅读，拓展学生阅读面。语文教师了解学生感兴趣的阅读主题后，将该主题（如"生命"主题）作为网络阅读的主题，组织学生阅读网络上关于该主题的散文、诗歌、微型小说等，将自认为有价值的文章贴到网络工作室上，并且对该文章进行点评，同时大家也进行互相点评、交流。值得一提的是，在学校电子阅览室进行阅读，学生可以进行实时的网络交流，并且不会影响其他同学的阅读。

4.进行网络答疑

网络具有海量资源和超时空的特点。教师可以利用超时空的特点进行答疑，对课堂进行延续和补充。学生将自己的疑问发到教师的网络工作室，教师可以在任何时间、任何地点上网回答学生的问题，同时，这种交流方式，也体现了网络交流的平等原则，性格内向的学生也有了向老师发问的机会。

（二）语文探究学习

通过网络工作室进行语文探究学习，也是一个很好的方式。教师或学生可以将课题研究的过程、成果、相关资料、活动照片等及时发到网络工作室进行展示、交流，鼓励学生进行研究，同时互相启发。可以将课题研究的指导材料、相关的表格等发在网络工作室上，便于学生进行学习、使用。还可以在网络上对学生的研究进行评价，保证评价的公平和公开。工作室的资源积累也为以后学生的课题研究提供了很好的范例，建立学习资源的自生长机制是语文教师网络工作室发展的重要方向。（语文探究学习网站有"字体与性格"课题研究资料，供读者参考）

（三）资源搜集与整理

网站制作和管理的过程就是对个人资源和网络资源搜集、整理、加工的过程。

语文教育资源包括语文教育新闻信息资源、语文教育思想资源、语文教育理论资源、语文教育实践资源、语文教育过程和方法资源、语文教育科研信息资源、与语文教育相关的信息资源等。在你制作和管理自己的网站时，为了充实内容，你会常常到网上淘金，搜索引擎是你常用的工具，语文教育网站是你常常光顾的地方，各种语文杂志和书籍是你很喜欢注意的东西。平时我们也很喜欢下载网络语文教育资源，但常常需要时却找不到了。将我们真正需要的资源下载下来，放到自己的工作室上，需要时随时都有，这就是优势；自己常用的网站可以建立资源链接，这对我们快捷使用网络资源很有帮助。自己的网站上应该放最有价值和真正需要的资源！

笔者常常看到不少语文教师电脑中的资料很多，但却没有合理的整理，大都放在不同的文件夹中，文件夹的分类也不够合理，子文件夹和父文件夹的关系不合逻辑，使用起来很不方便。用网站形式存放资料是个好办法，建议大家按照笔者提供的栏目进行分类，网站的主栏目可以清晰地显示整个资源的结构。许多网站程序采用了数据库管理，不仅自己使用方便，在任何时间、任何地点都可以进行增、删、改、换、复制，而且也可以为其他教师提供服务，何乐而不为？我注意到许多语文教师网络工作室上有大量的教案、课件、试卷，大都没有什么使用价值，需要进行改造，建议大家最好将自己课堂上使用的放在网络工作室上，每次使用过后，可以根据使用效果进行修改，一两个循环下来，你会发现自己的工作室已经五脏俱全了。自己实用的，就是最好的！

（四）教学研究

语文教师网络工作室对教师个人的教学研究有很大作用，这是笔者的深切体会。2001年笔者负责安徽省教育科学研究课题"《高中生语文研究性学习专题》的编制与使用"的研究工作，为了促进课题研究，笔者制作课题研究的专题网站，下载了大量的研究性学习方面的文献，提高课题组研究成员的研究水平；将课题研究的过程材料和结果进行整理，发布到网站上，使大家互相启发、互相鼓励；在网上对学生课题研究进行指导，使得课题研究规范、完整、超前；由于课题研究借助了网站的作用，得到安徽省教科所的较高评价。目前，笔者将该网站进行了改版，发展为"语文探究学习"专业网站，在整个网站的制作、维护的过程中，笔者对语文探究学习甚至整个研究性学习都有了比较全面、深刻的认识。搜集研究文献、发布研究成果、记录研究过程、进行研究指导、交流研究体会，是语文教师网络工作室发挥教学研究作用的基本方式。

在网络工作室上创作自己的教育随笔也是一个很好的方式。苏州大学朱永新教授提倡写教育随笔，他认为三年小成，十年大成。笔者坚持写教育随笔，虽然没有大成，但感觉自己在语文教育方面的认识比以前更深刻，在教育研究方面的水平似乎提高得比较快。建立了网络工作室，坚持将自己的教育理想、经历、方法、成果、思考留在网络上，同行之间互相切磋，可以较快提高自己的教学和研究水平。

语文教师网络工作室的使用方法是一个值得进一步探讨的问题，你制作了并且使用了，就会发现许多新的使用方法，我们可以在网络上进一步交流。

四、网络工作室制作与使用的注意事项

注意版权问题。语文教师网络工作室由于使用了大量的网络资源，需要考虑版权问题，那就要将自己的网络工作室定位在个人教育教学和研究上，不能作为商业用途，除非你的资源都是自己原创，或者引用的资源与作者有协议或付了稿费。

向更高的境界冲刺。语文教师网络工作室还只是以个人使用为主的网站，需要进一步发展，建设成为教育特色主题网站，突破个人空间，成为共享的网络资源站点，服务更多的语文教师，达到更高的层次。

第六章 深度阅读教学

深度阅读教学是广东省教育科学『十二五』规划2014年度课题『高中语文「定篇」课文深度阅读的三维策略研究』的研究成果。本研究重新定义了深度阅读教学，研究了深度阅读的指标、三维策略和实践模型，对语文阅读教学具有一定借鉴意义。

第一节》深度阅读教学的概念及指标

一、重新界定"深度阅读教学"

语文阅读教学不仅要考虑阅读客体——阅读文本，更应该考虑阅读主体的发展，包括阅读能力的发展和思维品质的发展。因此，阅读教学应以文章学、阅读学和思维科学为依据，从文章本体、阅读能力和思维发展三个维度进行实施与评价。

深度阅读教学是指对文本进行深度挖掘并发展学生高层次阅读能力和高阶思维能力的阅读教学。其内涵有三个维度：第一，对文本深度挖掘，主要指挖掘文章的隐含信息和细节，鉴赏文章独特的体式和风貌；第二，发展学生的高层次阅读能力，主要指发展阅读鉴赏力、阅读迁移力和阅读创造力；第三，发展学生的高阶思维品质，主要指发展思维的深刻性、思维的批判性和思维的创造性。

二、深度阅读教学的三个维度及具体指标

我们认为，深度阅读教学应以文章学、阅读学和思维科学为依据，深入到文章本体的内部，同时还要培养学生高层次的阅读能力，发展学生的高阶思维品质。具体来说，语文深度阅读教学要从三个维度进行考虑，即文章本体维度、阅读能力维度和思维发展维度。文章本体维度关注的是对作品本身的深度解读，属于知识领域；阅读能力维度关注的是对学生阅读能力的深度发展，属于认知过程领域；思维发展维度关注的是学生思维的深度发展，是语文学科核心素养的关键能力。这样，既关注了阅读客体，也关注了阅读主体。

（一）语文阅读教学的三个维度和具体指标

根据文章学、阅读学和思维科学，我们提出语文阅读教学的三个维度和具体指标，见表 6-1。

表 6-1　语文阅读教学的三个维度及具体指标

维度	文章本体（知识领域）			阅读能力（认知过程领域）	思维发展（关键能力）
一级指标	信息	体式	风貌	阅读能力	思维品质
二级指标	事料	结构	气势	阅读感知力	敏捷性
	感情	语体	风格	阅读理解力	灵活性
	意旨	体裁	作风	阅读鉴赏力	深刻性
	境界	技法	美质	阅读迁移力	批判性
		语言		阅读创造力	创造性

（二）语文深度阅读教学的三个维度和具体指标

对于语文深度阅读教学，我们从文章本体维度、阅读能力维度和思维发展维度也提出了具体的指标，见表6-2。

表6-2　语文深度阅读教学的三个维度及具体指标

维度	文章本体			阅读能力	思维发展
一级指标	信息	体式	风貌	阅读能力	思维品质
二级指标	感情	结构	风格	阅读鉴赏力	深刻性
	意旨	技法	美质	阅读迁移力	批判性
	境界（意境）	语言		阅读创造力	创造性
	其他（如隐含信息、细节信息等）				

开展语文深度阅读教学可从如上三个维度进行教学设计、教学实施和教学评估。

第二节 深度阅读教学的研究现状

一、认识到高中语文课文中有部分"定篇"，但在教学中教师仍然把教材所有课文当作"定篇"来教，导致深度阅读不"深"

王荣生对中外语文教材进行比较和研究，认为语文教材里的选文，大致可以鉴别出四种类型，即"定篇""例文""样本"和"用件"。我国传统的语文教育，教材一直顶替着课程，按惯例，教材的篇目，往往主要扮演着"定篇"的角色。自现代以来，语文教材建设的实践也多按惯例或当时的教育政策，将某些"选文"事实上视作"定篇"。但是，对"定篇"的问题，我们一直缺乏理论的研究，对"定篇"的性质、"定篇"在教材中的地位、"定篇"的功能和功能发挥方式，语文教育界一直含糊其词。我国的语文教学大纲曾以"基本篇目"的名义规定了在教材中必有、在教学中必教的篇目，但是，"基本篇目"的制定与提出，当时主要是从"适合于教学"这个角度考虑的，在主观愿望以及在教材的处置"意图"上，并没有把它们真正当成"定篇"。另一方面，基于大纲的规定、基于教材编撰的实际情形，在"教教材"的观念支配下，语文教学实践却把这些数量相对庞大、质量相对参差的"基本篇目"，当成"定篇"来使用，从而把"教语文"演变为"教课文"，尽管受那些教材的编撰"意图"制约，但语文教学的实践又很少真正落实为"教课文"。因此，学界认识到并非中学语文教材的课文都是"定篇"，教材中所谓的"基本阅读"课文也不一定就是"定篇"；真正的"定篇"是那些堪称经典的经典。目前语文教师把教材的篇目都当成"定篇"来教，既不能使真正的"定篇"深度阅读，也浪费了学生大量的时间。语文教学要对这些堪称"定篇"的课文进行深度阅读。

二、阅读学对阅读能力的纵向结构有了研究成果，但语文阅读教学中轻视或忽视了学生高层次阅读能力的发展

曾祥芹等阅读学专家认为，阅读能力存在着纵向层级结构，曾祥芹主编的《阅读学新论》，对阅读能力的结构进行了研究，克服了以往阅读能力结构研究的缺憾，将阅读能力结构划分为纵向层级结构、横向贯串结构和立体开放式结构三种，语文阅读教学应该全面培养学生的阅读能力，同时，也应该符合由浅入深的教育规律。所以，我们主张以阅读的纵向层级结构为主要的借鉴对象。《阅读学新论》认为，阅读能力的纵向层级结构由五个由浅入深的能力组成。第一是阅读感知力。指对字、词、句等语义的识别能力，它属于对作品语言形式的微观感受，是最低层次的阅读能力。第二是阅读理解力。指在感知语言的基础上，对段、章、篇等文意的提取能力，它属于对作品思想内容的宏观把握，是基准层次的阅读能力。它至少包括辨识文体、理清思路、把握结构、抓住质料、归纳主旨、体会文情、揣摩写法、辨析修辞、贯通文气、体察文风等10项，是阅读能力的核心。第三是阅读鉴赏力。指在全面、深刻理解的基础上，对作品内容、形式的是非、优劣和美丑进行鉴别和欣赏的能力，它是较高层次的阅读能力，包括阅读欣赏和阅读评价力两种能力。第四是阅读迁移力。指运用阅读所得知识、技能和情志来解决新问题的"及物"能力，它是比鉴赏层次更高的阅读能力。包括阅读借鉴力、阅读表述力和阅读类化力三方面。第五是阅读创造力。指读者在消费精神产品时超越作者进行的再生产的创新能力，它要综合阅读感知、理解、鉴赏、迁移各种技能，运用创造思维产生超越原有内容的新颖、独特见解或思路，因而是最高层次的阅读能力。包括置换要素、重新组合、发散思维、双向迁移等能力。

三、文章学对文章本体的研究有了明确的成果，但中学阅读教学并没有采纳，仍然沿用写作学的研究成果

曾祥芹等文章学研究专家，对我国文章学也有开拓性的贡献，张会恩、曾祥芹主编的《文章学教程》对文章本体进行了深入的研究，认为文章本体由文章的信息、文章的体式、文章的风貌三大部分组成，每大部分又有若干小的内容，如文章信息部分有文章的事件、意旨、感情和境界四部分。文章学的研究使阅读教学对文章的理解有了确定的依据，更科学，对中学语文的阅读教学也具有指导意义。可在当前语文阅读教学实践中，我们看到的仍然是沿用写作学的研究成果。

四、阅读心理学的研究对阅读思维已经有了深刻的揭示，但中学语文阅读教学对此漠不关心

阅读心理学的研究也对阅读联想、阅读思维和阅读意志对阅读的作用进行了深刻的揭

示，对语文阅读教学有很强的指导价值，使得阅读教学能够考虑阅读者的心理因素。

纵观多年来我国的语文阅读教学，我们发现，对阅读学、文章学和阅读心理学的借鉴比较少，只有在高考语文考试说明出现阅读能力的概念后，提高阅读能力的教学才比较普遍，但大都停留在阅读理解力的层面，对阅读鉴赏、阅读迁移和阅读创造能力方面的教学比较少。对文本的解读，大都还采用写作学的内容来进行解读，没有依据文章学来进行文本信息、体式和风貌的教学。而在阅读思维方面，语文教师则集体失语，对学生的阅读心理的关注几乎是空白。

五、当前深度阅读教学缺少理论依据，存在明显问题，需要及时矫正

最近两年，语文阅读教学出现了深度阅读的新潮流，许多教师从各个角度尝试进行语文深度阅读的教学，出现了一批关于深度阅读的文献。但我们研究发现，大家对深度阅读的认识还比较肤浅，实施深度阅读的角度比较单一，许多所谓的深度阅读并不是真正的深度阅读，有的也没有学理依据。

我们认为，高中语文阅读教学要重视语文教材中具有"定篇"功能的课文，对这类课文要进行深度阅读。语文阅读教学应该在以培养理解能力为重点的前提下，兼顾其他几种能力的培养，特别是较高层次的阅读迁移力和阅读创新力；阅读教学对文本内容的解读要依据文章学的成果，深入到文章信息、体式和风貌的深层次；在阅读教学中要关注学生，要培养学生的阅读思维能力，提高学生的阅读兴趣、阅读意志等心理能力。

第三节 》 深度阅读教学的调查 ①

一、问题提出

高中语文教材中的经典课文是指高中语文教材中不同时代的代表作家的代表作品，属于"定篇课文"，是中华文化的重要载体，是提高学生阅读能力的重要材料，不但应该精读，而且应该开展深度阅读的教学。但根据课堂观察我们发现，教师在现代经典课文的教学中还是存在与其他课文平均用力、用时的现象；教文言经典课文对传统文化层面的解读不够；在教学中对培养学生迁移、运用的能力不够重视；对学生批判性思维的发展不够，不利于培养学生的独立人格和创新精神。

---

① 沈在连.高中语文"定篇"课文深度阅读教学的调查与分析——以广州市白云区为例 [J].现代语文（教学研究），2016（10）：117-118.

在对平常区域质量检测数据的分析中也可以看出，教师对教材经典课文的教学效果还不够理想，对高层次阅读能力的教学更是不尽如人意。如 2014 学年第二学期广州七区联考中有对鲁迅先生《祝福》一文的考查，本大题总分 25 分，白云区成绩为 12.25 分，得分率为 49%；第 15 题为探究题，8 分，白云区平均得分 3 分，得分率 37.5%。而 2014 年全国高考语文新课标乙卷中文学类文本阅读的平均得分率 50% 以上（来源于教育部全国高考语文命题组编的《2014 年全国高考语文试题分析》）。据我们所知，广州其他参加联考的 6 区本大题的得分同样不容乐观。就探究题来说，通过对近几年《全国高考语文考试大纲》和《全国高考语文试卷》的分析我们知道，全国高考语文试卷对探究能力的考查已经成为常态。

2014 年初，笔者申报了广东省教育科学"十二五"规划 2014 年度课题"高中语文'定篇'课文深度阅读的三维策略研究"，随即开始了相关的课题研究，在白云区高中语文教研活动中开展了课例研讨和专题讲座，2015 年 4 月课题正式立项。笔者希望通过调查了解前期研究的效果，便于制订下一阶段的策略。

基于以上背景，我们确定了"高中语文经典课文的深度阅读教学"作为本次调查的选题，以期了解高中语文教师对经典课文深度阅读教学的态度、方法和效果，判断当前高中语文经典课文教学的深度和效果，制订高中语文经典课文深度阅读教学的策略，从而推动高中语文经典课文的教学走向深入。

本研究以文章学、阅读理论和阅读心理学理论为依据，从文章本体、阅读能力和阅读思维三个维度来调查高中语文经典课文的深度阅读教学，比目前深度阅读的研究更全面，更有理论依据。通过进一步的研究，我们也许可以确立衡量白云区高中语文阅读教学深度的三个标准，即文章本体标准、阅读能力标准和阅读思维标准。通过研究，我们也可以对白云区高中语文经典课文阅读教学的深度进行判断，提出经典课文阅读教学的建议。同时，通过研究、实施，也许可以提高白云区乃至广州市高中语文经典课文阅读的深度，从而提高高中语文教学的质量。

二、对象与方法

（一）调查对象

本调查的对象主要为白云区在职高中语文教师，被调查教师的教龄、任教年级和所在学校的级别构成见表 6-3。

表 6-3　调查对象的教龄、任教年级和所在学校级别情况表

教龄	比例	任教年级	比例	学校级别	比例
5 年以内	7.8%	高一	29.08%	国家级示范性高中	34.04%
6~10 年	15.6%	高二	30.5%	省一级学校	33.33%
11~20 年	45.39%	高三	37.59%	市一级学校	29.08%
20 年以上	31.21%	其他(初中、小学、跨年级)	2.84%	区一级学校	3.55%

（二）调查表的维度

调查表设计主要依据文章学、阅读理论和阅读心理学理论，从文章本体、阅读能力和阅读思维三个维度进行设计。

（1）文章本体维度。其实，不同文体对其进行深度解读的内容是有区别的，但考虑到调查表的长度，我们这里将各种文体统合一起进行调查，于是采用文章学的相关理论。文章学认为，文章本体包括文章的信息、体式和风貌。文章的信息指文章的事料、意旨、感情和境界；其中意旨、情感和境界是文章内容较深层次的部分，我们将其作为深度阅读教学的主要指标。文章的体式指文章的结构、语体、体裁、技法和语言；其中文章独特的技法和语言是深度阅读的内容，也是我们本次调查的主要指标。文章的风貌是指文章的气势、风格、作风和美质；其中，文章的风格、美质是文章突出的特点，属于深度阅读教学的内容，也是我们本次调查的指标。而在文章的信息、体式和风貌中，风貌则是文章解读比较深层次的目标，因此也是调查的重要指标。

（2）阅读能力维度。以曾祥芹为代表的阅读能力的结构理论，将阅读能力的纵向层级结构分为阅读感知力、阅读理解力、阅读鉴赏力、阅读迁移力和阅读创造力五个层级。这五个层级的阅读能力是依次提升的，我们把阅读迁移力和阅读创造力作为深度阅读教学的主要能力目标，因此，把这两个阅读能力作为调查的重点指标。

（3）阅读思维维度。阅读心理学认为，通过阅读教学可以提高学生思维的广阔性、思维的深刻性、思维的独立性、思维的敏捷性与灵活性。而批判性思维的培养是提高学生思维独立性的关键，因此，我们把批判性思维作为深度阅读教学调查的重点指标。

对以上三个维度分别从态度、做法和效果三个方面进行设计。态度和效果采用单项选择题，做法采用多项选择题。

（三）调查方式与范围

本调查依托问卷星网站，采用网上调查的方式，主要在广州市白云区范围内，也收到广州其他区部分高中语文教师的问卷。共收到有效调查问卷 141 份，其中广州白云区高中语文教师 125 份，占广州白云区高中语文教师总数的 65%。

三、结果与分析

（一）高中语文教师对语文教材经典课文深度阅读教学的态度

表6-4 高中语文教师对经典课文深度阅读教学的态度表

总体态度	比例	文章本体	比例	阅读能力	比例	阅读思维	比例
很有必要	61.7%	很有必要	63.6%	很有必要	73.05%	很有必要	56.74%
有必要	37.59%	有必要	35.68%	有必要	24.82%	有必要	41.84%
没有必要	0.71%	没有必要	0.72%	没有必要	2.13%	没有必要	0.71%
完全没有必要	0	完全没有必要	0	完全没有必要	0	完全没有必要	0.71%

从表 6-4 可以看出，高中语文教师对深度阅读教学的认识还是比较一致的，无论是总体态度还是对文章本体、阅读能力和阅读思维三个维度的态度都认识比较到位。认为开展高中语文经典课文的深度阅读教学"很有必要"和"有必要"的合计均达 90% 以上，其中对发展学生阅读能力的认识最高，认为"很有必要"的占 73.05%。

（二）对教材经典课文实施深度阅读教学的情况

1. 对教材经典课文实施深度阅读教学的总体情况

表 6-5　　经典课文深度阅读教学实施情况表

文章本体	比例	阅读能力	比例	阅读思维	比例
文章的信息（如故事、情感）	85.82%	阅读感知力	63.83%	思维的敏捷性与灵活性	45.39%
文章的体式（如结构、技巧）	71.63%	阅读理解力	83.69%	思维的广阔性（如发散思维）	78.01%
文章的风貌（如气势、风格）	43.26%	阅读鉴赏力	80.85%	思维的深刻性（如因果思维）	83.69%
		阅读迁移力	71.63%	思维的独立性（如批判性思维、求异性思维）	77.3%
		阅读创造力	41.13%		

"文章的风貌""阅读迁移力""阅读创造力""思维的独立性"是深度阅读教学的重要指标。从表 6-5 可以看出，在文章本体维度中，"文章的风貌"的解读明显不足，仅有 43.26% 的语文教师在阅读教学中能进行解读。在阅读能力维度中，有 71.63% 的语文教师能够实施"阅读迁移力"的教学，但"阅读创造力"的教学则仅有 41.13% 的高中语文教师实施。在阅读思维维度中，"思维的独立性"的教学则有 77.3% 的教师会实施。

由表 6-5 可见，在深度阅读教学的实施方面，对"文章的风貌"的解读和"阅读创造力"的培养均低于 50%，与其他维度内深度阅读教学的指标比较还有较大的差异。

2. 对经典课文文章本体的解读深度

表 6-6　　对经典课文文章本体解读深度情况表

文章信息	比例	文章体式	比例	文章风貌	比例
文章的事料（如故事、道理）	56.74%	文章的结构	65.96%	文章的气势	28.37%
文章的意旨（如主题、中心思想）	78.01%	文章的语体	24.82%	文章的风格	56.03%
文章的感情	85.11%	文章的体裁	29.79%	文章的作风（文风）	46.81%
文章的境界（如情景、场景等）	56.03%	文章的技法	75.89%	文章的美质（语言美、技巧美等）	89.36%
		文章的语言	87.94%		

文章的意旨、感情和境界，文章的技法和语言，文章的作风和美质是深度阅读教学的重要指标。从表6-6可以看出，高中语文教师对语文教材经典课文文本的解读还是有一定深度的，有80%以上的高中语文教师对"文章的感情""文章的语言"和"文章的美质"进行了解读；有70%以上的教师对"文章的意旨"和"文章的技法"也进行了解读。但我们也可以看出，高中语文教师对文本的深度解读还是存在较大的提升空间。对"文章风貌"的解读相对偏弱，能对"文章的气势""文章的风格"和"文章的作风"进行解读的高中语文教师均低于60%。对文章信息的解读方面，能对"文章的境界"进行解读的教师也不到60%。

同时，我们从表6-6中也可以发现，高中语文教师对文章本体的一些基本解读还存在一定的问题，如能对"文章的事料"进行解读的教师不到60%，能对"文章的语体"和"文章的体裁"进行解读的还不到30%。

3. 培养学生高层次的阅读能力

表6-7　培养学生高层次阅读能力情况表

阅读迁移力	比例	阅读创造力	比例
学习课文中的好词、好句，让学生仿词、仿句	45.39%	指导学生运用课文中的方法解决生活问题	49.65%
学习课文中的精彩片段，让学生仿写片段	63.83%	指导学生运用课文中的智慧解决人生问题	75.89%
学习课文中的独特写作技法，让学生在写作中借鉴	70.92%	指导学生运用课文中的写作技巧进行创作	65.96%
学习课文中的思想、观点、方法，让学生在写作、生活中借鉴	73.76%	指导学生进一步发展课文中的观点、方法、技巧	60.28%
其他（如：很少培养学生的阅读迁移力）	1.42%	其他（如：很少培养学生的阅读创造力）	2.84%

高层次阅读能力，主要指阅读迁移力和阅读创造力，从表6-7可以看出，高中语文教师在经典课文的阅读教学中能够发展学生高层次的阅读能力。表6-7中发展学生阅读迁移力和阅读创造力共有8项常见的做法，60%以上的高中语文教师能够实施其中的6项。

值得注意的是，在阅读迁移力的培养中，能够"学习课文中的好词、好句，让学生仿词、仿句"的教师仅仅为45.39%；在阅读创造力的培养中，能够"指导学生运用课文中的方法解决生活问题"仅为49.65%。这说明在培养学生"语言运用的能力"和"运用课文中的方法解决生活问题"这些阅读迁移力和阅读创造力方面还是有所欠缺，也反映了高中语文教师在阅读教学中有轻视语言学习和运用的倾向。

4.发展学生高层次阅读思维即批判性思维

表6-8　发展学生批判性思维情况表

批判性思维	比例
引导学生在经典课文的阅读中提出质疑	72.34%
引导学生在阅读中从不同的角度看问题	91.49%
引导学生在阅读中提出不同的观点	78.01%
引导学生在阅读后写出自己认为更好的语段或文章	32.62%
其他（如：很少培养学生的批判性思维）	3.55%

提高学生批判性思维能力是发展学生思维独立性的主要途径。从表6-8可以看出，教师大都能够注重培养学生的批判性思维能力。我们设计的4项培养批判性思维的常见方法，有70%以上的教师能够实施其中的3项，有91.49%的教师能"引导学生在阅读中从不同的角度看问题"。但对于"引导学生在阅读后写出自己认为更好的语段或文章"则很少实施，我想，可能是语文教师认为经典课文完美无缺，或者认为学生根本不可能超越经典。

（三）实施深度阅读教学的效果

表6-9　深度阅读教学效果比较表

文章本体		阅读能力				阅读思维	
文本理解	比例	阅读迁移力	比例	阅读创造力	比例	批判性思维	比例
效果明显	11.35%	效果明显	11.35%	效果明显	8.51%	效果明显	12.06%
效果比较明显	50.35%	效果比较明显	51.77%	效果比较明显	46.81%	效果比较明显	46.1%
效果不明显	35.46%	效果不明显	33.33%	效果不明显	41.13%	效果不明显	39%
完全没有效果	1.42%	完全没有效果	0.71%	完全没有效果	0	完全没有效果	0.71%
其他（如：很少对文本进行过深度阅读教学）	1.42%	其他（如：很少培养学生的阅读迁移力）	2.84%	其他（如：很少培养学生的阅读创造力）	3.55%	其他（如：很少对学生进行过批判思维的培养）	2.13%

从表6-9可以看出，高中语文教师认为经典课文开展深度阅读教学有一定的效果。在"文本理解"和"阅读迁移力"方面，超过60%的教师认为效果明显或比较明显。但三个维度的深度阅读教学的效果都有待进一步提高，认为"效果明显"的教师均不到20%。在培养学生"阅读创造力"和"批判性思维"方面，认为"效果明显""效果比较明显"两项合计都不到60%。可见，高中语文教材经典课文深度阅读教学的效果还需要进一步提高。

（四）深度阅读教学实施的差异

1. 深度阅读教学三个维度的差异

表 6-10 深度阅读教学三个维度差异表

深度阅读教学的三个维度	比例
解读文章本身	57.45%
提高学生阅读能力	85.11%
提高学生思维能力	80.85%

从表 6-10 可以看出，高中语文经典课文深度阅读教学的实施存在一定的差异。在实施深度阅读教学的三个维度方面，有 80% 以上的教师能够从"提高学生阅读能力"和"提高学生思维能力"方面着手；但对"解读文章本身"有所欠缺，只有 57.45% 的高中语文教师能够实施对文本的深度解读。这是一个值得我们反思和高度重视的问题。

2. 实施深度阅读教学的文体差异

表 6-11 深度阅读教学实施的文体差异表

文体	小说	戏剧	诗歌	散文	传记	文言文	社会科学类论述文	其他
比例	78.01%	19.15%	41.84%	52.48%	43.26%	60.99%	13.48%	1.42%

从表 6-11 可知，教师在实施深度阅读教学中会因文体而产生差异。根据他们对实施深度阅读教学的兴趣从高到低依次为小说、文言文、散文、传记、诗歌、戏剧和社会科学类论述文。小说文体有 78.01% 的高中语文教师更愿意实施深度阅读教学，而诗歌、传记、戏剧和社会科学类论述文则均低于 50%。这说明高中语文教师对这些文体不太愿意实施深度阅读的教学，其中，对社会科学类论述文和戏剧实施深度阅读教学的意愿最低，都不超过 20%。

四、讨论

（一）关于对高中语文教材经典课文"文章本体"维度的深度阅读问题

从调查中我们发现，高中语文教师在开展深度阅读教学中对文章本体的深度解读认识不够，甚至对于文章基本内容的解读都不过关。从表 6-10 可以看出，只有 57.45% 的高中语文教师在开展深度阅读教学中把解读文章本身作为深度阅读的一个重要方面，而阅读能力维度和阅读思维维度则都高于 80%。这说明高中语文教师对深度阅读的理解还是有一定的偏颇。从表 6-6 也可看出，高中语文教师对文章本体的基本解读还不够扎实，比如对"文章的事料"进行解读的教师不到 60%，能对"文章的语体"和"文章的体裁"进行解读的还不到 30%。

我们认为，高中语文教材中的经典课文是不同时代代表作家的代表作，是中国文化历史中的璀璨明珠，其文章内容、形式和风貌等都有其独特之处，是我们学习的重要目标，对文章本体的解读绝不能走马观花，这是由这类文章的性质决定的。同时，对高中语文经典课文开展深度阅读教学的基础首先是对文章本体进行基本的解读，没有对文章的基本解读就不可能进入深度阅读。因此，开展深度阅读教学更应重视对文章本体的基本解读，对这个问题我们应该有明确的认识。

（二）关于高中语文经典课文深度阅读教学的态度和效果的差距问题

从调查数据中我们可以看出，教师对开展深度阅读教学的认识是明确的、到位的，也实施了深度阅读教学；但效果与态度差异比较明显。那么，是什么因素导致这样的结果呢？我们认为，态度不等于行动，行动也不等于结果。由于我们开展高中语文经典课文深度阅读教学的研究才一年，在深度阅读教学的培训和课例研讨方面做了一定的工作，大部分教师认识到了对高中语文经典课文开展深度阅读教学的重要性，也曾经或者开始实施深度阅读的教学，但毕竟方法和途径都还不太清晰，没有形成一套完整的方案，没有进行较长时间的实践和完善。我们相信，通过进一步的研究实践，明确了三个维度的评价标准，探索到了实施的系列方法，经过一定的研究实践，应该会有更好的效果。

（三）关于实施深度阅读教学的差异化问题

我们注意到，教师在实施深度阅读教学时存在诸多方面的差异，从调查数据可以看出三个维度有差异，各个维度内部的指标也有差异，对不同文体深度阅读教学的实施也有很大的差异。因为考虑调查的主要目标在三维指标，对于不同教龄、不同年级和不同级别学校的高中语文教师对深度阅读教学的态度、做法和效果的差异我们没有展开进一步研究。这里，我们重点研究了三个维度的差异和不同文体的差异。

我们认为，教师开展深度阅读教学时，背景知识，已有的认识，都会使他们对深度阅读教学产生不同的差异。比如对三个维度的差异，我们认为可能是高中语文教师对语文深度阅读教学的认识有偏颇，认为深度阅读主要是阅读能力和阅读思维的深度，忽视了对文章本体的深度解读。而关于文体的差异，我们认为可能与教材提供的不同文体文章的数量有关，也与教师实施深度阅读的难度有关系。比如粤教版高中语文教材中戏剧、社会科学类论述文和传记相对较少，诗歌解读难度往往又比较大，因此，教师对这类文体实施深度阅读教学的意向不大。文言文则是在高考中的地位比较重要，相对容易拿分，教师比较愿意实施深度阅读教学。我们认为，实施深度阅读教学应该以文章是否经典为主要依据，就当前广州市高中语文教学来说，应该重视社会科学类论述文的深度阅读的教学；就广东高考与全国高考语文试卷的变化来说，我们应该重视传记和诗歌的深度阅读教学。

五、结论与教学建议

（一）结论

（1）高中语文教师已经认识到对高中语文教材经典课文开展深度阅读教学的必要性，对教材经典课文能够实施深度阅读教学，对课文文本的解读有一定深度，重视培养学生阅读迁移能力和批判性思维，因此，深度阅读的教学也产生了一定的效果。

（2）对高中语文教材经典课文的深度阅读教学还有较大的提升空间。在文章本体维度方面，高中语文教师对文章风貌的解读不够，对文章的气势、作风、风格和境界等方面的深度目标的解读也不重视。在阅读能力维度方面，高中语文教师在培养学生阅读创造力方面明显薄弱，对文章语言的学习和迁移运用还不够，特别是词语、句子层面的学习和迁移比较薄弱。在阅读思维维度方面，高中语文教师对经典课文还不敢有超越的意识。实施深度阅读教学的效果还不够理想，特别是在培养学生阅读创造力和批判性思维方面相对薄弱。因此，深度阅读教学的实施还需要进一步推进。

（3）高中语文教师在实施深度阅读教学中，在三个不同维度和不同文体方面存在较大差异。在文章本体、阅读能力和思维能力三个维度中，对文章本体维度的深度解读相对较薄弱。而在不同文体中，对诗歌、传记、戏剧和社会科学类论述文四类文体的深度阅读教学还不够重视。

（4）高中语文教师对语文经典课文的基本解读还存在一定问题，特别是对文章的"事料""语体"和"题材"的解读不够重视，应引起足够注意。

（二）教学建议

（1）加强对文章本体的解读。一是要充分认识到对经典课文的文本解读要比其他非经典课文更重要；二是重视对文章本体中基本内容的解读，如对文章的"事料""语体"与"题材"的解读，因为这是开展深度阅读教学的基本前提；三是重视对文章本体维度的深度阅读教学，把它放到与阅读能力维度和思维能力维度同等的高度。

（2）在深度阅读教学中，要加强对文章风貌的解读，进一步重视培养学生的阅读创造力。

（3）重视对经典诗歌、戏剧、传记和社会科学类论述文的深度阅读的教学，当前特别要重视传记和社会科学类论述文的深度阅读的教学。

（4）进一步提高深度阅读教学的效率，特别是提高"阅读创造力"和"批判性思维"培养的效率。

第四节 深度阅读教学的三维策略 ①

一、基于文章学的文章本体维度的深度阅读教学策略

文章学认为，文章本体包括文章的信息、体式和风貌。那么，我们开展语文深度阅读教学时，可以依据文章学的分类，对文本进行系统、全面的深度挖掘，从而提高深度阅读

---

① 沈在连 . 语文深度阅读教学的三维策略 [J]. 语文教学通讯，2018（6A）：32-35.

教学的广度与有效性。

（一）对文章信息层面的深度挖掘与教学

文章学认为，文章的信息包括事料、意旨、情感和境界四个方面。文章的事料显然属于较浅显的层面，比如小说的故事情节，散文的叙事，传记的人物经历等；而文章的意旨、情感和境界则是文章内容较深层次的部分，我们可以将其定为深度阅读教学的主要目标。当然，文章事料的层面虽然相对较浅显，但也是有相对较深的内容可以挖掘，也可以作为深度阅读教学的目标，如散文和小说的细节描写，小说情节曲折处，戏剧矛盾冲突处等。

目前，语文教学比较重视意旨和情感的教学，对文章境界层面的挖掘还不够。文章的境界是指能引起感知、思维、情感和想象同时跃起来的耐人品味的表意系统；在文学作品中又称为意境。语文教学要挖掘教材中的境界，并开展境界的教学。

从深度阅读教学的方法与效果层面来看，大家虽然都很重视关于文章情感的教学，但往往采用告诉的方式，学生常常不能真切感受到作品中人物的情感。我们在调研中发现，教师声情并茂地渲染情感，而学生却仍然没有感觉；更有甚者，有教师讲解祥林嫂的悲惨经历，学生并没有同情和悲伤，有的还在课堂说笑。可见，在情感的教学方面，我们应该从告诉和自我陶醉，到指导学生进行揣摩、体会和感悟。

（二）对文章体式层面的深度挖掘与教学

文章学认为，文章的体式包括文章的结构、语体、体裁、技法四个方面。我们认为，文章的结构、语体、体裁、技法都有可能是深度阅读的对象，教师对课文的深度挖掘可以从这四个方面来考虑。但具体对哪个方面进行深度挖掘和教学，关键看这些体式与其他同类文章比较是否独特，是不是有突出的体现。一般来说，文章的语体和体裁，属于容易感受到和理解的体式，而文章独特的结构、技法和语言常常是深度阅读的对象。

一般文章的结构包括时空型、事理型和心理型；就文学作品来说，结构多样，如小说就有单线结构、复式结构、辐射型结构和蛛网型结构等。我们在教鲁迅的《药》时，就应该把文章的复式结构作为深度阅读教学的目标，因为这种结构是我们不常见的结构，也是《药》揭示主题的重要方式。

文章的技法包括篇法、段法和句法，就文学作品来说技法众多。如我们在教鲁迅的《拿来主义》时，就要把比喻论证这种论证方法作为深度阅读教学的主要目标，因为比喻论证是本篇文章的独特特点，对于说理有很大的作用，提高了论述类文章的形象性和生动性。在技法当中，语言技巧的挖掘与教学应是深度阅读的教学重点，因为语言的建构与运用是语文学科的核心素养。比如，在教徐志摩的《再别康桥》时，我们可以从"轻轻的"和"悄悄的"这两处语言入手，体会本首诗和谐、优雅的美，体会作者将惆怅之情深藏在飘逸和洒脱中的情感。

（三）对文章风貌层面的深度挖掘与教学

文章的风貌指文章的气势、风格、作风和美质，是文章整体的性格，是深度阅读教学的目标；但在语文教学中常常为大家忽略。不同作家作品的风貌大不同，李白与杜甫、辛弃疾与李清照、郭沫若与老舍迥然不同，我们可以从气势、风格、作风和美质四个方面进行深入挖掘。其中，文章的风格、美质是文章突出的特点，是实施深度阅读教学的重点。

文章的风格包括文章个人的风格和文体风格。我们认为，文章个人的风格往往是独特的，是深度阅读教学的主要目标。比如我们在教《荷花淀》时，要让学生感受到作家孙犁"淡雅疏朗的诗情画意与朴素清新的泥土气息的完美结合"的特点。我们可以从文章中的夫妻对话、环境描写、战斗后打扫战场的情节描写让学生感受到虽然是写战争，但却能让人体会到诗情画意，处处具有朴素清新的泥土气息。

文章的美质包括文章的信息美、体式美和语言美。语文教学要让学生领会到语文之美，特别是语言之美，从而培养学生热爱母语，提高审美鉴赏力。比如，教杜牧的《阿房宫赋》一文，可以通过示范朗读和学生诵读去体会语言的节奏美；通过对文章第一段一系列数量词的品味，让学生体会阿房宫规模宏伟；通过对文章第三段中六组"使……多于"的比喻句排比，理解秦王朝的奢侈给人民带来的深重灾难。

（四）对文章其他教育资源的挖掘与教学

对文本的深度挖掘，除了从信息、体式和风貌三个方面进行挖掘和教学外，我们还可以挖掘其他有价值的教育资源进行深度阅读的教学，比如对创新教育资源的挖掘，对心理教育资源的挖掘，对文化教育资源的挖掘等。

二、基于阅读学的阅读能力维度的语文深度阅读教学策略

曾祥芹主编的《阅读学新论》认为，阅读能力的纵向层级结构由五个由浅入深的能力组成，即阅读感知力、阅读理解力、阅读鉴赏力、阅读迁移力和阅读创造力。我们认为，语文深度阅读的教学在以培养理解力为重点的前提下，还要发展学生较高层次的阅读鉴赏力、阅读迁移力和阅读创新力。

（一）阅读鉴赏力的教学

阅读鉴赏力是指对作品内容、形式的是非、优劣和美丑进行鉴别和欣赏的能力，它是较高层次的阅读能力，包括阅读欣赏力和阅读评价力两种能力。从布卢姆的目标分类学看，阅读鉴赏力在认知表现方面，主要行为是核查和评判。从全国高考来看，在诗歌鉴赏、文学作品阅读、实用类文本的阅读方面都加强了对阅读鉴赏力的考查。如2014年全国高考语文试卷小说阅读题："小说三次写马兰花流泪，每次流泪的表现都不同，心情也不一样。请结合小说内容进行具体分析，并说明这样写有什么效果。（8分）"本题考查了阅读鉴赏力，是对作品好的方面进行欣赏、评价。

在日常阅读教学中，教师要指导学生对作品的内容、形式和语言等方面的是非、优劣和美丑进行鉴别和欣赏。具体来说可以对如下内容和形式进行鉴赏：一是对课文中的精彩词语和句子进行鉴别和欣赏；二是对课文中的精彩语段进行鉴别和欣赏；三是对课文中含蓄的标题、开头和结尾进行鉴别和欣赏；四是对课文中的独特技巧进行鉴别和欣赏；五是对课文的思想和情感进行鉴别和欣赏。比如，教曹禺的《雷雨》一文，我们可以对文章独特的语言进行鉴别和欣赏。文章中鲁侍萍的一句台词："（大哭）这真是一群强盗！（走至周萍面前）你是萍……凭——凭什么打我的儿子？"我们可以先让学生通过读来体会人物的思想情感，要求学生读出轻音和重音，通过"真是""强盗""我的"三处的重音突出鲁侍萍的愤怒、失望，通过第一个"凭"的轻音来突出鲁侍萍的犹豫、痛苦；然后，采用置换的办法来体会语言的妙处，把"真"和"萍……凭——"去掉，或者换成其他的词语，让学生分析对人物思想感情的表达有何影响；在此基础上，我们再让学生来评价这里的台词妙在何处，有什么效果。

值得注意的是，目前关于阅读鉴赏力的教学，语文教师存在一个错误的观念，认为课文都是精选的名家、名篇，是完美的，教师的主要任务是尽可能让学生理解文章的精华部分，至于评价文章的不足，往往被教师回避了。长此以往，学生的阅读鉴赏力就逐渐丧失了。

（二）阅读迁移力的教学

阅读迁移力是指运用阅读所得知识、技能和情志来解决新问题的"及物"能力，它是比鉴赏层次更高的阅读能力，包括阅读借鉴力、阅读表述力和阅读类化力三方面。从目标分类学来说，其行为表现是执行、实施。

在语文教学中，教师应该以培养学生的阅读借鉴力为主。可以让学生学习课文中的好词、好句，让学生仿词、仿句；也可以学习课文中的精彩片段，让学生仿写片段；还可以学习课文中的独特写作技法，让学生在写作中借鉴；或者学习课文中的思想、观点、方法，让学生在写作、生活中借鉴。在阅读教学中，读写结合值得提倡。

由于全国高考语文阅读题的主观题分值比较大，因此，培养学生的阅读表述力也显得十分重要，阅读教学也要增加书面表达。比如新闻的深度阅读教学，在教《东方风来满眼春（节选）——邓小平同志在深圳纪实》一文时，我们可以让学生假设从不同的身份角度来阅读新闻，吸收有价值的信息，用书面的形式表述出来。从高三学生角度看，关于进一步改革开放和深圳经济特区的快速发展是学习的重点，可以对相关的观点进行归纳和总结；从商人角度看，关于证券、股市的发展可以关注；从教育工作者角度看，要关注精神文明的教育。

（三）阅读创造力的教学

阅读创造力是指读者在消费精神产品时超越作者进行的再生产的创新能力，它要综合阅读感知、理解、鉴赏、迁移等各种技能，运用创造思维产生超越原有内容的新颖、独特见解或思路，因而是最高层次的阅读能力。包括置换要素、重新组合、发散思维和双向迁移等能力。从目标分类学来说，其外显行为是生成、计划和产生。

在阅读教学中语文教师可以从如下方面具体指导学生发展阅读创造力：第一，指导学生运用课文中的方法解决生活问题；第二，指导学生运用课文中的智慧解决人生问题；第三，指导学生运用课文中的写作技巧进行创作；第四，指导学生进一步发展课文中的观点、方法、技巧；第五，指导学生对文本进行改编，编写成课本剧，编写成不同文体的文本，或者从另一个角度来写。如我们教粤教版《语文（必修）3》中《项链》一课，课文提出了这一观点："生活是多么奇怪！多么变幻无常啊！一件微不足道的小事可以把你断送，也可以把你拯救出来！"教师可以引导学生对这个观点进行思辨，从文章中的内容来分析主人公仅仅是因为一件小事才造成了十年的辛苦吗？有哪些方法可以避免主人公的悲剧发生？通过分析讨论，可以得出不同的结论，比如：如果改变虚荣的心态就不会被一件小事而败坏了；如果提前向朋友说明，提前知道是假项链，就不需要付出十年的辛劳了。由此，可以指导学生从课文中得出新的结论。

三、基于思维科学的思维能力维度的语文深度阅读教学策略

思维品质的发展与提升是语文学科的核心素养。思维品质包括思维的敏捷性、灵活性、广阔性、深刻性、批判性和创造性。语文深度阅读教学从思维角度看，主要应培养学生思维的深刻性、批判性和创造性。从思维形式上说，思维的深刻性与因果思维相联系，思维的批判性与批判性思维方式相联系，思维的创造性与创造性思维方式相联系。

（一）思维深刻性的教学

思维的深刻性，是指思维的深度。思维深刻性教学，教师要引导学生开展因果思维和辩证思维的训练。我们可以从如下角度培养因果思维：第一，引导学生找出文章信息前后的因果联系；第二，引导学生分析文章中人物情感变化的因果联系；第三，引导学生对文章中的思想与人物经历的关系进行因果分析；第四，引导学生对课文境界与作者之间的因果关系进行分析；第五，引导学生对作品技巧、语言特点进行因果分析；第六，引导学生对文章风貌与作者关系进行因果分析。如《鸿门宴》的深度阅读教学，我们可以引导学生从《鸿门宴》一文中来探讨项羽失败的原因有哪些。学生可以总结出项羽失败的几个原因，妇人之仁，用人不当，泄露军事机密，对形势认识不到位，刚愎自用等，虽然不一定就是项羽失败的根本原因，但至少是鸿门宴不成功的原因，也锻炼了学生思维的深刻性。

（二）思维批判性的教学

思维批判性的教学，主要引导学生对阅读文本进行审视，找出文本的不足，与阅读鉴赏力的教学有共同的地方。但阅读鉴赏力包括对作品优和劣两个方面的鉴别和欣赏，批判性思维主要是找出不足。

语文深度阅读教学在批判性思维的培养方面，可以从如下方面进行：第一，引导学生

对文章的信息内容提出质疑，比如对情节的逻辑性提出质疑，对情感的真挚性提出质疑，对思想的正确性提出质疑；第二，引导学生对文章的体式进行质疑，比如对文章的结构是否合理提出质疑，对文章的技巧提出质疑，对文章中的语言提出质疑；第三，引导学生对文章的风貌进行质疑，比如对文章的作风提出质疑，对文章的风格提出质疑，对文章的美质提出质疑；第四，引导学生在阅读中从不同的角度看问题等。虽然学生提出的问题不一定就是教材中存在的，或者也不一定就是合理的，但能够提出问题就成功了一半，课堂教学教师要引领学生对提出的问题进行思辨，做到大胆假设，小心求证。

（三）思维创造性的教学

思维的创造性是思维品质的最高层次。创造性思维是人类独有的高级心理活动过程，它具有独创性、多向性、综合性、联动性和跨越性。语文创造性思维的培养主要引导学生提出新的观点，解决新的问题。我们可以从如下方面培养学生的创造性思维：第一，引导学生对文章的信息提出新的观点，如对文章的情节、情感、思想提出新的观点；第二，引导学生对文章的体式提出新的观点，如对文章的技巧和语言提出新的观点；第三，引导学生对文章的风貌提出新的观点，如对文章的气势、风格和语体等提出新的观点；第四，引导学生在阅读后写出自己认为更好的语段或文章。比如，教李商隐的《锦瑟》，教师可以引导学生对文章的主旨进行探究，让学生运用发散思维，提出不同的观点；然后再把专家对本诗不同的见解展示出来，让学生讨论赞成哪种观点，或者提出自己的见解。

第五节 深度阅读教学的实践模型

我依据阅读学关于阅读能力的纵向结构理论，总结了"五读法"。

一、"五读法"的基本操作模式

一读：通读课文，概括大意。培养学生的感知和概括能力。让学生通读全文，强调整体感受，初步感知，往往直达作者的写作目的，由学生自由表达自己的初步体会，重点培养学生的概括能力和整体把握能力。

二读：细读课文，理清思路。培养学生的理解和分析能力。细读全文，抓住文章的思路，使学生快速把握文章的内容和结构，重点培养学生理清思路的能力，为深入研究课文、突破重难点扫清障碍。

三读：研读课文，突破重难点。培养学生的理解和分析能力。研读课文重点段落或疑难段落，突破文章的重难点；通过合作探究、讨论分析，培养学生的钻研精神和合作精神，提高学生的口头表达能力。可以先让学生提出问题，师生判断问题的价值和普遍性，然后以有价值和普遍性强的问题为中心，通过研讨等方法来解决问题。

四读：审读课文，鉴赏评价。培养学生的鉴赏和评价能力。审读全文，重在对文章进行审视、鉴赏、评价，培养学生的批判、评价能力。

五读：筛读课文，借鉴创新。培养学生的迁移、创新能力。筛读全文，寻找对自己有用的信息，尝试运用；或者寻找文章的不足，尝试补充；或者寻找文章中可以借鉴的信息，进行创新性发挥、重组，重在培养学生的迁移、创新能力。

二、"五读法"的特点

第一，"五读法"既可以看作教法，也可以当作学法。课堂上教师可以采用五读法的模式进行阅读教学，课后学生自读也可以采用这个方法，对重要的文章开展精读。

第二，由浅入深全面培养学生的阅读能力，特别是迁移、创新能力。"五读法"从整体理解入手，由整体感受，到重点突破，再到对文章进行审视，最后到迁移、创新。具有层次感，也符合阅读的内在规律。

第三，重视了读的作用，每一个环节的展开都依托于读，一篇文章读了五遍，增强了学生的快读能力、默读能力，培养了学生的语言感受力。

三、"五读法"的运用案例

这里以《劝学》为例。

（一）通读课文，概括大意。【一读】

1.教师范读课文，学生注意正音。
2.学生结合注释，通读全文，概括文章大意。

明确：
学不可以已。

（二）细读课文，理清思路。【二读】

1.学生自读全文，理出作者的写作思路。
2.教师检查，全班交流。
3.参考思路：
学不可以已 — 智明行无过 — 常人成君子 — 积累、持恒、专一
（中心）　　　（作用1）　　　（作用2）　　　（方法）

（三）研读课文，突破重难点。【三读】

1.学生自读课文，找出比喻论证的语段，对比喻进行分类、归纳。（学生可以自己确定分类标准）

2.讨论比喻论证的作用、效果。

3.教师总结，明确本文比喻巧而理至。

4.完成练习，体会比喻的风格，品味语言的简洁、精练。

（四）审读课文，鉴赏评价。【四读】

1.教师引导：本文有哪些知识性错误，有哪些地方可以进一步完善，请指出来。

2.学生审读课文，找出不足的地方。

3.师生交流审读结果。

参考：

①知识性错误，如"蟹六跪而二螯"（应是八跪，当然也有不同的理解），"非蛇鳝之穴无可寄托者"（自己建筑巢穴，并不用蛇鳝之穴）。

②在论证方面，只是从自我的角度来论证。本文只谈了"学不可以已"的两点作用，即提高自己，弥补不足。还可以从社会、国家的发展趋势和需要的角度来谈。

（五）筛读课文，借鉴创新。【五读】

1.这篇文章对你有哪些启发？（作者观点、词语运用、写作技巧等均可）

2.请以"劝学新说"为题，谈谈你对"学不可以已"的看法。

3.采用探究学习的方式，提高合作探究的能力。对于文章重难点的突破，采用合作探究的方式，发挥集体力量，培养学生的探究精神。

第七章 深度写作教学

以往的写作教学，最大的问题是没有统一的教材，教师要根据自己对写作的研究来实施写作教学，这导致了写作教学的无序状态。最新的国家统编语文教材开始重视写作教学，改变了以往教材不关注写作教学的状况。本章中，我们先从宏观层面探讨了中学作文教学的体系与择用，再从中观层面研究了高中作文训练整体目标系统，最后从微观的实践层面探索深度写作教学的模式——『3D写作教学』，为深度写作教学的研究提供了一个路径。

第一节》中学作文教学的体系与择用

一、中学作文教学的体系

作文教学的体系繁多，特点各异，优劣并存，都是侧重于某一方面而充实发展起来的，在此我们以国内体系为主作概要评述。

（一）模仿—创造体系

这种体系充分认识到人的模仿能力的价值，认为文学的创作也始于模仿，模仿是学习的基本途径。它着重于范文的模范作用，或以教材阅读文章为摹本，或以补充的文章为摹本，模仿其语言、结构和写作技巧。这种体系易于上路，利于读写结合，适合初学写作的人。其不足之处是，一味模仿不利于创新，尤其是已具备一定写作能力的学生。

（二）生活—创作体系

这一体系着眼于文章内容的来源，认为文章的内容来源于生活，没有生活就没有创作的动机，更没有创作的素材；强调对于生活进行观察、体验、思考、提炼，强调作品力求反映生活的真实，符合生活的逻辑。中学生许多优秀的文章，都是以对生活认真观察、深刻体验、精心提炼和深入思考为基础的。这一体系的训练每一位作者都可以使用，即使作家，也要体验生活。很显然，这种体系没有看到文章形式的反作用。

（三）文体—综合体系

这种体系把文章分为几类不同的文体，专门进行某一文体的训练，最后达到综合要求。这是化整为零、化零为整的教学方法。它注意到不同文体间的区别，作品本身的特点，内部创作的规律。这便于集中训练，尤其是为复习应考，针对某些重点文体进行训练，迅速掌握这一文体的一般规律，使学生在程式上符合这一文体。如王序良主编的《议论文的写作训练》一书，就是进行议论文写作的一部好教材。这种体系的缺点，在于没有注意不同文体的共同规律，而一个学生如果按照一个文体训练一段时间，就会对其他文体生疏。近年来的复习应考中，由于教师侧重于训练议论文，因而使相当一批学生不会写记叙文，将记叙文写成议论文。

（四）写作知识—能力体系

这一体系看重写作知识的作用，以写作文法贯穿始终。它以理论指导写作，以知识促进能力。但这种体系的缺点也是显而易见的，由于侧重文章的形式技巧而忽视或不能充分观照生活，对于生活经验浅薄的学生来说是纸上谈兵。同时，它还需要具备一定的理论接受能力和理论运用能力。因此，这种体系不适于低年级的学生。

（五）思维—能力体系

这是近年来兴起的作文教学新体系。以陈继英、江声树、宁鸿彬的议论文写作思维训练为代表。这种新体系充分认识到作文的全过程是一个思维的过程，作文水平的高低反映了思维水平的优劣。这种体系是近年来语文界强调发展能力的产物，是提高学生能力的捷径，正在研究发展中。它的不足之处是，只重过程及规律，而没有考虑到语言和思维的内容。我们知道，没有内容就没有过程，无知则无能。在中学生作品中，有的内容贫乏，缺乏生活基础，有的不合文法，语言不通等。这恐怕是思维—能力体系所不能解决的。

国外作文教学也有不少体系，如思维—表达体系、文体—训练体系、文字表达体系、段落训练体系。都是从某一个角度进行训练，与中国的作文体系互为交叉关系。限于篇幅，兹不赘述。

二、作文教学体系的选择原则

每一个作文体系，都基于不同的见解，发展了写作的某一方面的内容或规律，因而它们在这一方面是独特的，有价值的。但是由于不同年级、不同年龄的中学生有不同的特点，不同阶段的教材、内容都有各自的特点，有的作文体系对低年级适用，有的作文体系对高年级适用，而有的作文体系可以贯穿始终。因此，必须对作文体系与各年级学生的相关性进行研究，建立中学作文教学的优化体系。

我们认为，建立作文教学的优化体系应考虑如下因素：

第一，体系方面。各种作文体系的特点，力求扬长避短。

第二，学生方面。生活经历，心理素质，思想认识水平，思维水平，知识结构。

第三，教材、教学大纲的要求。教材知识体系与作文体系的相关性，课程标准对各年级作文教学的要求，高考、中考的需要，发展综合能力的需要。

三、建立优化的作文教学体系

我们基于以上考虑，初步提出中学作文教学总体系的设想以供大家参考。

初中阶段，应以记叙文为主，兼以简单的议论文和说明文，高中阶段，以议论文和复杂的记叙文为主，兼以说明文和应用文；初中以对生活的体验为主，高中以对生活的认识、评价、提炼和思维的开发为主；初中小综合，高中大综合。

（1）初中一年级。学生生活阅历较浅，写作水平低，尚没有入门，思维能力不够完善，所以应以模仿—创造体系为主，模仿的材料也应该是较简单的，而且先模仿某一个方面，由局部到整体。在模仿的同时，还要注意学生对生活经验的积累，模仿仅仅是从写法上着眼，而生活的经验与文章的内容相关，因此要注意模仿—创造与生活—创作体系的结合使用。所以，范文也应是与生活最贴近的，对学生观察体验最有帮助，最能提供经验、方法的范本。对生活的记忆不仅指语料而且应包含情感、心理等非情节的内容在内。

（2）初中二年级。学生的知识有一定的增加，生活经验有所积累，这一阶段应注意对生活的观察、体验，以养成良好的习惯。故应以生活—创作体系为主，同时应注意比一年级更深入一个层次，即不仅要观察体验，记忆生活内容，而且要逐步培养自己对生活的认识，注意提炼生活中有价值的东西。初二下学期，可以着手对学生进行文体—综合体系的训练，以记叙文为主，从单项训练开始，紧密结合生活—创作体系，注意找典型范文进行指导。

（3）初中三年级。学生已积累了较多的生活经验，形成了对生活的初步认识，思维水平、理论接受能力均有所提高。所以，初三上学期以文体—综合体系为主，着重训练记叙文，学习记叙文的整体表达与组织技巧，学习记叙文主题的集中、鲜明、深刻。与此同时，使用写作知识—能力体系，使记叙文写作有理论指导。初三下学期，应注意文体的综合训练，主要是记叙、说明、应用、议论的训练。

（4）高中一年级。是高中的起始年级，学生在初中的基础上尚未形成新的飞跃，距离高考尚远，故应以增加生活底蕴为主。以生活—创作体系为主，兼以文体—综合体系。文体着重训练复杂记叙文，注重整体布局，同时兼练说明文。生活—创作体系，应着重培养学生对生活的认识、评价能力和提高思维的深刻性。

（5）高中二年级。教材以议论文为主，学生已能阅读较复杂的记叙文、说明文，分析能力也有较大的提高，尤其是在高二下学期，学生的知识结构、思维水平、生活阅历都有一次飞跃，因此高二阶段以文体—综合体系训练为主。上学期可以进行复杂记叙文和说明文的训练，下学期进行议论文的单项训练。在文体—综合体系训练的同时，进行写作知识—能力体系的训练，上学期重在教记叙文、说明文的写作知识，下学期重在教议论文的写作知识。

（6）高中三年级。高三学生的思维能力、生活经验、阅读水平、知识结构均达中学阶段之最高峰，这时应进行综合强化训练，以提高思维能力为主，适应高考的需要。故宜以思维—能力体系为主，兼以文体—综合体系，进行议论文的强化训练，讲授议论文的习作知识。下学期进行大综合，可以一次两篇，一次两种文体，进行文体交叉训练，以防止学生文体混淆；注意文体的多样性。

表7-1　中学作文教学优化体系表

学段	年级	主 体 系	兼 用 体 系	说　　明
初中	初一	模仿—创造	生活—创作	1.记叙文为主，兼以简单的议论文和说明文
	初二	生活—创作	文体—综合	2.以对生活的体验为主
	初三	文体—综合	写作知识—能力	3.小综合
高中	高一	生活—创作	文体—综合	1.以复杂的记叙文和议论文为主，兼以应用文、说明文和其他文体
	高二	文体—综合	写作知识—能力	2.以认识、评价、提炼生活为主
	高三	思维—能力	文体—综合	3.重思维训练 4.大综合

第二节 高中作文训练整体目标系统的设计与使用

一、高中作文训练存在的问题

第一，作文命题无整体性，没有形成系统。没有将每一次作文训练的目标放在整个高中三年作文教学的系统中考虑，不能反映整个高中阶段作文教学总目标的要求。有的目标重复训练，有的目标则又遗漏。

第二，命题随意性大。据了解，有相当一部分教师的作文训练没有计划，是临时从资料中选择的，因而无科学性。

第三，就某一次作文命题来说，目标不够明确集中，或者目标设置不科学。

二、高中作文训练整体目标系统设计目的

第一，体现作文教学具体性与整体性的统一。将整个作文教学通盘考虑，以作文教学总目标为依据，系统设计高中每一次作文训练的命题目标，使作文训练科学化、整体化。

第二，命题目标明确、集中，便于教师操作。

第三，使作文训练目标与年级、学生水平相适应，形成一定层次。

第四，使作文教学科学化的同时也能规范化，将作文训练目标统一规范，便于教学管理。

三、高中作文训练整体目标系统设计依据

（一）高中作文教学总目标及因素分解

1.根据《普通高中语文课程标准》和朱绍禹、韦志成、钟为永等语文教育专家的专著，结合我们的理解，将高中作文教学总目标确定如下：

①具有现代写作能力；

②发展智力，特别是思维能力；

③有良好的写作习惯和态度；

④提高思想认识能力，培养高尚的情操；

⑤提高审美和创造美的能力（如语言美、结构美、 技巧美、情感美等）。

在写作教学中，语言是根本，语言水平是决定现代写作能力的关键，因此应在教学中突出语言教学。生活敏感和语言敏感一样，是决定写作的重要因素，拓宽写作的生活范围，扩大写作之源，也是作文教学的重点。

2.根据笔者设计的《中学作文命题多维目标表》及相关文献，将以上目标作因素分解，形成高中三年每一次作文训练的目标系统。

（二）命题目标的三个层次

由于教学目标的集中性要求及教学目标内化的方式不同，决定作文目标应分为不同的层次。我们将之分为显性目标、隐性目标和选择目标（参考目标）。写作能力诸因素是作文教学目标的核心；写作习惯是形成能力的稳定的成分，思维是提高写作能力的关键，因此，将它们定为显性目标。在教学中明确提出要求，是写作教学的主线。思想品德和认识，在作文教学中主要通过学生自我教育、自我提高，潜移默化，教师只是相机点拨。生活内容方面，可以通过命题范围的指向有计划地引导。

因此我们将思想品德和认识目标与内容范围一起作为隐性目标，隐含在作文题目中，教师在评介范文中可相机引导点拨。语言、技巧一方面通过训练可以提高，另一方面还必须在学习中提高，模仿是语言学习、技巧学习的重要方式，因此语言技巧的学习也应贯穿写作的始终。语言和技巧，风格多样，不可强求一律；语言和技巧又贵在创新，故可提供范文供学生有选择地借鉴。因此，我们将语言、技巧作为选择目标（即供学生学习参考的目标）。

（三）目标的阶段分配

1.习惯、思维、能力目标

①习惯、态度目标。宜早要求，形成稳定的结构，从而支持写作的所有方面。故从高中起始年级训练，安排在高一第一学期。②能力因素目标。写作心智能力，是由生活体验到成文的一系列的过程，按顺序训练。由于能力目标是作文教学目标的核心，因此，从高一下学期就开始训练。③思维目标。思维贯穿于每一次写作过程，但单纯的思维训练较抽象，要求学生要有一定的理解能力，因此放在高二下学期开始训练。④创新能力是写作能力的最高境界。在高一第一学期培养学生作文的创新意识，在高三下学期集中训练创新能力。

2.思想品德和认识目标

①高一上学期到高二上学期：重点培养学生品德内化，开拓生活范围，观照生活的各个方面，扩大创作之源。②高二下学期到高三上学期：学生年龄处在思想期，对人生有较多思考，在此关键时期进行思想认识方面的教育，特别是辩证法的教育。③高三下学期：进行综合，由学生自由选择。

3.语言表达、技巧

贯穿整个作文教学过程，重在发挥范文的模仿功能，学生自主选择、学习。

4.文体、题型

①高一侧重叙事类，高二侧重议论类，高三综合和自主选择。②题型根据需要灵活设计，做到多样化。以材料作文和情境作文为主。

四、高中作文训练整体目标系统

表 7-2　高中作文训练整体目标系统

年级	篇次	文体	题型	显性目标	隐性目标	选择目标	教学体系
高一上学期	1	记叙文		规范、按时、标点正确	理想	规范	习惯—文体
	2	记叙文		列提纲	意志、毅力	简明	
	3	记叙文		打草稿	自信、信念	并列、总分	
	4	记叙文		推敲修改	博爱	对照、层进	
	5	说明文		强烈的语言意识	民主	连贯	
	6	议论文		生活敏感	奉献	得体	
	7	应用文		创新是写作的灵魂	劳动、创造	创新	
	8	应用文		想好再写	科学、文明	承接、三叠	
高一下学期	9	记叙文		观察细致	兴趣	倒装、循环	能力—文体
	10	记叙文		体验、感悟生活	协作	对比、象征	
	11	议论文		搜集、积累材料	性格、心理	简约	
	12	应用文		整理、加工材料	伦理、道德	繁丰	
	13	说明文		文体发散与决策	法纪	比喻	
	14	应用文		内容发散与决策	惜时、勤俭	突起、过渡	
	15	记叙文		中心发散与决策	学习、修养	引申	
	16	议论文		材料的回忆与提取	择业	含蓄	
高二上学期	17	议论文		材料的想象与补充	真诚	明快	能力—文体
	18	议论文		材料决策	竞争	举例	
	19	记叙文		布局谋篇的发散与决策	能力	白描、衬托	
	20	议论文		表达的发散与决策	幸福	议论	
	21	说明文		说明	交往	说明语言	
	22	应用文		议论	习惯	照应、巧合	
	23	记叙文		叙述	宽容	记叙语言	
	24	议论文		抒情	谦虚	误会、抑扬	
高二下学期	25	议论文		形象思维	实践	抒情语言	思维—创作
	26	议论文		抽象思维	真理	扬抑、蓄势	
	27	记叙文		直觉思维	物质	张弛	
	28	说明文		灵感思维	矛盾	庄严	
	29	应用文		发散思维	内因、外因	幽默	
	30	议论文		集中思维	机遇、命运	纽结、翻腾	
	31	记叙文		求同思维	对立、统一	波澜、空白	
	32	议论文		求异思维	量变、质变	文雅	

（续表）

年级	篇次	文体	题型	显性目标	隐性目标	选择目标	教学体系
高三上学期	33	记叙文		因果思维	因果	通俗	思维—创作
	34	议论文		辩证思维	辩证	悬念、渲染	
	35	说明文		系统化思维	全面	反差	
	36	应用文		批判思维	继承、创新	谨严	
	37	记叙文		归纳思维	主观、客观	疏放	
	38	议论文		演绎思维	偶然、必然	推演	
	39	记叙文		侧向思维	前途、道路	谐谑、避难	
	40	议论文		深刻思维	现象、本质	豪放	
高三下学期	41	不限		立意创新	自定	柔婉	写作知识—创新
	42	不限		材料创新	自定	重复、梦幻	
	43	不限		技巧创新	自定	华美	
	44	不限		语言创新	自定	朴实	
	45	不限		情感创新	自定	冲突	
	46	不限		想象创新	自定	小中见大	
	47	不限		形象创新	自定	综合	
	48	不限		综合创新	自定	综合	

五、使用注意事项

（1）每次作文训练以此目标系统为依据，结合作文命题的内在规律设计作文题。

（2）显性目标教师应明确要求，或作指导，或作讲解，或作分析；隐性目标是作文命题材料的内容；选择目标，可以结合范文与学生一起欣赏、品味，供学生自主选择模仿，教师不作具体要求。

第三节 深度写作教学的实践探索 ①

这里提供笔者主编、由光明日报出版社出版的《高中语文 3D 写作》（第二辑）中的一节课例，探讨基于"发现·探究·表达"教学模式（简称"3D 写作"）的深度写作。

---

① 沈在连.抒写真情实感[M]，北京：光明日报出版社，2006：50-54.

一、教学目标

能运用写作表现自己高雅的志趣。

二、教学过程

（一）阅读发现

1.名作欣赏

养花

老舍

我爱花，所以也爱养花。我可还没成为养花专家，因为没有工夫去作研究与试验。我只把养花当作生活中的一种乐趣，花开得大小好坏都不计较，只要开花，我就高兴。在我的小院中，到夏天，满是花草，小猫儿们只好上房去玩耍，地上没有它们的运动场。

花虽多，但无奇花异草。珍贵的花草不易养活，看着一棵好花生病欲死是件难过的事。我不愿时时落泪。北京的气候，对养花来说，不算很好。冬天冷，春天多风，夏天不是干旱就是大雨倾盆；秋天最好，可是忽然会闹霜冻。在这种气候里，想把南方的好花养活，我还没有那么大的本事。因此，我只养些好种易活、自己会奋斗的花草。

不过，尽管花草自己会奋斗，我若置之不理，任其自生自灭，它们多数还是会死了的。我得天天照管它们，像好朋友似的关切它们。一来二去，我摸着一些门道：有的喜阴，就别放在太阳地里；有的喜干，就别多浇水。这是个乐趣，摸住门道，花草养活了，而且三年五载老活着、开花，多么有意思呀！不是乱吹，这就是知识呀！多得些知识，一定不是坏事。

我不是有腿病吗，不但不利于行，也不利于久坐。我不知道花草们受我的照顾，感谢我不感谢；我可得感谢它们。在我工作的时候，我总是写了几十个字，就到院中去看看，浇浇这棵，搬搬那盆，然后回到屋中再写一点，然后再出去，如此循环，把脑力劳动与体力劳动结合到一起，有益身心，胜于吃药。要是赶上狂风暴雨或天气突变，就得全家动员，抢救花草，十分紧张。几百盆花，都要很快地抢到屋里去，使人腰酸腿疼，热汗直流。第二天，天气好转，又得把花儿都搬出去，就又一次腰酸腿疼，热汗直流。可是，这多么有意思呀！不劳动，连棵花儿也养不活，这难道不是真理么？

送牛奶的同志，进门就夸"好香"！这使我们全家都感到骄傲。赶到鲜花开放的时候，约几位朋友来看看，更有秉烛夜游的神气——昙花总在夜里放蕊。花儿分根了，一棵分为数棵，就赠给朋友们一些；看着友人拿走自己的劳动果实，心里自然特别喜欢。

当然，也有伤心的时候，今年夏天就有这么一回。三百株菊秧还在地上（没到移入盆中的时候），下了暴雨。邻家的墙倒了下来，菊秧被砸死者约三十多种，一百多棵！全家都几天没有笑容！

有喜有忧，有笑有泪，有花有实，有香有色，既须劳动，又长见识，这就是养花的乐趣。

2.发现目标

淡泊以名志，宁静以致远。老舍先生在《养花》中描写了养花的乐趣：有喜有忧，有笑有泪，有花有实，有香有色，既须劳动，又长见识。从文章中我们看到作者高雅的志趣，自己的境界似乎也有了一点升华。

其实，我们又何尝没有高雅的志趣呢？登山观海，养花钓鱼，品赏艺术，我们也曾深深热爱过，感受过。那么，就让我们把自己的这些经历、感受写出来吧！展现自己高雅的志趣，表达自己高尚的情操，张扬自己独特的个性，是提高作文思想性的重要方法。

（二）规律探究

1.打开思路

能够展现高雅志趣的素材很多。养花种草，观虫赏鱼，借此表达自己热爱花草虫鱼的情感，淡泊宁静的志趣；文学欣赏，艺术熏陶，以此展示自己文学、艺术的素养，探讨文学艺术给人灵魂的启迪；表现松树的风格，展示翠竹的亮节，从而表达自己对高尚人格的赞美，对崇高精神的追求；把玩奇石的乐趣，描写登山的感受，从中透露自己对自然的崇拜、对自然的感悟。

那么如何表现高雅的志趣呢？我们可以通过对花鸟虫鱼、山川奇石、松树翠竹、文学艺术的生动描绘来揭示其精神内涵；通过自己对这些事物的体察、探索，来感悟人生真谛，提升人生境界；通过自己对这些事物的喜爱和相关的行动，来展示自己与众不同的志向、情趣和个性。

在我们的作品中，重点是要向世人表达自己对高尚人格和崇高精神境界的赞美和追求，展示自己独特的志向和情趣，张扬自己的个性特征。

2.新题设计

音乐，人类灵魂的声音。她有时波澜壮阔，有时平静如镜；有时大弦嘈嘈，有时小弦切切；有时明媚如春，有时阴冷如冬；有时哀婉悲恻，有时喜庆热烈。她发自于器，入之于耳，受之于心；她动人以情，怡人以性，启人以思。我们在音乐中感动，我们在音乐中思索，我们在音乐中感悟，我们在音乐中升华。让我们热爱音乐吧，让我们描写音乐吧，让我们与音乐共舞！

请你以"音乐"为话题，写一篇作文。题目自拟，文体不限，不少于800字。

3.对话探讨

生：我比较喜欢音乐，但不知道该如何下笔？

师：首先你要清楚，你想要表达什么。是表现音乐的魅力？那么你就要描写音乐生动、感人，你听时的感受，音乐的节奏、旋律的变化。是你对音乐的感悟？那么，就要写你听音乐时的思想活动，你对音乐的理解，或音乐对你人生的启迪。是你对音乐的爱好？那么，就要写你与音乐的关系，音乐对你的重要作用。这是立意问题。

生：我们听过的音乐很多，究竟写哪样的为好呢？

师：当然是你最感动、最喜欢、最刻骨铭心的那一首啦。我们不论写什么文章，力求从自己的经历中去寻找，并且寻找最深刻、最有意义、最令人感动的那些经历来写。这是写作的一条基本规律。

生：音乐是个很抽象的事物，我们写起来就怕写不具体，或者写不到那么多的字。

师：抽象的事物确实比较难以表现，但如果方法恰当我们还是可以写出来的。比如写音乐的魅力。我们可以从过程方面来写，把她当成一篇小说来写，开端、发展、高潮、结局、尾声。我们还可以写她的节奏、音量、旋律。也可以用形象的手法来表现，如白居易《琵琶行》中描写弹琵琶的一段，就采用了比喻、通感的手法："大弦嘈嘈如急雨，小弦切切如私语""大珠小珠落玉盘""间关莺语花底滑，幽咽泉流冰下难"。我们还可以写自己或观众听音乐的反应、感受。

（三）创新表达

梁祝

广州市第六十三中学高一（4）班　招嘉欣

欣赏名曲使心灵得到一次漫游，而欣赏这样的名曲又能使心灵得到洒脱。

——题记

它似风，捎来恬淡宁静，拂醒了人们迷乱的心灵；似雾，笼着神秘的羞怯，遮掩了你我缥缈的遐思；似那炫目骄阳，尽管那并不强烈却蓄着十分的热力；似那含蓄的钩月，虽然看似脆弱却透着隐隐的柔韧。它就是——《梁祝》。

我并不是第一次弹这样的曲子，但我却从未如此投入过。坐在钢琴旁，我双手弹着这首凄丽而又浪漫的曲子，所有思想都幻成千百蝴蝶。这首曲子好像一阵微风吹过，我好久没起半点波澜的心海，也泛起圈圈涟漪。《梁祝》确实是一首凄丽而又浪漫的曲子啊！

记得教我弹琴的老师告诉我："美是不朽的，爱是永恒的。创作《梁祝》这首曲子的作家，他的灵感汹涌澎湃一发而不可收。在创作完最后一个音符的那一瞬间，他就成就了不朽，生命的意义又在此刻得到升华。梁祝双双化作翩翩蝴蝶的那一刹那，也便成就了永恒，爱情的至美在此刻就得到了凝结。"我很认同老师所说的这些话！因为当你深深爱上一样东西的时候，你就融入一个意境与你所爱的东西合成一体。

梁山伯与祝英台的死让人们惋惜了一个世纪又一个世纪。考古学家在微山湖畔寻找梁祝的合葬及珍贵的墓志。墓志记载着祝英台"悲伤之死"，后面有这样一句话："愁烟满室，飞鸟哀鸣，闻者惊骇。"那是一种怎样的绝望！一种怎样的悲，何等的伤啊！一种怎样的痛苦让她这样一位风华正茂的女子终止了生命！她本来可以用她那灿烂的生命开始新的生活。她更知道，死，意味着永远沉入孤独而又黑暗的深渊！但她最后还是从容赴死。祝英台以死诠释着爱情的专一与忠诚。台湾著名言情作家琼瑶说："收获了爱情的女子，又岂能畏惧死亡。"她的死，也是明智，也是对封建礼教的反抗。爱情与生命永远是人类永恒的主题。过分的圆满总会让人有一点迟疑，带了一丝的缺憾，才叫人痛彻心扉。无望的爱情本身就是一种凄美。而天平的那一头一旦加上生命的砝码，什么似水流年，什么沧海桑田，都无可挽回地湮灭下去。哀婉悲壮的梁祝成了不朽的绝唱。千百年来在烈焰中煎熬，在血液中流淌。梁祝传说成了忠贞爱情的代表。然而，他们最终被封建礼教拆散。在这个世界上还有什么会比对美的摧残更令人惋惜呢？你可以摧残美，却无法毁灭美。阴阳之界又岂可阻碍他们并进的脚步？

或许今天，不是每一个人都可以拥有像梁祝一般刻骨铭心、浪漫而凄丽的爱情，但是只要曾经深深地哭过痛过，曾经深深地感动过已足够了！因为从那以后世界上就有一对中国的蝴蝶飞舞在天地之间……

弹完最后一个音符后，我不禁流下一滴又一滴的眼泪。我深深感动于他们这段刻骨铭心、动人心弦的爱……

（四）对比评价

我想，你的文章会和音乐一样美妙。那么，让我们采用高考作文评价量表来对《梁祝》这篇文章进行评价，为你对自己作品的评价提供参考。

基础等级（总分40分）：《梁祝》这篇文章，通过自己弹奏《梁祝》曲子的思考和感悟，表达了对梁山伯与祝英台浪漫而凄丽的爱情的高度赞美，歌颂了刻骨铭心、动人心弦的爱。文章有对《梁祝》曲子魅力的描绘，有对老师评价《梁祝》的回忆，更有自己对《梁祝》蕴藏着的爱情悲剧的思考和探索。将自己的弹奏和对音乐的理解融合到一起，首尾照应，结构浑然天成。以形象的比喻开头，深刻分析居中，激荡的情感结束，语言优美，又透出一股伤感，与《梁祝》相映成趣。可以看出，作者在写作时，努力把句子写美，但有些句子在组织时出现了语病，需要进一步修改。该项可以得36分。

发展等级（总分20分）：本文语言虽不很成熟，但很绚烂，有的句子也比较有深度，比如"祝英台以死诠释着爱情的专一与忠诚"。文章由音乐的描写进而对爱情进行了深入的思考，有一定的思想深度。可以得16分。

总分：综合如上分析，这篇习作可以得52分。（总分60分）

你的大作是如何描写音乐的呢？你又是如何理解音乐的呢？那么，请你自己评价一下吧。

第八章

深度课堂的构建

构建以『学』为中心的深度课堂，是时代的需要。本章介绍了深度课堂的内涵、特征及理念，讨论了基础年级深度课堂的主要实践形式，也探讨了高三年级深度课堂的主要实践模式和课例。

第一节 深度课堂的内涵、特征及理念

一、语文深度课堂的内涵

我们所说的语文深度课堂是指以"学"为中心的深度课堂，它包含两个核心概念，一是"学"为中心，二是深度课堂。"学"为中心的课堂是指以学生的"学习"为中心设计、实施、评价的课堂。语文深度课堂是指以学生的"学习"为中心，培养学生高阶思维、发展高层次读写能力、提高人生境界的课堂。

二、语文深度课堂的主要特征

"学"为中心的7个特征：一是角色转变，由教师视角变成学生视角；二是目标转变，由教学目标变成学习目标；三是教学内容变化，由教师定（我要教什么）变成学生定（学生需要什么）；四是教学方案变化，由教案变为学案；五是教学方法变化，由教师教变为学生学，重视情境、任务、活动、梳理和探究；六是教学策略转变，由教师如何教变为学生如何学，突出问题解决、任务解决；七是教学评价转变，由教师评价变为学生自我评价、量表评价。

深度课堂的5个特征：一是教学目标，指向高层次能力发展和高阶思维；二是教学内容，对阅读文本深度挖掘，对语文知识深度学习；三是能力发展，发展高层次阅读能力和写作能力，发展高阶思维；四是教学方法，引导学生深度学习，突出批判思维、深度反思、创新设计和问题解决；五是教学评价，引导学生深度评价。

三、语文深度课堂的主要理念

语文深度课堂，是语言学习与运用的课堂，思维发展的课堂，境界提升的课堂，运用创造的课堂，师生共生、和谐和随机的生态课堂。

第一，语文深度课堂是学生学用语言的语言课堂。语文深度课堂要重视语言的学习与运用，体现语文学科的本质属性，有"语文味"，而不是班会课或者单纯的说教课。阅读和写作教学要突出语言的鉴赏、学习与运用。阅读教学要在课堂上指导学生反复阅读文本，培养语感；对文章中精妙、透辟乃至朴素、简洁的语言能够有很强的敏感，发现语言、鉴赏语言；在理解的基础上，重视语言的吸收、运用乃至创新；一篇文章至少要吸收1个好章法、2个好语段、3个好句子、4个好词语。写作教学要重视语言的推敲与运用，培养学生推敲语言的习惯。

第二，语文深度课堂是学生高阶思维发展的思维课堂。语文课堂教学要发展学生高阶

思维——辩证思维、求异思维、批判性思维和创造性思维；引导学生反思性学习、批判性思考、创新性设计，最后达成问题解决。

第三，语文深度课堂是学生境界提升的生命课堂。我们相信，每位学生都是有境界的，每位学生的境界都是可以提升的。语文课堂教学要重视学生人生境界的提升，在语料关键处，在思维关键处，教师要根据语言材料、教学情境进行相机点拨，提升学生的人生境界，提高学生的人生智慧。

第四，语文深度课堂是学生语文运用、创造的创造课堂。语文课堂教学要发展学生高层次的阅读能力——迁移、运用能力；要发展学生的个性化写作和创新性写作能力。

第五，语文深度课堂更是共生、随机和探究的生态课堂。语文课堂应该是师生共同发展、相互提高的课堂，是随机的课堂，是生成和探究的课堂。

第二节 基础年级深度课堂的实践探索

在实践中我们根据"学用语言、培育思维、提升境界、促成创造"的语文教学理念，结合深度课堂的内涵和特征，探索了基于语言、思维、创造和境界提升的生态语文课堂。具体来说就是以人生境界提升为主题，以语言理解为切入点，以思维培育为主要抓手，以运用和创造为主要目标。

下面我们以吕秀芬老师执教的《我与地坛》教学实录为例，谈谈如何在基础年级进行深度课堂的探索。

一、课例回放

我思故我在 [1]

——《我与地坛》教学实录

随着年龄的增长和阅历的丰富，我对生命和教育的理解日益深刻，《我与地坛》这篇课文，在我心中的重量也越来越沉了。

肃然走进教室，播放贝多芬的《命运》，在黑板上写下"生命的重量"几个大字，营造了对生命思考的氛围，走上了对生命思考的征程。随着"地坛与史铁生的关系"的讨论渐入尾声，又一次的遗憾从心中升起，似乎离自己的愿望还相差甚远。这时，一个学生突

---

① 吕秀芬.我思故我在——《我与地坛》教学实录[J].中学语文教学，2010（4）.

然提出了一个问题："老师，如果是别的遭遇不幸的人来到这里，会不会也像史铁生一样得到如此的启示，重新坚强起来呢？"

我的心头一震：我备课时怎么没有想到这个问题呢？刹那间，我感到这个问题是一个很有思考价值的问题，于是开始了我们新的思考之旅——

师：是啊！与史铁生有类似遭遇的人如果也来到地坛，会不会有史铁生同样的感悟呢？

我可从来没有思考过这个问题，大家思考一下，帮他也算帮我解决一下这个问题吧。

学生都静静地思考，两分钟后，问题的答案陆续出现了。

生：应当会有同样的感悟，因为地坛外在荒芜的环境下潜藏着生机，仍然会使来者得到启发，使他对生命充满了希望。

师：嗯，只要地坛的生机仍在，就有可能对来者产生启迪作用。

（我虽然赞成，但心里却希望有人起来反对）

生：我认为不一定有同样的感悟。如果这个人，只注意了外在的荒芜，缺少一种对地坛内在生机的观察，那么，他要么把地坛当成"同是天涯沦落人"，常常到这里来躲避现实，寻找安慰，要么更因草木而生悲，甚至轻生。

师：哦？地坛还是那个地坛，草木还是那个草木，对人的作用却大不一样？可能吗？

（我又故意反问，进一步引起争论）

生：地坛石门落日，映照每一个坎坷；落寞时间，雨燕高歌；冬天雪地上孩子的脚印，启迪联想；苍黑的古柏，静默自然；暴雨下的气味，让人联想；秋风早霜，弥漫熨帖而微苦的味道。这些都是永恒的，所有来到地坛的人，都会感受到。

师：是啊，这些确实是永恒的。不过，换一个人是不是一定能感受得到呢？

（先肯定，再反问，启迪反对方思考、反击）

生：不一定能感受得到。同样是秋，欧阳修的《秋声赋》中是肃杀悲凉，而毛泽东的《沁园春·长沙》中是"万类霜天竞自由"。同样是春，有许多赞美春天的作品，也有许多写春愁的作品。因人而异。

生：大自然的声音不是所有的人都能听懂的，大自然的内涵不是所有的人都能感悟到的。

生：每个人的气质、倾向也是不同的。我敢说，史铁生天生有一种不甘失败、不愿轻生的禀赋，他内心一直都有强烈的生的渴望。地坛的生机和永恒，是他鼓起勇气，勇敢生存的外在因素，他骨子里就是一个坚强的人。

（大家鼓掌）

师：思考得深入，好！看来人本身还是最重要的因素啊。

生：史铁生是一个喜欢从自然界吸取积极精神的人，它吸取了地坛充满生机的一面；不像有的人喜欢从外界吸收消极的东西。

师：是啊，从自然、社会吸取积极精神的人，他就比较乐观，对未来充满信心，能够战胜目前的困难。正像一个人有一条美腿和一条丑腿，有人喜欢赞美他的美腿，而有人喜欢批评他的丑腿，有人只看美的一面，有人只看丑的一面。

生：史铁生有作家的素质，他对自然环境的观察比较敏锐。

生：痛苦的煎熬，培养了史铁生忧郁的个性，而这又能使他对自然界进行深刻的思考。痛苦的人更善于思考。

生：他长期来地坛，又长时间地待在那里，看啊，想啊，哪能看不到地坛潜藏的生机呢？

生："我一连几小时专心致志地想关于死的事，也以同样的耐心和方式想过我为什么要出生。这样想了好几年……"

我在黑板上写下了"我思故我在"几个大字，说道："感谢自然的恩赐，感谢深刻的思考。我美丽，因为我思想！"

下课铃响了，我又播放起《命运》，请学生带着对生命的思考离开教室。

我相信，对生命的珍惜来源于对生命的深刻思考，因为，一切智慧都来源于对事物的深刻思考！

二、课例评析

第一，课例以"我思故我在"为主题，提高学生的人生智慧，提升学生的人生境界，这是课堂的主线，体现了生命课堂的特征。

第二，以对文章中的语言品味为切入点，深入理解文章的语言，发掘文章语言的意蕴，体现了语言课堂的特征。如：课例中学生回答"地坛石门落日，映照每一个坎坷；落寞时间，雨燕高歌；冬天雪地上孩子的脚印，启迪联想；苍黑的古柏，静默自然；暴雨下的气味，让人联想；秋风早霜，弥漫熨帖而微苦的味道。这些都是永恒的，所有来到地坛的人，都会感受到"。这是指导学生从文本入手，从语言入手，分析人物、分析问题，体现语文学科的本质属性，能够提高学生的语言敏感和语言运用能力。

第三，以对学生进行思维的指导为抓手，体现思维课堂的特征。"与史铁生有类似遭遇的人如果也来到地坛，会不会有史铁生同样的感悟呢？"课例中这个问题的提出，激发了学生的想象空间，打开了学生的思维。以这一问题为启动点，让学生发散，深入思考，互相促进，最终，实现促成学生感悟的目标。

第四，课例的教学目标是让学生能够得到人生的启迪，感悟"我思故我在"的认知目标，体现了运用和创造的课堂特征。

这一课例能发表在中文核心期刊《中学语文教学》，说明得到了高度认可。下面我们再以笔者设计的《家庭女教师》为例，探讨深度课堂的具体实践。

三、教学设计

课题：家庭女教师

广州市第六十五中学 沈在连

教学目标

能分析、理解人物心理的冲突及变化。

体会人物心理的状态，反思痛苦、孤独对成长的作用。

培养健康的心理素质，积极应对成长事件。

教学重点

体会、理解人物心理的冲突与变化。

教学难点

如何避免特殊事件对心理成长的负面影响。

教学方法

回忆法，讨论法，朗读法，分析法。

教学时间

1课时。

教学内容与过程

一、预习

1.阅读"知识链接"，了解斯蒂芬·茨威格和他的创作特点。

2.自读《家庭女教师》，思考如下问题：

①概括小说的故事情节。

②小说观察事件的视角是什么？这样有什么好处？

③找出小说中心理描写比较集中的语段，反复朗读，体会人物的心理。

二、导入新课

斯蒂芬·茨威格："凡属扑朔迷离的心理之谜都吸引我，使我坐卧不宁，在探清来龙去脉之前我会一直兴奋得要命。只要遇到了不寻常的人，我心里就燃烧起一种探视他们的灵魂的热望。"对事物强烈的好奇心是茨威格小说创作的动力，也是他小说的风格。今天，我们一起来探索人类灵魂的奥秘。

三、推进新课

（一）活动一：叙述成长故事。

①提问：请一位同学说说两姐妹是怎样逐步发现家庭秘密的。

②明确：她们首先发现家庭女教师神情异常，常常偷哭。后来偷听女教师与奥托对话，知道小姐有了孩子，而奥托试图逃避。奥托离开，抛弃了小姐，小姐很痛苦。母亲发现了小姐的秘密，斥责并解雇小姐。最后小姐出走。姐妹们终于了解了事情的真相，心理和思想产生了巨大的变化。

反思：在我们的成长过程中，会常常发生意外的喜剧或悲剧故事。

（二）活动二：体验成长心理。

①发现：面对这个家庭事件，姐妹俩发生了哪些变化呢？请你找出典型的句子，填写表格。

表8-1　姐妹心理变化表

阶段	事件进程	心理变化	典型词句
一	发现小姐常常偷哭	好奇，困惑	①我原来一直以为恋爱准是非常美妙的
二	发现小姐有了奥托的孩子，奥托离开	好奇，同情，愤怒，不信任，屈辱，诡诈	①好奇心折磨着她，使她离开指定的岗位，悄悄地溜了过来 ②他只不过是假装不知道罢了，这个流氓！他老是装假 ③这些天这两个女孩子完全变了。她们不玩、不笑，眼睛失去了活泼开朗、无忧无虑的光彩
三	母亲发现小姐的秘密并斥责、解雇了她	憎恨、孤独、痛苦、恐惧	①妈妈这样跟她说话，太卑鄙了 ②"别碰我！"两姐妹当中的一个说道，厌恶得浑身直打哆嗦，另一个在他面前吐吐沫 ③沉默，一种参不透、摸不准的沉默，一种执着的，既不哭喊，也无眼泪的深锁在心的痛苦，使她们跟谁都疏远，对谁都仇视 ④这个人生像座阴森森的树林，矗立在她们面前，昏暗、逼人，可是她们得穿过这座森林

总结：

两姐妹的心理过程：好奇—困惑—愤怒—孤独—恐惧（对小姐的"同情"贯串始终）

②体会：小姐妹的哪些心理你有比较深刻的体会呢？请联系你的经历和课文中的句子来谈。

关键词：

（1）同情：可怜的小姐！（共出现了五次）她们彼此都默契地下了决心，尽量不给曼恩小姐添麻烦。她们非常聪明，功课上互相帮忙，行动上安静有礼，一切都竭力迎合老师的意思去做。在已经有所觉醒的女性心中，她们比往日更爱那女教师了。

（2）好奇：急于想要探听这个秘密。默默地观察,忐忑不安,激动得身子一颤,浑身哆嗦,像一支箭似的射了过去。好奇心折磨着她。她焦急难忍，像热锅上的蚂蚁转来转去。　她们就马上扑了过去。把耳朵贴在门上，把各个角落搜查一遍，偷听，窥探，对于她们来说已经成了自然而然的事了。她们无时无刻不在观察，像影子一般走动着，躲在门外窃听着，一心想穿过那把她们和秘密隔开的网——至少要通过那网孔望一下真实的世界。

（3）痛苦："她有个孩子"，她们老是想着这个念头，"所以她才这样悲伤"。慢慢地，她们自己也悲伤起来了。这些天这两个女孩完全变了，变得很少笑，对于任何事情都没有兴趣，眼里总露着忧伤的神气。她们不再信任那些长辈，只是不停地观察着，任何一句极平常的话语，她们都猜想那其中潜伏着欺骗的意思。她们不玩、不笑，眼睛失去了活泼开朗、无忧无虑的光彩。孩子们从这一切变化感觉到一种隐蔽的悲哀。可她们没法帮她的忙，她们简直感到绝望了。她们被那欺骗沉默的气氛压迫着，像笼中的鸟儿似的在屋里踱来踱去。无论什么时候，只要她们的父母在附近，她们总装着稚气十足，天真烂漫，她们不再柔和宁静，而变得敏感不安。为了同心协力去对抗成人的世界，她们俩越来越团结。当她们感到自己的无知和软弱的时候，一种渴望被抚爱的冲动就会使她们互相拥抱，甚至哭泣起来。

（4）孤独：家里的人都失神落魄的，没有一个人同那两个孩子说话。她们彼此也不交谈，只是无目的地从这屋走到那屋，在路上遇到时，便彼此望一下那满是泪痕的脸。她们知道了自己一直是被欺骗着的，她们知道了人们是多么卑污。她们一点也不爱她们的父母了，她们决心不再相信任何人。整个的人生重负压在她们幼小脆弱的肩上，她们那无忧无虑的快乐童年已经逝去了，前面在等待着她们的是不可知的恐怖。虽然那发生的事情的真正意义，是超出她们领会力之外的，但她们仍在和它的可能性作着决斗。她们在孤立无援的情况下似乎更加团结。但那也是一种默默无言的互相亲近，因为她们的心灵之门已经关闭了——也许要一直关闭好几年。她们向周围所有的人宣战。一天之内，她们长成大人了。

（5）惊恐：就这样，她们在彼此的手臂上痛哭着，但她们已不是在单纯悲悼失去了曼恩小姐，或疏远了父母，她们是为了今天初次望见一点真相的未来世界而感到惊悸。这未来的世界，她们不久就要走进，而却不知将会有什么遭遇落到她们身上。她们想到那将来长大后要过的生活，那像是一座布满可怕事物却必须穿过的树林一般的生活，感到了畏惧。

（6）憎恨、鄙视等。

③朗读：选取变化最大的一段集体朗读。

反思：一件特别的事件会使你长大，一件特别的事件会改变一个人。成长伴随苦涩，这种苦涩，有时难以言表，但却刻骨铭心。

（三）活动三：探究成长环境。

1．这一事件对两姐妹的未来将产生哪些影响？小说的主题是什么？

2．在我们现实的世界有哪些满意和不满意的事情，这些事情对我们将会产生什么影响呢？

反思：社会环境对人的成长有重要的影响，儿童发展成什么样的人，全靠成人创造什么样的世界。但是，我们的生活有阳光，也有黑暗，现实世界总是不完美的世界，有喜剧也会有悲剧。

（四）活动四：提高成长智慧。

①争论：你认为，是喜剧还是悲剧性事件更能促进人的成长？为什么？

②思考：那么，痛苦和孤独对我们的成长是不是只有负面影响呢？有哪些正面作用呢？

反思：我痛苦，所以我成长；我孤独，所以我成熟。"不经一事，不长一智"。伟人正视甚至欣赏痛苦，懦弱的人悲叹痛苦的命运。艰难困苦玉汝于成。高尔基笔名的含义是伟大的痛苦。

（五）活动五：表达成长愿望。

①书面：每个人写一段成长祝愿的话，可以是对自己的祝愿，也可以是对社会的祝愿。

②口头：交流成长祝愿。

四、课堂小结

五、作业

①从课文中找出最能引起你共鸣的语句，赏析其妙处。

②"可怜的小姐！"这句话在文章中出现了几次？有什么作用？

③在成长的过程中你得到了什么？失去了什么？你认为，你是得到的多还是失去的多？

六、板书

家庭女教师

成长——悲剧？喜剧？

成长——痛苦？快乐？

成长——光明？黑暗？

成长——苦涩？智慧？

成长——阳光！健康！

四、教学设计评析

本教学设计有如下四个特点：

第一，教学设计以提升学生人生境界为主线，追求生命的课堂。设计以促进学生健康成长为主旨，以成长话题为主线设计教学，将语文教学和学生成长紧密结合。围绕成长话题设计了"叙述成长故事""体验成长心理""探究成长环境""提高成长智慧"和"表达成长愿望"五个教学活动，体现语文教育的人文精神，关注语文教育的终极目标，提高学生的成长智慧，提升学生的人生境界；内容也层层推进，由教材到自我再到社会不断拓展，最后再回到学生主体的发展，体现了"立德树人""育人为本"的教育理念。

第二，以语言理解为切入点，由语言入手探究人物思想情感的变化，追求语言的课堂。设计注重对小说心理描写的语言进行赏析，重视书面语言和口头语言的表达，以语言学习与运用为教学的基本点；在此基础上进行必要的深化、延展，保持课堂教学的语言属性，体现语文学科的本质特征，让语文课堂具有"语文味"。

第三，以思维培育为主要抓手，引导学生深度思考，追求思维的课堂。设计以建构主义为理论指导，进行建构性学习和反思性学习。建构，通过回忆与体验，理解作品中人物的心理冲突与变化；反思，反思自己成长的得失，反思痛苦、孤独对成长的作用，从而深化教学内容，提高成长智慧。

第四，注重发现、探究和创新，追求探究的课堂。要让学生发现点什么，探究点什么，感悟点什么，最终能够让学生在课堂中得到成长，解决学生成长的烦恼，体现教学的运用与创新。

第三节 高三语文深度课堂的实践探索

一、高三语文复习课的课型及问题

（一）高三语文复习课的课型

高三语文复习课，根据教学内容进行分类，可以分为例题讲解课，知识积累与梳理课，解题技巧指导课，练习、测试讲评课四大类。由于教学内容不同，教学的主要方法和程序有明显的不同，我们应该探索不同课型的语文深度课堂。

（1）例题讲解课。主要指第一轮复习中对典型的语文试题特别是高考试题进行的精讲，达到深度学习的目的。教学的内容是典型例题、高考题；教学目的是指导学生探究典型例题的考查目标、试题特点、答案结构、答题对知识和能力的要求等主要规律。在此基础上，指导学生制订科学的复习策略和解题策略，提升学生的解题能力。

（2）知识积累与梳理课。主要指第一轮复习中对语文必备知识中概念性知识和事实性知识进行积累、建构与运用的指导。教学内容是概念性知识和事实性知识；教学目的是帮助学生建构知识体系，积累必备知识，促进知识的运用。在此基础上，指导学生总结，发现知识积累与建构的策略和解题策略，提升学生对语文知识的运用能力。

（3）解题技巧指导课（含作文指导课）。主要指第一轮、第二轮、第三轮复习中，对语文解题技巧即程序性知识进行的教学。包括阅读解题技巧、语言运用解题技巧和写作技巧的指导。教学内容是阅读、语言运用和写作的解题技巧；教学目标是指导学生掌握不同题型、不同考查内容的解题技巧，提高学生的语文解题能力。

（4）练习、测试讲评课。主要指对平时的训练、月考试题和大型模拟考试的试题进行指导的教学。教学内容是练习题和测试题；教学目的是通过试题讲评发现问题，分析原因，寻找解决的策略，提高解题能力。

（二）两种课堂理念下的教学对比

表 8-2　两种课堂理念比较表

四大课型	"教"为中心	"学"为中心
例题讲解课	1. 学生不做题 2. 教师直接讲答案 3. 教师讲高考题的特点 4. 教师讲解题方法	1. 学生先做题 2. 学生对答案，打分 3. 学生分析试题特点 4. 学生提炼解题方法
知识（事实性知识、概念性知识）积累与梳理课	1. 教师直接教知识 2. 教师不教积累的方法 3. 教师展示知识结构图	1. 学生在训练后总结 2. 教师教积累的方法 3. 学生画知识结构图
解题技巧（程序性知识）指导课	1. 学生不做题 2. 教师直接讲解题技巧 3. 解题技巧无效或低效 4. 没有强化训练或当堂检测	1. 学生先做题 2. 学生先总结解题技巧 3. 解题技巧高效或有效 4. 有强化训练或当堂检测
练习、测试讲评课	1. 教师没有改，不知学生问题 2. 每题都讲，不分重点 3. 普遍存在的问题讲解不深入，没有解决问题 4. 教师讲，学生听和记录，学生被动接受	1. 教师改，明确学生问题 2. 有的放矢，解决重点 3. 普遍存在的问题深入解决 4. 学生自己分析、反思，提出解决策略

（三）高三四大课型教学存在的问题

（1）例题讲解课。教师没有把高考题当例题精讲，学生没有认真做，教师没有深入分析。对试题的题干特点、试题答案的结构、答题所需的知识和能力要求没有进行深度教学。

（2）知识（事实性知识和概念性知识）积累与梳理课。积累的知识不是必备知识，没有教给学生积累知识的方法，没有指导学生对知识进行梳理。

（3）解题技巧（程序性知识）指导课。选择的解题技巧无效，不能提高学生的解题能力；指导的方式低效，教师迷恋于讲，学生被动听，没有引导学生自己总结解题技巧。

（4）练习、测试讲评课。教师没有明确学生解题存在的问题；不分重点，一讲到底；重点试题分析不深入，没有找到错误原因；指导不到位，没有指导学生发现解决策略。

二、高三深度课堂的基本模式

（一）例题讲解课型教学模式

1. 练

练，即学生训练。目的是感受高考试题，初步总结试题特点。程序为：第一，课前练（或堂上练），例题以最新的高考试题为主。第二，学生练习后总结试题特点、规律。

如：【2017 全国高考新课标 1 卷】阅读下面这首宋诗，完成（1）～（2）题。

礼部贡院阅进士就试

欧阳修

紫案焚香暖吹轻，广庭清晓席群英。

无哗战士衔枚勇，下笔春蚕食叶声。

乡里献贤先德行，朝廷列爵待公卿。

自惭衰病心神耗，赖有群公鉴裁精。

（1）下列对这首诗的赏析，不恰当的两项是（5分）　　　　　　（　　　）

A. 诗的第一句写出了考场肃穆而又怡人的环境，衬托出作者的喜悦心情。

B. 第三句重点在表现考生们奋勇争先、一往无前，所以把他们比作战士。

C. 参加礼部考试的考生都由各地选送而来，道德品行是选送的首要依据。

D. 朝廷对考生寄予了殷切的期望，希望他们能够成长为国家的栋梁之才。

E. 作者承认自己体弱多病的事实，表示选材工作要依靠其他考官来完成。

问题

高考诗歌鉴赏选择题有哪些特点？

（2）本诗的第四句"下笔春蚕食叶声"广受后世称道，请赏析这一句的精妙之处。（6分）

问题

高考诗歌鉴赏主观题有哪些特点？

2.评

评，即指导学生自己打分、评价。目的是培养学生得分意识、自我反思能力。

程序为：第一，教师展示标准答案和评分标准。第二，学生自己评价，打分。第三，教师选择最有代表性的答案，展示学生答案。第四，集体讨论，打分。

如：《礼部贡院阅进士就试》【2017全国高考新课标Ⅰ卷诗歌鉴赏答案】

（1）BE

（2）①用春蚕食叶描摹考场内考生落笔纸上的声响，生动贴切；②动中见静，越发见出考场的庄严寂静；③强化作者充满希望的喜悦之情。

3.析

析，即指导学生自己分析解题失误的原因。目的是找出解题失误的原因。程序为：第一，提出系列问题，如这道题命题意图是什么？提问有什么特点？答案如何构成？我错在哪里？第二，学生分组讨论，分析命题者的意图，分析题干与问题构成，分析答案构成要素，分析解题失误的原因。第三，交流讨论结果。第四，教师总结。

如：《礼部贡院阅进士就试》考查学生鉴赏文学作品的能力，能力层级为 E 级。取材于宋朝文学家欧阳修的作品，律诗。

（1）题考查理解和鉴赏能力。B 项"衔枚"，古代行军时人马口中衔着枚，以防出声，引申为缄口不言，此句写考场没有喧闹嘈杂之声，考生安静答题，本质是写"静"，突出考生专心答题。选项 B 说法有误。E 项是对尾联的理解，要根据全文来理解作者说自己身体多病，心力不济，阅卷挑选人才之事要拜托同仁，只是谦虚的说法。

（2）题以主观题的形式考查鉴赏能力。可以从诗句的内容、运用手法、表达效果等角度赏析。"下笔春蚕食叶声"写的是考生奋笔疾书，一片沙沙声，好似春蚕在吃桑叶。从修辞看，运用比喻，将考生书写比作"春蚕食叶"，生动贴切；从手法看，是"以声写静""动中见静"，突出考场的庄严寂静；从作用看，这些手法的运用强化了作者充满希望的喜悦之情，表露出诗人对考生成为国家栋梁的殷切期望。答案：①用春蚕食叶描摹考场内考生落笔纸上的声响，生动贴切；②动中见静，越发见出考场的庄严寂静；③强化作者充满希望的喜悦之情。

4. 思

思，即指导学生自我反思、总结。目的是找到解决问题的对策。程序为：第一，提出问题，如何才能做对这道题？第二，学生分组讨论，解答这道试题需要哪些必备知识？解答这道题需要具备什么能力？解答这道题需要什么解题技巧？第三，交流讨论结果。第四，教师总结。如：《礼部贡院阅进士就试》的知识要求为："衔枚"含义的理解；比喻修辞格的理解及作用；"以声写静""动中见静"的手法。能力要求为：能读懂每句诗的含义；能理解人物的思想情感；能对精彩句子进行赏析。解题技巧为：分析句子精妙处可从诗句的内容、运用手法和表达效果等角度赏析。

方法使用。例题讲解课用案例研究法。练，用练习法；评，用展示法和讨论法；析，用小组讨论法；思，用小组讨论法。

（二）知识积累与梳理课型教学模式

1. 知识的梳理

（1）指导学生画知识的思维导图。如诗歌表达技巧的知识，我们可以让学生画出思维导图（来源百度，有修改）。

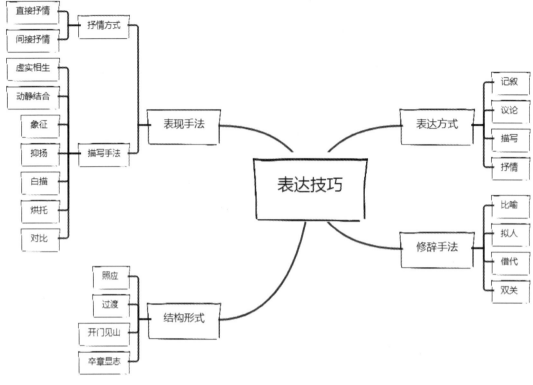

图 8-1　诗歌表达技巧图

（2）指导学生制作知识列表。如诗歌表达技巧的知识我们也可以让学生列表，见表 8-3 （来源百度，有修改）。

表 8-3　诗歌表达技巧的知识列表

	表达方式	记叙、议论、描写、抒情	
表达技巧	表现手法	抒情方式	直接抒情、间接抒情
		描写手法	虚实相生、动静结合
			象征、抑扬、白描、烘托、对比
	修辞手法	比喻、拟人、借代、对比、夸张	
	结构形式	开门见山、卒章显志、过渡、照应	

2. 指导学生积累知识

精选必备知识，可以根据学生情况进行取舍。简单知识，如文化常识、成语、文言实词、文言虚词等，可采用筛选记忆法。复杂知识，如病句类型、诗歌的技巧和风格、语言风格、连贯的技巧、写作的技巧等，可采用训练记忆法。最好选取简单的材料，学生学过的材料，让学生先总结。

如诗歌风格的教学：

念奴娇·赤壁怀古

苏轼

大江东去，浪淘尽，千古风流人物。故垒西边，人道是，三国周郎赤壁。乱石穿空，惊涛拍岸，卷起千堆雪。

江山如画，一时多少豪杰。遥想公瑾当年，小乔初嫁了，雄姿英发。羽扇纶巾，谈笑间，樯橹灰飞烟灭。故国神游，多情应笑我，早生华发。人生如梦，一尊还酹江月。

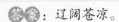答案：雄浑壮阔。

登高

杜甫

风急天高猿啸哀，渚清沙白鸟飞回。

无边落木萧萧下，不尽长江滚滚来。

万里悲秋常作客，百年多病独登台。

艰难苦恨繁霜鬓，潦倒新停浊酒杯。

答案：辽阔苍凉。

方法运用。知识积累用筛选法、练习法；知识梳理用思维导图法、知识树法、流程图法、表格法等。

（三）解题技巧指导课型教学模式

（1）选。选，即教师精选有效的解题技巧。目的是提高解题技巧指导的有效性。如文言文翻译方法我们可以选择字形推断法。因为汉字是表意文字，象形、会意、指事多能直接反映出其本义；形声字占汉字总量的80%，它的形旁往往是表意的，我们可以通过形旁来推断这个字的本义和引申义。还可以采用结构分析法，古代文章经常有对称式结构。也可以采用语法分析法，根据语法可以分析词类的活用。

（2）练。练，即教师选择同类材料，让学生进行训练。目的是提炼解题技巧。程序为：第一，提供一组材料，学生训练；材料要求具有同类特点，利于学生提炼解题技巧。第二，学生练习。如：

①生之有时而用之亡（　　）度。

②秦孝公据崤函之固（　　），拥雍州之地。

③灭六国者，六国也，非秦也；族（　　）秦者，秦也，非天下也。

（3）评。评，即指导学生自己评价答案。目的是培养学生得分意识，总结规律或解题技巧。程序为：第一，展示学生答案。第二，学生评价，打分。第三，选择做对的同学谈解题过程和经验。

（4）炼。炼，即指导学生自己提炼解题技巧。目的是让学生自己提炼出规律或解题技巧。程序为：第一，提出问题：从试题中我们可以总结出什么规律？第二，讨论。教师指导学生自己进行提炼。第三，交流讨论成果。第四，总结。教师总结，板书解题技巧关键术语，强化记忆。如：

①生之有时而用之亡（　　）度。

②秦孝公据崤函之固（　　），拥雍州之地。

③灭六国者，六国也，非秦也；族（　　）秦者，秦也，非天下也。

> 思考：上述三题在句子结构上有什么共同特点？对我们文言实词推断有什么启发？
> 提炼：运用结构对称法理解词语含义。

再如：

山居秋暝

王维

空山新雨后，天气晚来秋。

明月松间照，清泉石上流。

竹喧归浣女，莲动下渔舟。

随意春芳歇，王孙自可留。

> 问：这首诗的前四句塑造了怎样的一种意境？表达了作者怎样的感情？
>
> 【答】空旷的群山沐浴了一场新雨，夜晚降临使人感到已是初秋。皎皎明月从松隙间洒下清光，清清泉水在山石上淙淙淌流。前四句塑造了清幽宁静的意境，表达了作者对隐居生活的向往。
>
> —— 解题规律 ——————————————▶
> ①展开联想和想象，描摹画面。
> ②用一两个词准确概括意境的特点：营造了……的意境/描绘了一幅……的（地点、时间，如：山村秋景）图。
> ③表达了诗人怎样的情感。

（5）测。测，即当堂检测运用解题技巧的结果。目的是强化训练，立即运用。程序为：第一，教师出示试题。或纸质试题，或用PPT展示。难度与高考题一致，最好用全国高考题，没有高考题就用模拟题。第二，学生现场答题。第三，再总结。

如：2016 年高考全国 1 卷

金陵望汉江

李白

汉江回万里，派作九龙盘①。

横溃豁中国，崔嵬飞迅湍。

六帝沦亡后②，三吴不足观③。

我君混区宇，垂拱众流安。

今日任公子，沧浪罢钓竿④。

【问】诗的前四句描写了什么样的景象？这样写有什么用意？

参考答案

这四句描写了江水万流横溃、水势浩瀚、气势宏大的景象。作者以此为下文颂扬盛唐天下一家、国运兴盛积蓄气势，有利于突出诗的主旨。

方法运用。练，用练习法；评，用展示法、讨论法；炼，用讨论法、发现法；测，用练习法、竞赛法。

（四）练习、测试讲评课型教学模式

（1）批。批，即教师批改。目的是有的放矢，明确学生存在的问题。程序为：第一，教师批改试卷，至少做到抽改。或者课堂调查学生解题信息，如会做哪些，不会做哪些，希望教师重点讲哪些。第二，明确学生存在的问题。

（2）评。评，即指导学生评价自己的答案。目的是发现问题，找出规律。程序为：第一，展示典型答案。第二，评价答案，打分。

（3）析。析，即指导学生分析答案存在的问题与原因。目的是找出错误答案的原因。程序为：第一，讨论错误答案产生的原因。第二，交流讨论结果。

（4）找。找，即指导学生寻找解决问题的对策。目的是找到应对策略。程序为：第一，小组讨论如何才能解决这个问题。第二，交流讨论结果。第三，教师总结、点拨。

方法运用。批，用批改法、KWL 法；评，用展示法、讨论法；析，用小组讨论法；找，用小组讨论法。

---

① 派：河的支流，长江在湖北、江西一带，分为很多支流。

② 六帝：代指六朝。

③ 三吴，古吴地后分为三，即吴兴、吴郡、会稽。

④ 这两句的意思是，当今任公子已无须垂钓了，因为江海中已无巨鱼，比喻已无危害国家的巨寇。任公子是《庄子》中的传说人物，他用很大的钓钩和极多的食饵钓起一条巨大的鱼。

（五）教学实践案例

《慧眼识语境，妙语串文思——语言文字运用题之补写句子》

广州市第六十五中学高三语文备课组　彭博

时间：2021年3月1日第二节　授课人：彭博　授课班级：高三（10）班

一、考点分析

补写句子对应的考点是语言表达简明、连贯、得体、准确、鲜明、生动，能力层级为鉴赏评价（E级）。这种题型综合性较强，主要考查语言简明、连贯，兼有对压缩、仿写和推断能力的考查，分值基本在5分或6分，考查方式多为主观题填空。

二、学情分析

经过高三第一轮复习，大部分同学已经对补写句子这类题型有了一定的了解，但在做题时仍存在顾此失彼，答题规范性不强的问题，亟待有针对性地训练提高。

三、教学目标

【语言建构与运用】通过典型高考真题示范，让学生熟悉语言文字运用题中"补写句子"的题型和特点，总结解题规律，掌握解题方法并自主运用。

【思维发展和提升】训练学生的逻辑推断能力，能在特定语境中正确补写句子。

【审美鉴赏和创造】以高考真题为依托，提升学生语言鉴赏和表达的能力，增强其文学素养。

【文化理解和传承】通过语言文字的实际运用，感受汉语言的魅力，增强文化自信和认同感。

四、教学重点与难点

以高考真题为依托，在训练中自主总结规律，掌握在特定语境中正确补写句子的解题方法并自主运用。

五、教学方法

自主探究、合作讨论、讲练结合。

六、教学过程

（一）任务一：考点解读

补写句子，这种题型综合性较强，主要考查语言简明、连贯，兼有对压缩、仿写和推断能力的考查。能力层级为鉴赏评价（E级），分值为5到6分，考查方式多为填空题。

题型设置的特点：这类题目一般要求"根据材料内容"补写句子，要求所补写的句子"使整段文字语意完整连贯，内容贴切，逻辑严密"，并且不能照抄材料，还有字数限制。

补写的内容来源于文本——主体意思和关键字词；注意题中的字数限制；补写内容与上下文的关系——引领、衔接、总结。

（二）任务二：提炼解题技巧

1. 活动一：先请两位同学把预习作业中下面两题的答案写到黑板上。

【2020年高考浙江卷】在下面一段文字横线处补写恰当的语句，使整段文字语意完整连贯，内容贴切，逻辑严密。每处不超过15个字。

在出生20天左右，比目鱼的眼睛开始搬家，一只眼睛向上移动，越过头部上缘到身体另一侧。眼睛之所以能够这样，　①　。比目鱼的头骨，不是坚硬的骨头，而是软骨。眼睛移动时，双眼间的软骨会被身体吸收，眼睛的移动失去了障碍，移动也就更加自如了。除了身体的构造发生改变，　②　。比目鱼刚出生的时候，是在水面附近活动；当眼睛同处一侧时，比目鱼就转而在海底活动了。比目鱼一般是侧着身子游泳，而且经常平卧在海底。为了能够更快地发现敌人，两只眼睛长在一起无疑是最好的选择。所以说，比目鱼发育过程中的这些改变，其实是　③　。

【2016年高考全国卷Ⅰ】在下面一段文字横线处补写恰当的语句，使整段文字语意完整连贯，内容贴切，逻辑严密。每处不超过15个字。

花青素是一种水溶性的植物色素，分布在液泡内的细胞液中，能够决定花的红色、蓝色、紫色等颜色的差别。这是因为花青素　①　：在酸性溶液中呈现红色，在碱性溶液中变为蓝色，处于中性环境中则是紫色。更令人惊奇的是　②　，比如有一种牵牛花清晨是粉红色，之后变成紫红色，最后变成蓝色。究其原因，就是花瓣表皮细胞的液泡内pH值发生了变化，　③　，从而形成花的颜色的变化。

2. 活动二：学生总结答题规律。问题：在高考真题的解题经验中，你得出了什么答题规律？学生总结，然后再由老师提示答题技巧，明确五个步骤。

第一步：全面阅读文段，了解文段的主要内容。

第二步：判断文段中各个句子之间的逻辑关系，分清层次，确定要补写句子的位置和作用。

第三步：重点勾画，注意暗示信息，如表关联、衔接的词语，句子间的呼应和标点符号（如顿号、冒号、问号、破折号、分号等）。

第四步：根据照应和提示，合理推导，注意字数要求。

第五步：检查字数、语病、错别字、连贯等，力求语意贯通、逻辑严密。

（三）任务三：总结得分点

1. 学生思考：你觉得在补写的句子中得分点应该设置在哪里呢？

2. 以广州市白云区调研考试（以下简称区调研考）中的补写句子题为例，参考评分细则，引导学生答题时踩准补写句子的得分点：关键字词、表达准确。

【区调研考】在下文横线处补写恰当的语句，使整段文字语意完整连贯，内容贴切，逻辑严密。每处不超过12个字。（6分）

近年来，城乡居民的主食消费呈现出越来越精细化的趋势。但是，食不厌精不仅可能带来营养和健康风险，还会造成粮食浪费、资源浪费和环境污染等一系列问题。精米白面把谷物籽粒表皮皮层和胚芽几乎全部去掉了，___①___。长期食用精米白面有可能出现因维生素、矿物质等营养素缺乏造成的"隐性饥饿"，增加慢性病的患病率和死亡率。同时，粮食加工程度越深、产业链条越长，原料的损失及能源的消耗就越多。另外，加工过程中还可能产生废水、废料，___②___。

相对于细粮来讲，___③___，但膳食纤维摄入过多，不利于肠道对营养素的吸收。免疫力低下的人群若摄入过多粗粮，对蛋白质的吸收有不利影响；肠胃功能差的人群若摄入过多的粗粮，肠胃负担加重，会感到不适。

学生思考：如何给下面的答案示例打分？

（1）精米白面把谷物籽粒表皮皮层和胚芽几乎全部去掉了，___①___。长期食用精米白面有可能出现因维生素、矿物质等营养素缺乏造成的"隐性饥饿"，增加慢性病的患病率和死亡率。

评分细则：能准确回答出描述的对象是营养成分（营养物质、营养等），得1分；能回答出描述的对象情况是损失（缺乏、降低、减少等），得1分。意思对即可，但是写成病句扣1分。

请给以下答案评分：

①也去掉了大量的营养物质

②导致了营养的流失

③也去掉了维生素和矿物质

④营养消失了

⑤造成了粮食的浪费

（2）另外，加工过程中还可能产生废水、废料，___②___。

评分细则：能准确回答出描述的对象是环境（大自然、生态环境等），得1分；能回答出描述对象的状况是污染（破坏、危害、不良影响等），得1分。意思对即可，但是写成病句、写成名词性短语扣1分。

请给以下答案评分：

①对环境造成危害

②对环境产生不良影响

③造成污染

④和其他可能造成污染的东西

⑤处理起来较为麻烦

（3）相对于细粮来讲，___③___，但膳食纤维摄入过多，不利于肠道对营养素的吸收。

评分细则：能准确回答出描述的对象是粗粮（糙粮），得1分；能回答出描述对象的特点是膳食纤维含量高（富含膳食纤维、有丰富的膳食纤维等），得1分。意思对即可，但是写成病句扣1分。

请给以下答案评分：

①细粮似乎越多越好

②虽然含有的膳食纤维较少

③粗粮能摄入更多的营养素

④粗粮膳食纤维含量较多

⑤粗粮富含膳食纤维

3.请学生为黑板上同学的答案评分，并说明理由。

（四）课堂小结

补写句子的答题技巧：

1.全面阅读文段，了解文段的主要内容。

2.判断文段中各个句子之间的逻辑关系，分清层次，确定要补写句子的位置和作用。

3.重点勾画：注意暗示信息，如表关联、衔接的词语，句子间的呼应和标点符号（如顿号、冒号、问号、破折号、分号等）。

4.根据照应和提示，合理推导，注意字数要求。

5.检查字数、语病、错别字、连贯等，力求语意贯通、逻辑严密。

6.补写的句子中得分点应该设置在：关键字词、表达准确。

七、课后作业

学以致用，完成下面试题：

1.【2019年高考全国Ⅲ卷】在下面一段文字横线处补写恰当的语句，使整段文字语意完整连贯，内容贴切，逻辑严密。每处不超过12个字。（6分）

人体内有两种生物酶同酒精代谢相关。一种叫乙醇脱氢酶，能使酒精转化为乙醛；　①　，能使乙醛转化为乙酸，最终分解为水和二氧化碳，排出体外。决定人的酒量大小的是乙醛脱氢酶。如果一个人的乙醛脱氢酶活性较低，　②　，乙醛容易蓄积在体内，少量饮酒就会出现脸红、心跳加速等现象。而那些酒量大的人，　③　，能迅速将乙醛代谢。他们少量饮酒后，脸色并无变化；但若过量饮酒，脸色会发青，身体也会受到很大伤害。

2.在下面一段文字横线处补写恰当的语句，使整段文字语意完整连贯，内容贴切，逻辑严密。每处不超过15个字。

"一阴一阳之谓道"是中国古代哲学中的一个重要论断。那么　①　？首先，　②　，万事万物都存在这种关系，比如自然界的天地、四季、山水、风火等，都有阴阳之别。其次，阴阳两种属性尽管是对立的，　③　，阳中有阴，阴中有阳。阴阳互相配合，才能化生万物。最后，阴阳是可以互相转化的，比如泰与否、损与益等，都不是一成不变的。由上所述，可见阴阳两种属性是对立统一的关系。

3. 在下面一段文字的横线处补写恰当的语句，使整段文字语意完整连贯，内容贴切，逻辑严密。每一处都不超过 10 个字（含标点符号）。

一位画商到启功先生家叩门拜访，想得到老人一件墨宝。但此商人誉甚不佳，启老久有耳闻，便走近廊前，打开灯后，隔着门问商人："　①　"商人说："来看您。"启老贴近门窗，将身体不同方向一一展示给对方看，然后说："　②　"画商有些尴尬，嗫嚅着说："　③　"老人幽默地说："你到公园看熊猫还用带礼品吗？"

第九章 语文专题探究课程的开发

语文专题探究课程是安徽省教育科学规划课题 2000 年项目『高中生语文研究性学习专题的编制与使用』的研究成果。经过安徽省固镇县第一中学和广东省广州市第六十五中学的研究实践，总结形成区域语文课程——《新课程：语文专题探究》，它是语文学科专题研究性学习课程化的成果，对学生学习方式的转变具有一定价值。这里，我们选取主要内容进行介绍。

第一节》 语文研究性学习专题集

一、专题集编制的原理

（一）设计依据

"实施素质教育，就是全面贯彻党的教育方针，以提高国民素质为根本宗旨，以培养学生的创新精神和实践能力为重点，造就'有理想、有道德、有文化、有纪律'的德智体美等全面发展的社会主义事业建设者和接班人。"[①] 语文教育应当结合自身特点，探索研究性学习的方法，培养学生的创新精神和实践能力，体现素质教育的精神。

语文学科在开发学生的创造思维心理、培养创造能力上，有着特殊的功能和极为广阔的天地。语文学科的性质提供了培养创造能力的可能性，语文教学内容提供了培养创造能力的基础条件；语文教学第二渠道提供了培养创造能力的实践课堂；语文教师的工作特点提供了培养创造能力的有利条件。（熊兆武，1997）在语文学习中，中学生通过听、说、读、写等言语活动发展着思维的变通性和独创性。例如，听讲时提出不同的看法，在讨论时说出新颖、独特的见解，阅读时对材料进行比较、联想和鉴别，作文时灵活运用各自方式表达自己的思想，等等。（俞国良，1996）

语文研究性学习是指以探究解决语文学科的问题为主，用科学的学习方式使学生主动地获取知识、应用知识、解决问题的学习活动。其目的是学习语文，提高语文素质；其方式是研究探索。语文研究性学习有巨大作用，它充分利用语文资源，培养学生科学的态度，学习科学的方法，激发学习兴趣，提高学习效率，发展个性，培养创新精神。语文研究性学习的实质是，学生为学习而探究，因探究而发展。在语文教育中，教师有目的地设计一些语文研究专题，有步骤地指导学生进行简单的语文研究，是培养学生研究性学习的重要方式。《语文研究性学习专题集》，是指根据语文学科特点和信息加工理论编制的，供中学生进行研究性学习的一组专门问题或范围；具有语文性、启发性、开放性、可重复性的特点。

从信息加工理论来看，重点应培养学生如下八种能力：（1）获取信息的能力；（2）分析信息的能力；（3）归类整理的能力；（4）评价筛选信息的能力；（5）发现问题、提出问题的能力；（6）提出假设，预见结果、规律的能力；（7）运用信息求证的能力；（8）运用信息实践的能力。语文研究性学习把培养学生的研究能力作为重要目标，以此来提高学生的创新精神。

---

① 中共中央国务院关于深化教育改革全面推进素质教育的决定[EB/OL].（1999-06-13）[2021-05-04].http://www.moe.gov.cn/jyb_sjzl/moe_177/tnull_2478.html

语文能力的主要内容可以分为阅读能力、写作能力、听说能力，与此相关的还需要有相应的语文基础知识积累、语文学科的德育教育等。语文研究性学习应该反映语文学科的特点，以语文学科的内容为基础，提高语文学科的实践能力。

学生的生活范围主要有：个人心理空间，伙伴关系，家庭，学校，社会，自然界。引导学生对生活进行全方位的观察与思考，是提高学生悟性，培养生活敏感，增长知识，提高写作水平，促成学生快速成长的重要方式。

（二）三维结构

《语文研究性学习专题集》的编制依据以上原理，采用三维结构：

第一维：研究能力。这是语文学科进行研究性学习的主要目标，即培养学生的创新精神和实践能力。主要包括：

编撰能力。将社会科学研究与语文的文本写作结合起来，学生将语文知识按照自己设计的方式，进行收集、归类、处理，从而加强记忆。重点培养学生收集信息，整理信息，评价、筛选信息的能力。

调查研究能力。主要培养学生观察调查、收集信息、分析信息、发现问题的能力。

创新发明能力。培养学生提出假说，求证、运用的能力。

语文运用能力。培养学生语文运用及与语文相关的实践能力（包括语文活动的设计和组织能力）。

第二维：语文内容。语文研究性学习的专题，应当具有鲜明的语文性，反映语文学科的主要内容，引导学生进行语文学习，提高语文运用能力。为此，我们从如下几个方面进行设计。

基础知识：引导学生对基础知识进行归类整理、重新审视，用研究的方式来学习，如文言词语的积累和系统化，现代词语的积累和系统化，课内外精彩语言的积累与评价。针对学生容易出现错别字、病句等问题设计专题，引导学生在研究和调查中来改变自己语言运用不规范的习惯。

阅读：阅读是中学语文教育的重要内容，扩大阅读面、提高阅读速度和阅读质量，是提高学生阅读水平的重要方式。我们重在引导学生采用研究的方式来进行阅读，设计了评点式阅读专题、专题探究式阅读专题、采编式阅读专题（如编辑报刊）、改编式（如改编成话剧）阅读专题、竞赛式阅读专题、答问式阅读专题等。

写作：所有需要文本写作的专题，都能够培养学生的写作能力，如开题报告、调查报告、研究体会、观察日记、评价报告、文学创作、文学评论等的写作。

听说：在调查研究的专题中，几乎都涉及听说能力的应用，在与语文相关的活动专题中，都是以听说能力为主体的。

学习方法：学习方法是影响学生学习效率的重要因素，需要引导学生对此关注和探究，自觉研究他人的学习方法，借鉴、创造、总结好的学习方法。

语文德育：引导学生思考社会、思考人生、关注他人，了解、评估生活环境等。

第三维：生活范围。引导学生全方位地观察和思考，从自我一直到宇宙自然，把学生的视野打开。

研究自我：认识自我，评价自我，提高法律意识。

研究家庭：研究家庭的语文氛围，关注家庭对学生教育的作用。

研究伙伴：研究伙伴的思想、学习、品德，关注他人；吸取别人的经验和教训，提高自己，帮助别人。

研究学校：培养对班级的责任感，对教师教学风格的认识，对学校管理的评价等。

研究社会：关注自己生存的社会环境，关注本地文化，清醒地认识周围环境对自己的影响。

研究自然：用艺术的眼光观察自然、理解自然、感悟自然，提高感悟能力，提升人生境界。

（三）专题集的特点

《语文研究性学习专题集》具有如下几个明显的特点：

1. 语文性

《语文研究性学习专题集》具有语文学科的特点，是以语文学科内容为基础而设计成的，有利于提高学生语文学科的素质和能力，它与综合实践课程有所不同。学生在研究中，可以自觉运用其他学科的知识和能力来进行专题的研究，但我们进行专题设计是以语文学科的教育目标、教育内容和教育特点为依据的。因此，该专题集具有鲜明的语文性。

当然，考虑到学生的探究是没有边界的，我们设计了第41个专题"设计新的实用发明方案，完成产品，进行运用，写出相关论文"和第42个专题"自己设计一个课题，经指导教师研究确认"。这些专题的内容可能超出语文学科范围，但有利于拓宽学生的探究视野。

2. 启发性

我们设计的专题集是供学生进行研究的某一方面的问题或范围。它一方面限制了研究的范围，另一方面也给学生以研究的启发，使学生对某一问题能够引起足够的注意和认真的思考；有不少专题，学生平时根本没有注意，对他们来说是全新的，能够激发他们的研究欲望。由于专题从三维角度对语文学科和与语文学科有关的问题进行了系统的设计，因此，专题实际上是为学生提供了全方位的思考和探索的话题和范围，对学生的思维必然产生启发作用。

3. 开放性

该专题集虽然没有穷尽所有与语文学科相关的内容，但它本身却是开放的，有许多专题是一个比较大的范围，学生的选题空间比较大。第五部分为"自己设计专题"，学生如果对前面的专题不感兴趣或者有更好的课题，那么就可以自己设计一个专题以外的课题，它可以不属于前面的任何专题。这就保证了学生可以有自己的设计，可以超出前面提供的范围，保护了学生的创新，体现了专题的开放性。本专题集在实践中还可以不断增加，吸收有价值、能够使学生产生兴趣的新专题。

4.可重复性

我们编制的这个专题集，不是仅供某一届或某一个学校的学生使用，而是可以供所有学校和不同届别的学生使用，即具有可重复性。中学阶段进行的语文研究性学习属于创新教育的范畴，它与创造教育在概念内涵上有所不同。创新教育重在培养学生的创新素质、创新能力，而创造教育重在培养创造发明新产品的能力。语文研究性学习不是为了培养学生创造新的产品，从本质上来说，语文研究性学习仍然是一种学习，是一种用研究方式来进行的学习活动，其主要目的是为了改变学习方式，培养学生的创新素质（包括创新个性、创新意识、创新能力）。因此，只要有利于改变学生的学习方式，培养学生的创新精神和创新素质就行。许多课题可能别人已经做过研究了，但对某一个学生来说是新颖的，那么这个学生在进行研究中可以获得研究过程的体验，学习到有价值的知识，提高了自己的能力，这也是可以的。比如对教材中精彩语段的点评这一专题，每个学生的观点和点评的语言都是个性化的，对他个人来说是新颖的，所用的方式是探究式的，那么这也是在进行研究性学习。

《语文研究性学习专题集》中大部分专题只是一个范围、一个问题，不是课题。它需要学生在该范围内确定课题，同样的专题学生可以确定不同的课题。如"阅读一部一万字以上的作品（以新教材和新课标所列篇目为准），写一篇评论文章，回答教师和其他学生提出的有关问题"，学生可以阅读不同作品，对同一作品也可以确定不同的研究对象进行研究，甚至对同一研究对象也可以做出不同的评价。有的专题可以直接作为课题，但研究对象和研究结果却可能完全不同。如"伙伴、群体对中学生发展的影响（个案研究）"，可以直接作为课题，但研究对象却因为研究者不同而变换，研究结果也可能大不相同。有的专题好像研究结果也应当是比较确定的，但对于研究者而言却是新鲜的。如"自编高中文言文常用实词的意义、用法手册"，文言词语相对稳定，意义和用法也比较固定，但对于不同学校、不同届别的学生来说，这个专题也是新颖的，学生可以通过编撰字典的形式积累文言词语，加强记忆，进行系统化，甚至在研究中可以发现新的问题，提出新的见解。

二、语文研究性学习专题集 ①

（一）编撰能力

这一部分专题，主要是提高编撰能力，学会从各种渠道搜集有用信息，分类整理，去粗取精，编撰新颖、适应的字典、词典、手册、报刊、习题集等，便于自己学习、研究之用。

（1）自编高中文言文常用实词的意义、用法手册。

（2）自编高中语文课文精彩语段及点评手册。

---

① 沈在连.安徽固镇"高中生语文研究、实践专题"研究简介[J].语文教学通讯，2001（4）：46.

（3）自编高中语文教材附录词语表中词语的意义、用法手册。

（4）自编高中语文学习方法或语文学习的管理方法手册。

（5）自编本班学生作文中或社会上（报刊、电视、产品等）常见的错别字、病句、不规范的字及分析手册。

（6）收集本班学生一学期作文中常见的问题并归类分析。

（7）收集名人名言，分类整理成册，供班级使用。

（8）分类编辑课外阅读材料集，如精彩语段、科技信息、文化信息等，并进行评价。

（9）收集编辑本班学生日常作业和测试中出现的错题，归类分析。

（10）自编手抄报一份（4开）。

（11）自编高中语文测试卷一份（单元、期中、期末均可）。要求有命题计划、试卷、答案及分析。

（二）调查研究能力

学会对周边环境进行观察、调查，获取有用信息，进行分析评价，为自己、同学、学校或社会提供有效的参考建议，锻炼自己的实践能力，培养自己的公民意识。

（1）近期的社会环境（主要考虑学校、家庭附近）对学生学习、思想健康的影响。

（2）伙伴、群体对中学生发展的影响（个案研究）。

（3）对任课教师教学风格、特点、方法、效果的观察、调查和分析。

（4）对本班学生家庭中语文环境或学习环境的调查分析。

（5）调查本班学生课外读物的类型、数量、质量和阅读的时间，并进行分析，提出好的建议。

（6）对本班学生学习方法、学习时间、学习效率的调查分析。

（7）观察研究本班班风的现状、新的动向，预见其结果，提出新的策略。

（8）观察调查社会(或家庭、学校、学生)在最近的消费新动向，并提出好的建议。

（9）观察一位特殊学生（可以从品行、家庭、学习态度、学习方法、交往方式等某一个方面）进行个案研究，或向他提出好的策略或将好的经验总结推广。

（10）对本地富有文化气息的景点和文物等进行研究。

（11）记录家乡人、物，调查家乡文化现状，参与家乡文化建设。

（12）对中学生法律意识的调查研究。

（13）用文学手法（诗歌、散文、小说、戏剧等），反映居住地自然环境、人文环境的特点。

（14）收集中国汉字演变的资料，撰写中国汉字演变简史（不少于3000字）。

（三）语文实践能力

运用所学的语文知识和已有的语文能力，进行相关的语文实践，开展多样的语文活动，将语文与学习、生活、社会和自我发展联系起来，体验语文的实践功能，使大家看到语文的重要作用。

（1）自办班报或校报（组稿、编辑、排版、打印、发行）一期。

（2）运用多种媒介开展一次与语文相关的活动（设计、宣传、组织、总结）。

（3）组织一次有关学习方法、学习策略的演讲。

（4）自编一份语文测验卷，组织一次小测验，阅卷后讲评分析。

（5）向杂志社、报社、电台投稿，并在区（县）级以上报刊发表。

（6）在语文教师的指导下，准备一节课，并教一节课。

（7）组织一次全校性征文比赛，体验宣传、组稿、审稿、评奖、作品成集、总结全过程。

（8）对语文教材中的一篇文章进行分析、研究，撰写评论，在教师上完该课后宣读，并回答其他同学提出的相关问题。

（9）以教材某一篇文章为核心，确定某一话题，收集一群文章（1万字以上），开展群文阅读，探索某一有价值的问题，然后写一篇论文发表你的观点（不少于3000字），在班级宣读，并回答教师和其他同学提出的问题。

（10）阅读一部一万字以上的作品（以新教材和新课标所列篇目为准，如《乡土中国》《红楼梦》《雷雨》《哈姆莱特》等），写一篇评论文章，回答教师和其他学生提出的有关问题。

（11）对你感兴趣的作家进行研究，研究他（她）的创作风格、主要艺术特征，考察他（她）成功的路径。

（12）将教材中的某一篇课文改编成课本剧，自编、自导并亲自参加表演。

（13）自行设计一项与语文学科有关的活动（如成语接龙竞赛、诗歌朗诵、辩论、谈判、读书报告会等），并在班级组织该活动。

（四）创新发明能力

在实践中探索、总结新的方法，提出新的观点；或创造新的产品。将语文与创新、发明等有机结合，实现人生价值的新飞跃。

（1）自己独创新的学习方法，破解学习难点（如文言文翻译方法、鲁迅作品阅读方法、某一文体的写作方法、某一类试题的解题方法等），并在本班检验证明，之后推广运用。

（2）提出新观点、新假说，收集信息，分析研究，到实践中检验。

（3）设计新的实用发明方案，完成产品，进行运用，写出相关论文。

（五）自己设计专题

其实，如上的专题只是一个引子，你还可以发现更多的专题、更多的问题，从而形成自己的课题。与老师交流一下，也许你的问题更有价值。自己的往往是最好的！

自己设计一个课题，经指导教师研究确认。

第二节 》语文专题探究的一般过程

一、选择专题，确定课题

进行语文专题探究，首先要选择专题，确定课题。《语文研究性学习专题集》是我们进行课题研究的方向、范围、话题，本身还不是课题，我们需要根据专题来确定课题。那么，如何选择适合自己的专题，确定一个恰当的课题呢？

（一）如何选择专题

语文研究性学习专题共分 5 类 42 个，是以探究能力为主线进行编排的，学生在选择专题前需要仔细阅读每一个专题，对每一个专题的价值、兴趣、研究的可行性等进行审视和思考。大致来说，可以从如下几个方面进行判断：

1. 有没有兴趣

兴趣是最好的老师，许多同学在进行探究学习时都是以兴趣为前提的。比如，曾有几个同学因为对"近期的社会环境（主要考虑学校、家庭附近）对学生学习、思想健康的影响"这一专题兴趣浓厚，确定了"固镇一中附近网吧对学生的影响"的课题，他们多次克服困难调查网吧情况，获取了详尽的第一手资料，写出了有价值的论文。所以，学生在阅读专题时，要注意最吸引自己眼球的专题，能引起自己强烈兴趣使自己兴奋的专题。

2. 是不是需要

每个人都有自己的需要，在语文学科方面，有的同学希望加强自己语文基础知识的学习，有的需要扩大自己的阅读面，有的需要提高自己的表达能力，有的希望提高写作能力；有的同学希望能有所发现，有的对自己身边的某个同学很感兴趣，希望对其进行研究，有的希望将自己的作品发表出来，有的同学天生就喜欢和大家在一起搞活动，要锻炼自己的组织能力，更有同学希望到社会上进行某项调查，等等。那么，在选择专题时，教师要指导学生充分考虑自己的需要，需要的才是真实的。

3. 选择挑战

语文探究学习就是要探究未知的领域，通过探究来达到学习的目的。有的专题也许学生一看就知道该怎么做，这些专题也许他们认为很弱智，那么就让学生选有点挑战性的，估计自己需要付出相当努力才能完成的专题，或者感觉这个专题的内容是自己从来没有想过，没有接触过的。

4. 发挥优势

"我很擅长于某一方面，如果选这个专题我会研究得很好，我的特长也会表现出来，我的信心会倍增。"对于自信心比较弱的学生，教师可以引导他们发挥自己的优势。比如，他的写作功底比较好，那么可以选择"向杂志社、报社、电台投稿，并在区（县）级以上媒体发表"这个专题，将他的思想变成铅字；如果读的小说比较多，并且看了一些文学评论类的文章，那么，可以选择"阅读一部一万字以上的作品（以新教材和新课标所列篇目为准），写一篇评论文章，回答教师和其他学生提出的有关问题"这个专题，请学生把自己体会比较深的作品再重读几遍，研究研究，写出评论文章来。

另外，还可以引导学生从外部条件的角度进行考虑。比如，学生身边正好有一位个性特殊的学生，并且早就对他（她）感兴趣了，但一直没有时间和理由来仔细研究他（她），那么就选"观察一位特殊学生（可以从品行、家庭、学习态度、学习方法等某一个方面）进行个案研究，或向他提出好的策略或将好的经验总结推广"这个专题，有效利用现有的条件，把握机遇。引导学生开发身边的资源，也是研究性学习的任务。

5. 教师及时指导

如果有学生觉得自己实在无从下手，请教师帮忙，那么，教师要及时帮助学生解决问题，可从如上几个方面引导学生进行选择，或者根据自己对学生了解的情况帮助他临时确定一个专题。如果有学生对这些专题实在没有感兴趣的，教师要引导学生自己设计一个专题或直接设计一个课题，如果可行，教师要给予鼓励，如果问题比较大，教师要帮助学生完善。

（二）如何确定专题

好的课题对研究性学习的过程和成果的质量有很大影响，许多成功的课题研究，首先是选题比较好。那么，什么样的课题才比较好呢？

1. 好课题的特点

好的课题首先要有新意。课题研究本身就是对新规律、新事物的研究与发现，新颖的课题是能够立项的首要条件。其次，确立的课题要有价值。没有价值的课题研究是毫无意义的。大部分课题都应该是针对现实需要而产生的，是实践中产生的问题，是迫切需要解决的问题。也有许多课题是超前性的，反映了未来社会的需要，或人类社会发展的方向。再次，课题研究的对象比较集中，研究的可操作性强。课题不宜大而空，要小而集中。比如"中国古代文化的研究"，这样的课题是整个中国古代文化研究专家都要去研究的课题，不是少数人可以研究出来的，也不是短期内可以出成果的；而"广州早茶文化研究"这个课题，就比较小，也比较集中，解决了一个专门的问题，就比较有针对性。

2. 从专题中提炼课题

《语文研究性学习专题集》大部分是一个范围、方向或话题，需要学生在这个范围内开动脑筋，发挥想象，联系现实，确定课题。比如"组织一次全校性征文比赛，体验宣传、组稿、审稿、评奖、作品成集、总结全过程"这个专题，要求组织一次征文比赛。但是，组织什么征文比赛，比赛的名称是什么，还需要具体化。如果将征文比赛定名为"路"，那么课题就可以定为"'路'征文比赛的组织和研究"。再比如"对你感兴趣的作家进行研究，研究他（她）的创作风格、主要艺术特征，考察他（她）成功的路径。"这个专题，如果学生对钱锺书比较感兴趣，又读过他的《围城》，很想了解他是如何成名成家的，那么，就可以确定课题为"钱锺书和他的《围城》"。

3.修改一下专题的语言表述

有一些专题，比如编撰能力部分的专题，只需要作适当的语言调整就可以作为课题。"自编高中文言文常用实词意义、用法手册"这个专题，我们就可以用"高中文言文常用实词意义、用法手册的编制"作为课题。"收集名人名言，分类整理成册，供班级使用"专题，可以用"名人名言的收集、整理与运用"为课题。

4.缩小专题的范围

有一些专题，如果我们缩小它的范围，特别是对时间、空间、对象进行限制，就可以得到课题了。比如"对任课教师教学风格、特点、方法、效果的观察、调查和分析"这个专题，我们可以将"任课教师"的概念具体为某一位教师，对"教学风格、特点、方法、效果"进行选择，有能力的可以多研究几个方面，没有把握的就研究一到两个方面。我们可将课题定为"王明老师语文教学方法和教学效果的研究"。再如"组织一次有关学习方法、学习策略的演讲"专题，我们可以将学习方法或学习策略进行具体化，缩小范围，从而得到课题，如"高一（6）班快速记忆法演讲会的策划与组织"。

5.借鉴相关课题

本书中涉及许多课题，大都由《高中语文研究性学习专题》中派生而来，学生可以参考借鉴。"自己独创新的学习方法，并在本班检验证明，之后推广运用"这个专题，我的学生曾经做过"概貌学习法的发现与推广"的课题，如果我们也选择这个专题，并且自己对某一个学习方法有所发现，那么，可以借鉴这个课题。比如，将课题定为"系统树法的发现与推广""分类记忆法的发现与推广""整理法的发现与推广"等。

二、制订计划，开题答辩

课题确定后，下一步就需要为课题制订一个具体、可行的研究计划，准备在开题报告会上做开题报告。

（一）制订研究计划

课题研究计划，有人也叫研究方案，是课题研究的第一个重要环节，它对课题研究的许多方面进行了规划，帮助课题研究者控制课题研究的过程、进度等。

1. 为什么要制订课题研究计划

课题研究是一个完整的过程，课题计划是课题研究的一部分，它需要研究者对课题进行全面的、细致的思考，对课题研究进行初步的预测，对课题研究的过程进行合理的安排，其本身就是课题研究的一部分。我们进行语文专题探究，一个重要目的，就是获得亲身参与的体验；制订研究计划就是对课题研究过程的一种体验。

课题研究计划是保证课题研究顺利进行的必要措施。研究计划对课题研究从各个重要方面进行了界定和规定，使模糊的课题变得明确。有了课题研究计划，就有了明确的研究思路：研究目的、研究内容、研究方法、研究步骤、研究分工、成果形式等。它使课题研究具体化、可操作化。课题计划制订得是否科学、合理、具体，是决定课题研究成败的关键因素。

制订课题研究计划便于检查和自我检查。有了研究计划，课题组成员可以按照计划有步骤地进行研究，对自己的研究内容和步骤随时进行自检。同时，教师也可以按照课题研究计划对课题组的研究进行检查、指导和督促。

有利于课题组成员协作研究。课题研究计划对课题组成员的工作范围、职责、进度等都进行了具体的说明，这样便于成员分工协作。

2. 课题研究计划有哪些常规内容

课题研究计划有相对固定的内容，主要有：

①课题名称。比如"对高二（1）班语文学习方法的调查分析""鲁迅文章中的关联词语研究"等。

②课题研究的背景。也就是这个课题是如何提出来的，人们对这个问题是如何认识的。

③研究目的、意义。即这个课题研究是为了解决什么问题，具有什么样的作用，有多大的实践和理论价值。

④研究方法。将要采用什么方法来进行课题研究（常见的方法有观察法、实验法、文献研究法、调查法、个案法等）。语文专题探究比较多地用到文献研究法、观察法、调查法、个案法、行动研究法等。

⑤研究步骤。主要是课题研究的阶段任务和进度。课题研究分为几个阶段，每个阶段的任务是什么，需要我们明确。

⑥课题组成员分工。每个成员主要负责什么任务，大家如何协调。

⑦研究成果。课题研究将实现什么样的总目标，以什么形式呈现出来。语文专题探究的研究成果常见的有：论文、研究报告、主题活动、报纸、字典、词典、手册、文学作品、自己编制的试卷、发现的学习方法、调查报告、自己教的一节课、戏剧表演，等等。

（二）开题报告

一般来说，课题研究计划是作为课题立项报告或开题报告所陈述的主要内容。所以，制订好课题研究计划，学生就可以轻松地撰写开题报告，准备在开题报告会上交流。

1. 什么是开题报告

开题报告是阐述、审核和确定课题而举行的报告会，它是监督和保证课题研究质量的重要措施。通过开题报告，可使更多的人了解、关心课题组的研究工作，起到宣传作用；也可使大家对研究者进行指导，帮助课题组完善课题研究方案。在开题报告会宣读的文本，我们也称为开题报告。

学生做开题报告的主要目的，是请老师或专家帮助判断一下，这个问题有没有研究价值，这个研究方法有没有效果，这个论证逻辑有没有明显缺陷，还有哪些问题还没有注意到，在研究中将会出现哪些问题需要我们重视，等等。

2. 开题报告有哪些常规内容

做开题报告前要先写好报告的文稿，那么，如何写呢？语文专题探究的开题报告，可以将前面研究计划的主要内容作为开题报告的内容。

有时为了在开题报告会上比较形象、生动地表达，给评审人员和观众有直观的感觉，最好将之制作成 PowerPoint 课件。

3. 开题报告课件示例

"字体与性格"开题报告

课题组长：方静
研究成员：庞瑶、夏至、钱磊、马兰香、
　　　　　陆星星
指导教师：沈在连

问题提出

在科学技术飞速发展的今天，笔迹学已经成了一门不可忽视的科学。通过笔迹鉴定，我们可以轻易地了解别人的性格、心理，在许多刑事和民事案件中，也用到笔迹学。因此，笔迹与性格的问题，成了大家普遍重视的问题。

研究目的

开办这个研究性学习小组，并非想要像某些专家学者一样一眼就能从笔迹看透别人的一生，这对于我们来说需要太长的时间去实践。我们的要求并不高，对别人的字体经过仔细研究后，可以将其性格进行简单的分类，这是我们研究的主要目的。当然，满足我们在这方面的好奇心，也是本次研究的目的。

研究意义

或许有人会觉得这很无聊，没什么意义，那你错了。美国一位炸弹狂人在15年前引爆了多颗炸弹，引起了社会的恐慌。然而警察虽然尽力追捕，但由于这位狂人的细心谨慎完全找不到线索。15年后，这位炸弹狂人又在报刊上发表了一封匿名信嘲笑警察的无能，这引起了一位著名笔迹学者的关注。终于，这位专家从这封信中分析出了这位炸弹狂人的10处不同于他人的性格特征，从而使一起15年的谜案水落石出。我想，我已经不用多说什么，你从这段故事就应能清楚地了解笔迹研究的重要意义了。

研究方法

文献研究：研究中外名人的性格及字体特征。了解笔迹学研究的现状及尚待发展的地方。

问卷法：调查中学生、教师和社会人士对字体与性格相关性的看法、评价。调查研究性格鲜明的学生的字体特征。

观察法：观察记录字体特殊的中学生的典型性格事件。

课题分工

课题组长：方　静
文献资料收集与研究组：陆星星
调查研究小组：庞　瑶
观察研究小组：夏　至
电子技术小组：钱　磊
文本创作小组：马兰香

研究步骤及成果

阶段	时间	任务	阶段成果
第一阶段	1～4周	收集资料	研究综述
第二阶段	5～10周	制定计划	开题报告
第三阶段	11～13周	调查观察	各组完成论文
第四阶段	14～17周	综合研究	结题报告
段终成果形式		结题报告	
结题时间		第18周	

参考文献

[1]韩进：《笔迹学》
[2]刘兆钟：《笔迹探秘》
[3]林崇德、沈德立：《非智力因素及其培养》
[4]"笔迹分析"网

图 9-1　开题报告课件示例

（三）陈述答辩

开题报告会是展示课题组整体形象，争取老师或专家支持，获得好的评价，提高研究信心的重要活动。一般以班级为单位举行开题报告会，由课题组长负责口头陈述，课题组其他成员进行补充。在答辩时，一般以课题组长为主，其他成员也应该主动应对。

为确保在开题报告会上获得成功，应注意以下几个重要方面：

（1）对课题本身应该有全面的了解。报告前要查阅大量的相关资料，对课题提出的背景，现在研究的水平，还存在什么问题，应该比较了解；对开题报告文稿中的内容要非常熟悉。

（2）在陈述时应用自己的话来表述，不要只是背稿子，一些关键的地方自己可以展开。

（3）由于要面对老师（或专家）和同学，所以注意保持沉着，说话有条理，铿锵有力，突出重点内容，给人坚定、信心十足的感觉。

（4）课题组陈述完毕，老师（或专家）会提出一些问题，都是建设性的问题，当然，也有对课题提出质疑的。这时，需要沉着应对，回答问题要有针对性，能够自圆其说，同时注意语言谦虚而自信。有时精彩的回答能获得大家的掌声，也能获得评委的好评。

一般来说，评委常常要就如下内容进行询问：选择的课题理由是否充分；课题的意义是否如你陈述的那样重大；你如果在课题研究中碰到某一个棘手的问题如何处理；你们有能力完成这个课题吗；你们小组成员之间如果发生矛盾怎么办；课题研究和其他学科的学习有矛盾时怎么办；等等。

三、研究实施，积累资料

（一）研究实施

开题报告通过以后，就可以进入研究的实施阶段了。研究实施是课题研究的实测阶段，需要科学、实在、循序渐进。如何保证研究的质量和速度呢？可以注意如下几个方面：

1. 依循研究计划，把握研究进度

课题计划是课题研究实施前制订好的，经过开题报告会论证了的，所以是比较切实可行的计划。一般来说，应该按照制订好的课题研究计划按部就班地实施，没有特别情况不要随便打破计划。合理的研究进度能保证课题研究的质量，通过课题研究也可以养成按照计划做事的习惯。

当然，计划毕竟是课题研究实施前制订的，现实世界千变万化，新事物、新情况随时都有可能产生，比如，原计划周日去访问校外某位专家，但这位专家不在家里，就应该重新约定时间，下一步的研究可能要推迟一周；这时，只有在其他方面想办法将耽误的时间补回了。有时甚至随着研究的深入，学生会发现课题范围过大，或者难度过大，根本无从下手，这就需要指导学生根据新情况及时调整研究方案，从而确保课题研究能够正确、顺利地进行。如果课题确实要做的调整需要全体课题组成员一起讨论，统一思想，指导老师应该及时指导，研究调整的可行性。

2. 运用恰当方法，寻找最佳时机

课题研究方法，对课题研究有很大的影响，语文专题探究常用的研究方法有文献研究法、调查研究法、行动研究法、观察法、个案研究法等，学生要在制订课题研究计划时就选择好最适合这个课题的方法。这里说的是一些细节问题，比如，研究者要研究一位同学，打算对他进行访谈，但是他很有个性，极有可能拒绝，那么研究者就可以从侧面了解他的兴趣爱好，然后加入他的生活圈子，在共同的兴趣活动中进行沟通，了解对方的情况。许多人不愿意成为被研究者，所以我们对某一些人进行研究的时候，需要用恰当的方式，选择恰当的时机，来达到研究的目的。按照科学研究的道德，被研究者有权知道研究的动机和手段。

3. 管理研究时间，节约研究资源

对时间进行管理是我们做一切工作的要求，凡是在科学研究方面卓有成效的人，都具有比较强的时间管理能力。学会在课题研究中管理时间，也是我们进行研究性学习的目的。时间管理主要涉及三个问题：时间分配、时间使用和时机选择。课题研究计划从宏观上对课题研究进行了管理，但在研究实施中更多地使用到微观的时间管理。中学阶段课程比较紧张，课余时间也比较少，选修课程的学习，学生可能主要用课堂时间来完成，所以，对时间进行管理确实重要。在时间分配方面，我们主张充分利用选修课内时间，课外时间我们建议主要分配在需要调查、访问、查阅资料等环节上。时间的使用，可以根据课题的难度和研究工作量进行安排。有人认为，事物80%的精华，集中在20%的结构中。同样，我们也要善于用20%的时间做80%的研究工作。对于研究的关键性环节，可以投入比较多的时间，或者集中一时间段来完成，对于其他的环节，可以利用零散的空余时间，这样可以节约时间，又不影响其他学科的学习。时机选择，对于研究者来说也很有意义，比如学生可以利用星期天的时间搞搞课题研究，在平常做题比较累的时候，去整理一下课题研究的资料，等等。

4. 团结协作，互相帮助

许多课题小组取得比较满意的研究成果是由于他们善于协作，既有分工，又有协作。在课题研究中，学生会碰到许多问题，大家在一起互相启发，共同解决。有时，自己认为比较难的问题，其他成员可能正有条件来解决。比如，曾有一个课题组要表演课本剧，需要道具——脸谱，有一个同学是专门负责道具的，但怎么也找不到，于是请大家一起商量对策。正巧有一个同学家里来客，客人从四川给他带来一个川剧变脸的脸谱，问题就这样解决了。完成自己分工的部分固然是本分，但也要关心整个课题研究的情况，对其他成员的研究提供可能的帮助。

5. 注意外出安全，做好自我防护

学生进行课题研究常常要走出校门，走向社会；那么，应该特别注意增强学生自我防护的意识。注意交通安全，遵守交通规则；提高警惕，防止上当受骗，尤其要教育学生天上掉不下馅饼，不占小便宜；尽量几个同学结伴而行。到校外进行课题研究，要求学生不要进网吧（如果需要查资料，可以请学生到学校指定的地点，教师进行指导），坚决拒绝毒品的诱惑。一般来说，访问校外专家要先约定好时间，到旅游景点要注意"走路不看景，看景不走路"的原则。凡是到校外比较远的地方，最好有大人陪同。每次外出搞研究，都应该要求学生通知家人和指导老师，说明去的地点、时间，主要做什么事，何时返回，联系方式等，便于及时联系。

6. 克服困难，磨炼意志

课题研究常常会碰到许多问题，需要学生克服困难，磨炼意志。有时，坚持一下就可以战胜困难，有时需要他们耐心等待时机，有时需要查阅更多的资料，有时需要变换方法。在学生出现研究困难时，教师要及时指导，鼓励学生战胜困难。有一个课题组承担的是校园征文比赛，征文比赛通知发出了好长时间，都没有收到一篇征文，课题组成员急得到处乱转。有的丧失信心，有的甚至想退出课题组。后来在老师的及时指导下，他们冷静分析了原因，原来正赶上学校期中考试，有谁愿意在这个时候写征文呢？于是学生商量，先耐心等待，等期中考试过后再采取对策。期中考试一过，课题组就采取了几项有力的措施：加大奖励力度；争取校团委支持，使征文活动上升到学校团委主办，课题组承办，扩大了影响，引起了各班特别是班主任的重视；课题组成员各显神通，到各班级找好朋友，在班级宣传，邀请写作高手参加；和语文老师联系，请语文老师支持；在校广播站"狂轰滥炸"。结果他们如愿以偿。如果这个课题组没有老师及时指导，就很有可能完成不了研究课题，体验不到完整的研究过程和战胜困难的乐趣。

（二）积累资料

从课题研究一开始，就培养学生强烈的资料积累意识，课题资料是否完整、具体是评价课题研究质量的重要指标。

1.过程就是成果，过程大于结果

中学阶段的课题研究，与科研机构课题研究的目标不尽相同。科研机构的课题研究是为了有创新性的成果；而中学研究性学习是为了改变学习方式，培养创新精神，体验科学研究的程序。语文专题探究还为了提高语文运用能力。所以，课题研究的结果不是追求的最高目的，更不是唯一目的。语文专题探究的口号是"过程就是成果，过程大于结果"。有了实实在在的过程，就能保证实现语文探究学习的目的，从某种意义上来说，中学研究性学习确实是"过程大于结果"。所以，每一个研究阶段，每一次研究活动，都要留下实实在在的脚印，重视研究过程就是严谨、科学的研究态度。

2.及时填写《研究手册》，培养科学态度

语文专题探究课程专门设计了《研究手册》，里面对每一个重要阶段需要搜集的资料项目都进行了规范，也是学生研究的很好"拐杖"。教师需要求他们，进行每一次研究活动，都应该在上面反映出来。及时、真实地记录是保证资料质量的关键。有时，学生进行研究活动时没有来得及记录，应及时补上；因为，时间一长，具体活动的内容和当时的情境可能会遗忘。

在课题研究中最忌讳的是造假，教师对此要提高警惕。时下，一些地方搞课题研究（有的还是省级、国家级课题），平时不按照研究计划展开研究，到了课题管理部门快要检查时就造假，这些严重影响了科学研究的信誉，玷辱了科学研究。千教万教，教人求真；千学万学，学做真人！

3.明确资料类型，全面细致收藏

常见的研究资料有文本、录音、照片、录像、课件、表格、数据等。文本有书籍、期刊、报纸、复印的资料、会议资料、学位论文等。这些都是需要搜集保存的重要资料。每个课题组都应该有一个成员专门负责搜集、保存、管理课题研究的资料。

为了防止丢失，应要求学生注意备份。可以用扫描仪将资料扫描放在电脑中，归类整理，便于随时查阅。如果学校有研究性学习专题网站，可以将之及时上传到网站。

四、分析资料，形成成果

（一）分析资料

通过研究实践，学生手头积累了一大堆资料，这时候需要对资料进行整理。要知道，结论可能就在这里边，就看学生如何应用了。

分析资料就是对资料进行研究，找出它们的本质属性和彼此的关系，从中发现问题，得出课题研究的结论。

对资料进行分析，需要采取如下方法：

1. 审读材料

对所有的研究资料首先要进行审读。审读，不是一般的精读，而是以发现问题为主要目标、具有强烈目的性的阅读。在审读中，可以了解资料的内容，审视资料与课题研究的关系，分析资料的类别，找出资料之间的关系。关键处要仔细阅读，反复琢磨。

在课题研究中，学生搜集了大量的资料，其中有一些与课题无关的资料，也有与课题间接相关的资料，还有直接支持课题研究的资料，这就需要学会选择。选取对课题有支持作用的资料，剔除与课题研究无关的资料。比如"漫画寓意竞猜活动的组织"课题小组在查阅资料时，复印了大量的漫画资料，其中，有一些没有寓意的漫画和卡通，当时大家比较喜欢，就一起复印下来。在整理资料时，他们就将没有什么寓意的漫画和卡通剔除出来，放到单独的一类，只选择有利于课题研究的寓意丰富的漫画作为研究的素材。

2. 分类比较

分类是最常见的分析资料的方法，目的是将资料的逻辑顺序理顺，分清资料的内在联系，便于从中发现规律和问题。特别是采用文献研究方法的课题，都需要对查阅的文献进行分类。一般来说，常常按资料与课题的相关程度进行分类，比如"对林黛玉死的方式的质疑"课题，可以将相关资料进行如下分类：对《红楼梦》研究的一般性资料，对高鹗创作的《红楼梦》后四十回提出批评的资料，关于林黛玉性格的研究资料，关于林黛玉死的研究资料，《红楼梦》中能够支持林黛玉自沉说的文段摘录等。在分类中，学生就可以认识资料内在的关系和与课题研究的相关程度了。

比较是对同一种类别的不同资料进行对比，找出两者的差异和相同点来。有时，同一个内容，不同的资料观点却不尽相同，需要进行比较，分析谁更有依据、更可靠，有时自己的观点就在比较和分析中产生了。比如，对林黛玉死的方式的研究资料，可能有多种看法，有人主张这种结局是符合其性格特征的，也是与曹雪芹的思路一致的，而有的资料则认为这不是林黛玉应该采用的方式。对这两种观点进行比较，再重新阅读《红楼梦》，看哪种观点更合理，还可以有什么样的新解释，由此确立自己的观点。

3. 探求本质

在一大堆数据和资料的背后是什么，这些资料能够说明什么问题，这就需要学生能够透过现象看本质。比如通过调查，得到一组数据资料，那么，这些资料能说明什么问题呢？我们就要仔细研究数据的现实意义，解释数据的含义。有时，同一组数据，得到的结论却不相同，这就是分析问题。

4. 发现问题

对资料进行分析的目的，主要是为了发现问题，确立自己的观点。比如"高中语文第一单元测验的组织和研究"课题，在进行了测验和批改后，要研究测验结果的意义时，就要善于发现问题，有的试题错的学生很多，这就是一个问题，是试题编制不科学？是大家对这个问题没有搞懂？在研究后，我们就可以得出结论。发现问题比解决问题更重要。

（二）形成成果

通过研究实施和对收集的资料进行研究，就可以得出我们认为比较科学的结论了。那么如何表述自己的成果呢？这就涉及确定研究成果的形式问题。

1. 选择成果形式

研究性学习成果的表达形式常见的有如下类型：①文字类，有研究论文，实验报告，调查报告，读书报告，语文活动设计方案，字典，词典，手册，报纸，语文试卷，自己创作的文学作品，课本剧，上课的教学设计与课堂实录，收集的民间故事，自创的新学习方法的说明，研究体会，研究总结，等等。②实物类，有研制的新产品，制作的网页，多媒体作品等。③活动类，有征文活动，话剧表演，语文竞赛等。

采用什么形式表述成果，与专题和课题本身有很大的关系。比如"自编高中语文课文精彩语段及点评手册"这个专题下确立的课题，成果就是编制的手册；"近期的社会环境（主要考虑学校、家庭附近）对学生学习、思想健康的影响"这个专题下确立的课题，成果就是调查报告；"组织一次有关学习方法、学习策略的演讲"专题下确立的课题，成果就是组织的演讲会；"阅读一部一万字以上的作品（以新教材和新课标所列篇目为准），写一篇评论文章，回答教师和其他学生提出的有关问题"专题下确立的课题，成果就是论文；"固镇县民间故事的搜集与整理"这个课题的成果就是收集到的民间故事，如果能对故事进行研究，写出论文出来也是成果。

2. 写作成果文本

大多数课题研究需要有论文、研究报告、调查报告等文本，一些活动类课题也需要写作活动报告，便于在结题报告会展示。

（三）正确看待研究成果

在中学研究性学习中，研究成果是研究过程的必然产物，但不是我们进行研究的终极目标。教师要注意引导学生正确对待成果。有些课题组，由于客观条件或自己能力的原因，造成课题没有按照预期的计划得出研究成果，这不能就认为是失败的研究，因为他们参与了，投入了，得到了研究的体验。评价课题研究的标准是多元的，有态度、能力、方法、过程等诸多方面。

五、结题答辩，反思总结

（一）结题报告

结题报告会是集中展示成果、鉴定成果、交流成果、互相学习的学术性会议，一般以班级为单位进行组织。通过结题报告，我们可以将自己的研究过程、方法、成果和大家分享，也可以了解其他研究组的情况，取长补短，是学生提高研究水平的好机会。

成果是否能够通过鉴定，课题研究能否得到肯定，关键还看平时的研究是不是扎扎实实地去做了。如果是有计划、有步骤地进行了研究，认真记录了研究过程，全面准确地积累了课题资料，研究成果比较科学，有自己独特的体验，那么通过鉴定不成问题。

活动类成果，如戏剧表演、上一节课、组织一次演讲等，不一定非要在结题报告会上展示，但是，鉴定的老师（或专家）需要到场观看、评议。

1. 回顾研究过程

学生在参加结题报告会前，首先要对课题研究的整个过程进行回顾，熟悉整个研究过程，回忆研究中的典型故事，阅读积累的研究资料，审核研究成果的科学性。课题组成员共同商量，哪些内容是汇报的重点，哪些需要展开，哪些需要深入，本小组研究的亮点是什么，选择研究过程中的哪些照片进行展示等。

2. 制作演示文稿

将自己的研究过程、研究成果制作成演示文稿，在结题报告会上交流。演示文稿的主要内容有：课题名称，课题组成员，研究目的，研究方法，研究过程，研究结果，经验体会。其中，研究过程最好有课题组活动的照片或录像，如果进行了调查，最好有调查表。

3. 选好形象大使

有时课题组做了认真的研究，但由于汇报的主讲没有全面、准确地把研究情况和成果表达出来，结果影响了整个课题组成果的展示。所以，选好主讲非常重要。选择主讲主要应该考虑如下方面：声音洪亮，铿锵有力；表达有条理、清晰，有分寸；对研究过程比较熟悉；仪态大方，穿着得体；回答问题沉着、机智、自信、礼貌。当然，不可能每一个研究小组都有完全符合如上条件的主讲，只能在研究小组内尽可能选拔条件好的。

选拔好主讲后，要进行陈述与答辩的演练，根据演示文稿的提示，先进行课题研究的陈述，然后课题组成员模拟老师（或专家）提出问题，请主讲答辩。大家认为，一切都准备好了，那么，就可以满怀信心地去参加结题报告会了。

4. 陈述与答辩

主讲在陈述时，可以根据演示文稿提供的内容为线索，在重要的地方或能体现课题研究亮点的地方进行强调和拓展。

主讲陈述完毕，课题鉴定老师（或专家）要提一些问题。他们对如下问题比较感兴趣：你们研究成果的依据是什么，哪些结论还缺少依据；你们在研究过程中是如何处理分工与协作的；在研究过程中有没有碰到什么问题，是如何解决的；你们计划如何将研究成果进行推广运用；你们是如何处理课题研究与平时学习的关系的；你们的研究资料是如何得到的，是不是第一手资料；你们研究过程的记录，在某个方面似乎有疑问，是不是真实的记录；你们在课题研究方面最大的收获是什么；等等。主讲应该沉着应答，回答问题要有针对性，能够解决提问者的疑问，能够自圆其说。有时，自己也没有搞清楚的问题，可以机智地处理，或直接说这个问题还没有进行专门研究。

在整个汇报过程中，主讲要注意一些常规的礼仪，比如，刚上台应向台下所有人鞠躬致敬，然后说一句问候语，接着就陈述课题和课题研究的情况。陈述完毕，要说："以上是我们小组研究的情况，请老师（或专家）指导，谢谢。"在回答问题时，要注意自信而有适当的谦虚，在老师（或专家）提出的问题比较尖锐，或者似乎在否定整个课题研究时，主讲要控制好情绪，为自己小组的课题研究作自圆其说的解释。答辩结束时，主讲要说"谢谢"。如果主讲回答不了问题，其他成员也可以回答（答辩时，课题组主要成员都要上台展示自己）。

（二）反思总结

参加结题报告会后，标志着课题研究告一段落；但学生的学习还没有终止。学生的收获有多少，还需要自己来反思、总结。下面是学生需要总结的几个方面：

（1）所选的专题、课题是否恰当，有没有发挥出研究水平？

（2）研究计划是否科学、细致？

（3）研究方法是否恰当？

（4）研究步骤是否合理？

（5）研究时间的分配是否恰当？

（6）自己的合作精神如何？

（7）开题报告和结题报告的展示、答辩如何？

（8）资料积累是否全面、具体？

（9）课题研究有哪些收获和不足，以后如何改进？

对学生来说，这些反思、总结，加上课题研究过程的体验，才是进行研究性学习的真正成果，它将永远伴随学生。

六、保存资料，推广成果

（一）保存资料

学生课题研究的过程，对后来的研究者会有很大的借鉴作用，也是学校进行研究性学习的证据。有的过程和成果，可以进一步加工成书籍或光盘，甚至放到网站上为全国中学生的研究性学习提供服务。所以，保存资料同样非常重要。

1.分类整理

一般是按照课题研究的阶段进行分类，比如"漫画寓意竞猜活动的组织"课题，我们可以将相关的资料进行如下分类：①开题类，即开题报告文稿和课件，搜集的各种漫画作品，搜集的各种漫画教学方法，开题报告的照片或录像，小组查阅漫画作品和教学方法的照片或录像，小组研究课题计划的照片或录像等；②实施类，即漫画竞猜活动教学设计，课堂实录，获奖名单，课堂教学照片或录像；③成果类，即漫画竞猜活动研究总结和结题报告课件，结题报告会照片或录像；④总结类，即漫画竞猜活动研究体会。

2.档案袋或文件夹

文本、照片和音像资料可以放在档案袋内，每个档案袋写好标题和目录。照片最好放在专门的"照片档案"中，就像影集；如果是电子文稿，如 WORD 文档、课件、扫描的图片等，可以放在文件夹中，文件夹按照"开题""实施""成果""总结"等命名。关键资料注意备份，特别是电子文档，小组成员每人的电脑都可以存放一份，防止病毒侵害；文字材料都可以用扫描仪扫描一份，防止丢失。

3.保存

教师要及时收齐学生的研究资料，将资料放到学校档案室或上传到学校网站进行保存。如果学校有专门的研究性学习网站，可以要求学生将文字、图片等材料变成电子文档（用数码相机和扫描仪等进行处理），直接上传到网站。

（二）推广成果

学生的研究成果，对其他同学有借鉴意义，有的甚至具有广泛的推广价值。如何让学生的成果成为大家共享的资源，如何让更多的人了解学生的研究成果，应用他们的成果，这就需要宣传、推广。培养学生推广、运用自己成果的能力也十分必要。

给学生创造展示的机会，一方面教师要引导学生抓住机会进行宣传、展示，另一方面，也要鼓励学生自己创造机会进行宣传、展示。许多场合都是学生宣传成果的好时机，如结题报告会，各种相关的中学生研究性学习成果比赛，学校组织的课题研究成果展览会等。许多公共平台都是学生宣传、展示的地方，学校的黑板报、墙报、报纸、网站等。网上有许多研究性学习的网站，学生也可以发到这些网站进行宣传。

第三节 》 语文专题探究案例

语文专题研究的案例我们累积了不少，这里我们提供《字体与性格》供大家参考。

一、确立课题

性格特殊的学生往往在字体上也有独特的风格；字体特殊的学生，性格往往也有独特之处。笔迹学在司法中有着广泛的应用。我们希望对陌生人的性格进行了解吗？我们认识到练字能锻炼自己的性格吗？我们写的字有时连我们自己都看不清楚，我们注意了吗？因此，我们选择"字体与性格"这个课题。

二、制订计划

（一）研究目的和意义

1.目的。探索中学生字体与性格的相关性（学术目标）。学习字体与性格的相关理论，提高对陌生人的了解能力。认识练字对培养性格的良好作用。

2.意义。在观察和统计的基础上，得出中学生字体与性格的相关性结论。中学生来研究中学生更具可靠性、实践性。依据性格分类理论，进行主体性格的归类，不作烦琐分析。使中学生认识到字体与性格的相关性，练字对培养性格的价值，从而自己主动学习书法，塑造良好的性格。

（二）研究内容

1.操作定义

笔迹：是在自由书写意识支配下通过书写动作产生并能反映（表现）书写动作习惯的字迹和线条。它们能够反映书写者的个性素质。（韩进，1998）

字体：在语言学的意义上，字体是表达思想的语言符号。在字体学的意义上，字体是具有书写规范的线条。（韩进，1998）本研究采用"字体"内涵的概念，不采用"笔迹"内涵的概念，但在具体分析中常会用到笔迹学的理论知识和笔迹学分析的方法。

性格：是个性特征中的核心特征，是足以支配一个人的个性的那些核心心理特征的独特结合。（燕国材，1998）

性格分类：本研究采用文化社会价值类型说。斯普伦格（E.Spranger, 德国）分类：经济型，理论型，审美型，宗教型，权力型，社会型。霍兰（J.Lholland, 美国）分类：现实型，研究型，艺术型，社会型，企业型，传统型等。以斯普伦格的性格分类为研究性格的主要依据，同时兼顾霍兰的分类。

2. 理论学习

学习字体与性格的相关理论，了解字体的各种类型，性格和性格分类理论。学习专家对名人和书法家的字体分析，提高字体与性格关系的分析能力。收集研究书法家的性格资料，认识书法训练与性格培养的关系。

3. 实践研究

通过调查方式，收集典型性格的中学生的字体，研究两者的相关性。通过调查的方式，收集字体特殊学生的笔迹，观察其性格特征。

（三）研究现状及可行性

这方面的研究已经取得了如下的成果：对笔迹学有了系统的研究；对名人的笔迹有了较多的研究；对中国古代著名书法家的性格有了较深入的研究。

还需要探索的地方：中学生字体与性格的研究只有零星的案例，还没有系统的研究，尚有广阔的天地。对中学生的字体与性格的研究只是专家的理论推断，尚无实际的观察资料，更无统计学资料。对性格的分析没有根据性格理论进行归类，比较烦琐，不确定性也很大。

（四）研究方法

文献研究：研究中外名人的性格及字体特征；研究笔迹学研究的现状及尚待发展的地方。

问卷法：调查中学生、教师和社会人士对字体与性格相关性的看法、评价；调查研究性格鲜明的中学生的字体特征。

观察法：观察记录字体特殊的中学生的典型性格事件。

（五）课题分工（课题组成员共 26 人）

（1）课题组长：方静。负责全面工作。

（2）文献资料收集与研究组：陆星星。

（3）调查研究小组：庞瑶。

（4）观察研究小组：夏至。

（5）电子技术小组：钱磊。

（6）文本创作小组：马兰香。

（7）指导老师：沈在连。

（六）研究步骤及阶段成果形式

表9-1　研究步骤及阶段成果形式表

阶段	时间	任务	阶段成果
第一阶段	1~4周	收集资料	研究综述
第二阶段	5~10周	制订计划	开题报告
第三阶段	11~13周	调查观察	各小组完成论文
第四阶段	14~17周	综合研究	结题报告

（七）最终成果时间及成果形式

第18周，《字体与性格研究报告》。

（八）英文简介（略）

（九）资料来源（略）

三、实施过程

（1）搜集关于笔迹学的资料。主要从网站下载。

（2）设计问卷，进行调查。（附《字体与性格问卷调查表》）

字体与性格问卷调查表

1. 你认为字体与人的性格有关吗？
   □ A. 有　　□ B. 无　　□ C. 不确定

2. 那你认为字体与人的性格有什么关系？
   □ A. 从字体中可以看出人的性格　　□ B. 关系不大　　□ C. 不清楚

3. 你的字属于哪一种字体类型？
   □ A. 细小型　　□ B. 方正型　　□ C. 圆弧型　　□ D. 其他

4. 你认为练字会不会有利于形成较好的性格？
   □ A. 会　　□ B. 不会　　□ C. 不清楚

5. 你认为字漂亮的人性格一定好吗？
   □ A. 是　　□ B. 不是

6. 你认为字体上扬的人的性格就自信吗？
   □ A. 是　　□ B. 不是　　□ C. 不清楚

7. 你认为书法家的字体与他们的性格有关吗？
   □ A. 是　　□ B. 不是　　□ C. 不清楚

8. 你认为有必要模仿书法家的字体吗？

  □ A.有必要   □ B.没有必要   □ C.不清楚

9. 性格暴躁的人字体会是怎样的？

  □ A.舒展型   □ B.秀气玲珑型   □ C.横平竖直型   □ D.其他

10. 性格与人的字体有什么作用？

  □ A.决定作用   □ B.关系不大   □ C.促进作用

11. 字体不断变化的人性格会变吗？

  □ A.会   □ B.不会   □ C.可能会   □ D.不知道

12. 字体粗犷的人，性格如何？

  □ A.豪放不羁   □ B.流里流气   □ C.老气横秋

13. 性格娴静温柔者的字体怎样？

  □ A.潇洒飘逸   □ B.端庄稳重   □ C.妩媚婀娜

14. 你认为以下字体中哪一种比较好？

  □ A.圆形字体   □ B.长方形字体   □ C.扇形字体   □ D.正方形字体

（3）设计《字体与性格调查表》进行实践研究。收集性格鲜明的同学的笔迹，研究笔迹与性格的相关性。

（4）研究调查结果，写作研究报告。

四、成果展示

"字体与性格"研究报告

高一（7）班 陆星星   指导老师：沈在连

一、问题的提出

在科学技术飞速发展的今天，笔迹学已经成了一门不可忽视的科学。通过笔迹鉴定，我们可以轻易地了解别人的性格、心理，因此，如何鉴定笔迹便成了当今的大问题。

二、研究目的

开办这个研究性学习小组，并非是想要像某些专家学者一样一眼就能从笔迹看透别人的一生，这对于我们来说需要太长的时间去实践，而且也不一定有那么高的造诣。但既然创办了自然就有宗旨，而且要求并不高：对别人的字体经过仔细研究后，我们可以将其性格进行归类，能进行较为深刻的揣摩分析。

三、研究意义

或许有人会觉得这很无聊，没什么意义，那你就错了。美国一位炸弹狂人在 15 年前引爆了多颗炸弹，引起了社会的恐慌。然而警察虽然尽力追捕，但由于这位狂人的细心谨慎而完全找不到线索。15年后，这位炸弹狂人又在报刊上发表了一封匿名信，嘲笑警察的无能。这引起了一位著名笔迹学者的关注。终于，这位专家从这封信中分析出了这位炸弹狂人的10处不同于他人的性格特征，从而使一起15年的谜案水落石出。我想，我已经不用多说什么，你从这段故事中，就应该清楚地了解笔迹研究的重要意义了吧！

库伯做了一项有关各种因素与学习德语的成就之间的相关研究。结果发现，一项配对联想记忆任务的成绩与德语学习程度有非常显著的相关。配对联想任务要求被试者在24组训练课程中记忆16对无意义音节。每组课程包括3个试验，其中2个试验是将无意义音节材料呈现给被试者，而第三个实验则要求被试者回忆这些材料。这项任务历时75分钟，而且需要高度集中注意力。这实际上是一项相当困难、令人讨厌而又获益不多的任务。一个人如果能在这种任务上取得较好的成绩则与其耐心和坚持性等性格特征的影响分不开。

四、研究方法及过程

既然知晓了笔迹研究的重要意义，那么我们该研究些什么呢？我想，对于我们这些高中生来说不宜研究太深，主要分为以下四个板块，即名人的字体与性格、字体与性格的相关理论、书法家的字体与性格以及中学生的字体与性格的实践研究。

1. 我们首先进行的是材料的收集、整理。在这些资料的查询过程中，我们渐渐地对笔迹学有了一个概念性的认识。

所谓笔迹学，是人们通过对个体笔迹不同书写规律的研究，反映书写者个性、心理行为特征的一门交叉科学。这是一门以研究人类文字笔迹特点和人的内在素质之间联系及客观规律的科学，它与心理学、生理学、行为学、人才学等学科有着密切的联系。根据使用方法和使用目的的不同，笔迹学包括笔迹鉴定和笔迹分析两个主要分支。

笔迹鉴定：是依据笔迹的书写特征对笔迹进行检验，分析判断两份笔迹是否为同一个人所写或同一份笔迹是否被修改，主要用于司法系统和刑事侦破。在我国，笔迹鉴定具有比较长的历史，不少人对此都有一些了解，而对下面的笔迹分析比较陌生。

笔迹分析：通过对笔迹不同书写特征和规律的研究，分析鉴定出书写者的性格、能力、心理和行为方式等特征，为个人提供帮助或为组织提出建议意见。笔迹分析主要应用于人力资源管理、教育、商务谈判和军事预测等领域。

2. 我们研究了性格分类学说，确立了研究的理论依据。

六种性格分类学说是：

（1）机能类型说（英）：理智型、情绪型、意志型。

（2）向性说（瑞士）。

（3）独立顺从说。

（4）场依存、场独立说。

（5）文化社会价值说（德·斯普伦格）：经济型、理论型、审美型、宗教型、权力型、社会型。

（6）霍兰性格分析说（美·霍兰）：现实型、研究型、艺术型、社会型、企业型、传统型。

最终我们选择了霍兰性格分析说作为我们的理论研究指导，并着手开始实践研究。

3. 对性格特殊的学生进行笔迹研究；研究笔迹特殊学生的性格。我们一共调查了高一年级的40位符合以上特征的同学。形式见图9-2。

五、研究结论

通过如上研究，我们得出如下结论：

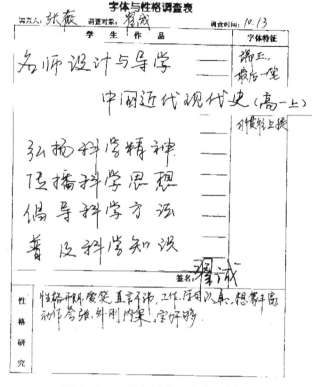

图9-2　字体与性格调查表示例

1. 从调查和文献研究来看，人们普遍认为，人的笔迹与性格有着很大的相关性。许多书籍和笔迹研究的网站列出了李白、苏轼、鲁迅、钱锺书等文学家的字体与性格的关系，孙中山、毛泽东、克林顿、周恩来等政治家的字体与性格的关系，徐悲鸿等艺术家的字体与性格的关系。

2. 目前许多关于字体与性格的分析，大都缺少性格分类学说的依据。我们注意到许多书籍和网站中对于性格的分析，都是随心所欲，没有一定的依据，特别是关于性格的分类，没有严格按照性格分类学来和字体相关性联系。同样一种风格的字体，得出的结论却不相同。我们创造了严格按照性格分类学为依据对字体与性格相关性进行研究的方法。我们经过研究，采用霍兰性格分析说（美·霍兰），即现实型、研究型、艺术型、社会型、企业型、传统型六种类型作为研究的性格类型依据。

3. 通过研究我们尝试了对字体与性格相关性的判断，认识到认真写字的重大作用。写字可以陶冶人的情操，改变人的性格；而字体也可以反映人的性格。

六、主要参考文献

韩进：《笔迹学》

刘兆钟：《笔迹探秘》

林崇德、沈德立：《非智力因素及其培养》
"笔迹分析"网

2002.10.10
执笔：陆星星

五、经验体会

研究的过程是辛苦的，再加上笔迹学在中国起步较晚，从事研究的人不多，资料显得格外贫乏，给研究造成了很大的困难。但我们小组的成员并没有被困难所吓倒，而是逆流而上，从散发调查问卷开始，一步一步稳扎稳打地将研究进行到底，并取得了一定成绩。此后，我们又收集了一些有个性的同学的笔迹，进行了简单的研究。

经过长时间的研究，我有很大的感触。其实这感触和这个课题本身倒没有什么关系，只是我终于明白了一个道理：做任何事都是难而又难的。的确，正如上文所说的那样，在整个研究过程中，我们遇到了重重障碍，但我们不畏艰难，勇敢地撑了过来。我想，在这个过程中，我们自身也成长了不少吧；这样的活动，对于我们来说，不管是现在，还是将来，都是有很大益处的。不过同时也觉得有些惋惜，毕竟——它马上就要结束了。还记得以前曾对之感到厌烦，而现在却是如此地恋恋不舍，不禁仰天长叹一声道："世事矛盾啊！"

最后，我想说一声，由于时间、精力的限制，我们的研究还不完善，因此，有任何值得改进的地方，还请各位专家、领导多多包涵并提出宝贵建议，我们将期待您的指导，谢谢！

六、教师点评

"字体与性格"这个课题是学生比较感兴趣的课题，也体现了学生希望借助字体了解陌生人的愿望；但关于字体与性格的必然相关性，目前还有待进一步研究，正像有人研究手相与人的性格的关系一样，都只是抽样调查法，还有相当一部分是理论的推测甚至是臆断。不过，不论目前研究的状况如何，学生喜欢这个课题，并且认真地去研究了。他们编制调查表，调查大家对字体与性格的相关性的认识，查阅书籍，浏览网站下载资料；更难能可贵的是，课题组成员还进行了实践研究，选取典型案例，研究性格特殊的同学，字体与性格的相关性；研究字体特殊的同学，字体与性格的相关性。不管这个研究成果是不是科学，但这种实践的精神比成果更有意义。通过研究，他们对性格分类学说有了比较全面的了解，并自觉地将之运用到研究实践中去，这也是十分可贵的。

如果研究报告能够将前期对同学关于字体与性格的调查过程也写进去，那么就更能反映研究的全貌了，做过的工作，力求在最后的报告中也能反映出来；在研究报告中，似乎应该将笔迹与字体的概念分开。

第四节 语文专题探究课程的评价

语文专题探究的评价应该遵循研究性学习评价的主要原则、方法，体现语文学科的主要特点。

一、评价原则

"研究性学习强调学习的过程，强调对知识技能的应用，强调学生亲身参与探索性实践活动并获得感悟和体验，强调学生的全员参与。因此，要采用形成性评价的方式，重视对过程的评价和在过程中的评价，重视学生在学习过程中的自我评价和自我改进，使评价成为学生学会实践和反思、发现自我、欣赏别人的过程；同时，要强调评价的激励性，鼓励学生发挥自己的个性特长，施展自己的才能，努力形成激励广大学生积极进取、勇于创新的氛围。"①

具体来说，语文专题探究的评价原则如下：

第一，定性评价为主，定量评价为辅。语文专题探究的评价以定性评价为主。教师对学生的评价以叙述式的评价为主，对学生在课题研究中的态度、情感、合作精神、实践、获得的体验等进行描述和评点，指出发展的方向、改进的方式。在定性评价的基础上，适当进行量的评价，根据学生课题研究的各个方面进行综合性的等级评定。

第二，过程、体验为主，结果为辅。语文专题探究的评价，教师要收集学生研究过程的信息，阅读学生关于研究的体验，对学生的研究过程和体验进行认真分析，作为评价的依据。而对于学生的研究结果只作为评价的辅助。

第三，态度、情感、应用为主，能力水平为辅。学生在课题研究过程中的态度、情感、合作精神、语文运用等，应是评价的主要内容，而学生研究的专业水平、研究能力的层次，只是作为评价的辅助参考。

第四，学生自评为主，教师评价为辅。学生的研究过程，教师比较难以监控；学生的研究体验，教师难以感受到；学生潜能发展的水平和对他自己未来发展的影响力，教师也不能完全把握。因此，我们提倡以学生的自我评价为主。教师评价主要从开题、中期汇报、结题三个环节来进行，作为对学生自评的补充；教师评价要注意参考学生的自我评价和体会来进行。

第五，发展性评价为主，获得性评价为辅。进行语文专题探究的目的，不只是现在要

---

① 中华人民共和国教育部.普通高中"研究性学习"实施指南（试行）[J].中小学管理，2001（7-8）：5-9.

达到一定的研究水平，而是让现在的探究对学生未来的发展产生作用，因此，教师评价应该着重考虑学生现在的研究将会对他的发展有多大的作用。当然，这有一定的难度，需要我们认真研究。

二、评价指标

语文专题探究的评价无论是学生自评，还是教师评定，都可以从如下指标进行考察、评价。

第一，态度。态度决定一切，态度是影响探究质量的主要原因，也是日后对学生学习、研究决定作用比较大的一方面。对态度的考察可以通过学生在活动过程中的表现来判断，如是否认真参加每一次课题组活动，是否努力地完成自己所承担的任务，是否做好资料积累和分析处理工作，是否主动提出研究和工作设想、建议，是否与他人合作，采纳他人的意见等。

第二，体验。语文专题探究的目的之一是让学生获得课题研究的体验。对课题研究的过程体验到了吗？研究性学习中的困难体验到了吗？问题解决的过程体验到了吗？这些都是宝贵的财富。我们可以通过学生的自我陈述以及小组讨论记录、活动开展过程的记录、研究体会、总结等来研究，也可通过行为表现和学习的结果来判断。

第三，方法、技能。学生在研究性学习的过程中，采用了哪些方法，技能水平如何，也是我们评定的主要指标，因为它们也是具有可持续发展功能的因素。要对学生在研究性学习活动各个环节中掌握和运用的有关方法、技能水平进行评价，如查阅和筛选资料，对资料归类和统计分析，使用新技术，对研究结果的表达与交流等。

第四，创新精神和实践能力。要考查学生在一项研究活动中从发现问题、提出问题、分析问题到解决问题的全过程所显示出的探究精神和能力，也要通过活动前后的比较和几次活动的比较来评价其发展的现在状态，指出课题研究对他的创新精神和实践能力未来发展的潜在作用。

第五，结果。研究性学习结果的形式多样，它可以是一篇研究论文、一份调查报告、一件模型、一块展板、一场主题演讲、一次口头报告、一本研究笔记，也可以是一项活动设计的方案。学生完成的结果往往与他的实际能力和态度有很大的关系，质量高的研究成果也能反映学生在课题研究中的投入程度。

三、具体方法

语文探究学习的评价方法可以多样化，我们这里提出两个方面：

第一，抓住三个环节进行评价。课题研究一般都要经历三个重要环节，即开题、中期汇报、结题三个重要阶段，教师可以重点收集三个阶段的信息进行评价。

第二，档案袋评价。语文专题探究专门设计了《研究手册》，是学生进行课题研究的档案袋，学生应该认真填写每一方面的项目，做到资料完整、真实，平时研究到哪一步就填到哪里，不要到了结题时才填，那样许多做过的研究工作可能忘了，还有许多真切的体验也可能淡忘了，影响课题研究的真实性。教师可以认真阅读学生的《研究手册》，对有疑问的地方向学生询问，最后综合各方面因素做出评定。

第五节》语文专题集的使用效果研究

我们通过对比实验和整个课题的研究实践，对《语文研究性学习专题集》的使用效果进行了研究。通过研究，得出如下结论：使用《语文研究性学习专题集》可以培养学生的创新精神和实践能力，使学生体验科学研究的程序，转变学习方式，提高语文学习兴趣。

一、研究方法

（一）参试

选取高二（4）班59名学生作为实验对象，以高二（5）班62名学生作为对照班级。语文教师均为同一位教师，这样便于对照。

（二）材料

我们自行设计了《语文研究性学习专题集》，该专题集以研究能力、语文内容、生活范围三个维度为基础进行设计，研究能力注意与语文学科结合，我们将之分为编撰能力、调查研究能力、语文实践能力、创新发明能力和自己设计课题五个方面。语文内容，按照传统分法，我们将之分为语文基础知识、阅读（课内和课外）、写作、听说和语文活动五个方面。生活范围，我们将之分为自我、家庭、学校、社会、自然等方面。在以上三个维度的基础上，我们设计了42个语文研究性学习的专题，供学生进行研究性学习。为了便于学生使用，我们设计了《语文研究性学习研究手册》，让学生按照上面的内容和程序进行研究，将过程和结果填在上面。

（三）程序与做法

前测。进行研究前，先用美国心理学家尤金·劳德塞编制，经我国人才学专家王通讯等改编的《创新意识测试量表》，对实验班和对照班进行前测，统计分析，了解研究前两个班学生的差异。同时我们利用高二上学期期中考试作为对两个班学生语文学习成绩的前测。

研究实践和指导。实验班发《语文研究性学习研究手册》，教师指导学生选择专题，确定课题，进行研究实践，最后形成成果（具体程序参见表9-2）。为了保证研究时间，每周用一课时给学生进行自主研究，一般选择在自习课进行，其他研究时间由学生安排在课外。总研究时间为2001年10月—2002年3月，我们选这个时间段，考虑到可以将高二上学期的期中考试作为对学生语文成绩的前测，把高二上学期期末考试作为中间测试，将高二下学期的期中考试作为后测，比较完整；同时考虑，有的课题如社会调查和民间故事的收集等需要在寒假中进行。在学生研究的过程中，教师重点对学生进行研究方法的指导，并开设"发现问题，提出问题""改变您的思维方式""语文研究性阅读"等讲座。语文教师在平时教学中注意结合《语文研究性学习专题集》培养学生的问题意识、创新意识和语文实践的能力，强化研究能力。

后测。到高二下学期期中考试，实验班学生的课题研究基本完成（只有一个课题组还在研究中），我们仍用《创新意识测试量表》来进行后测，统计分析实验班与对照班的差异；借助高二下学期期中考试作为对两个班学生的语文成绩的后测。同时，我们又对学生语文学习兴趣进行了调查，研究了学生的研究成果和研究体会。

表9-2 课题研究程序表

序号	研究程序	收集资料	时间	资料形式
1	选专题，定课题	选题依据	1周	文字
2	成立课题组，联系指导教师	组织名单	1周	文字
3	收集资料	文献资料	2周	论文、书籍等
4	制订研究方案、计划	研究方案、研究计划	1周	文字
5	做开题报告	开题报告，教师评价	1周	文字、照片
6	研究实施	过程文本和音像材料	3~5周	文字、照片等
7	总结研究成果	论文、报告、作品等	2~3周	文字、照片等
8	汇报、答辩	录像，答辩记录	1周	文字、照片等
9	写总结和体会	研究经验、体会	1周	文字
10	教师写指导经验	指导经验	1周	文字
11	教师写总结报告	教师总结报告或论文	3周	文字
12	师生整理相关资料	文献、照片等	1周	文字、照片等

二、研究结果

（一）创新意识变化

表9-3 实验班和对照班创新意识前测平均成绩比较

	成绩	评价
实验班	60.5	强
对照班	60.8	强

表9-4 实验班和对照班创新意识后测平均成绩比较

	成绩	评价
实验班	65	强
对照班	59.42	强

表9-3表明，实验前两个班的创新意识没有较大差异，实验班的创新意识略低于对照班，但差异不显著。表9-4表明，实验班学生的创新意识平均成绩高于对照班，差为5.58，差异比较明显。将表9-4和表9-3进行对比，可以看出实验班学生的创新意识较前测有了比较大的提高，增长了4.5分。

（二）语文学习兴趣变化

表9-5　实验班和对照班学生语文学习兴趣比较

	很喜欢	喜欢	不太喜欢	很不喜欢
实验班（59）	21	28	8	2
对照班（62）	12	30	15	5

表9-5表明，实验班学生对语文学习的兴趣明显高于对照班，特别在"很喜欢"和"不太喜欢"两个指标方面，差异比较明显，说明语文研究性学习对提高学生学习兴趣有比较明显的效用。

（三）学生研究成果与评价

表9-6　实验班学生研究性学习成果一览表

序号	类别	名称	评级	评价组长
1	文学作品	固镇县民间故事集（8篇）	优	吴 浩
2	语文活动课	漫画寓意竞猜（一节课）	优	王 春
3	文学作品	剧本：《孔雀东南飞》	良	徐 飞
4	语文活动课	话剧表演：《孔雀东南飞》	优	徐 飞
5	文学作品	学生征文集：《路》	良	沈 柯
6	语文课	《念奴娇·昆仑》的教学（一节课）	良	刘安福
7	调查报告	固镇县2001年家庭消费新动向	优	李现召
8	论文	对高二（4）班学生语文学习方法的研究	良	陈 朋
9	调查报告	固镇一中附近网吧对学生成长的影响	优	丁 森
10	调查报告	伙伴对中学生发展的影响（个案研究）	优	刘 虎
11	手抄报	知识之光	中	王文修
12	手抄报	体育看台	良	陈 康
13	词典	高中语文第三册文言常用实词用法手册	研究中	徐 苗

实验班一共成立了12个课题组（第3项和第4项为同一个课题），从表9-6可以看出，学生课题完成的数量和质量都比较高，只有1个课题组正在进行研究，其他的都完成了课题研究，第1项和第9项的课题被课题组评为特别奖，具有很重要的学术价值和教育价值。通过成果，我们能看到学生的实践能力得到了锻炼，比如收集民间故事，到网吧进行暗访，都需要学生去实践、去体验。

（四）语文成绩的变化

表9-7　　实验班与对照班学生语文平均成绩比较

序号	测量时间	实验班成绩	对照班成绩
1	高二上期中（前测）	96	97
2	高二上期末（中测）	90	92
3	高二下期中（后测）	101	101

从表9-7可以看出，实验班和对照班的语文成绩，在前测时实验班略低于对照班，但差异不明显，后测时实验班与对照班的语文平均成绩完全相同。将前后测进行比较，可以看出实验班与对照班的语文学习成绩没有明显的变化。

（五）研究体验的收获

体验了未知的领域。比如王晓苏同学选择了在老师的指导下上一节课，课题研究结束后她有如下体会："当我站在讲台注视着同学们的时候，脉搏一阵阵地急促跳动起来。突然间，我有了无名的感慨。应该说，诗词的教学尝试这个课题研究从诞生到形成雏形再到最后的成果，这期间经历了坎坎坷坷，一切都没有我想象中那么顺利。以前坐在自己的位子上看着各任课老师在台上口若悬河，潇洒自如地传送着知识，我总是被表面现象所迷惑，以为上课是一件很轻松的事情，但通过选材、写教材分析、备课、上课……这一系列的程序，我终于体会到当一名老师是多么不容易。我们应该尊重老师所上的每一节课，这是最重要的。"

体验了克服困难的过程。如王春同学对课题研究产生了如下体会："在研究过程当中，我们遇到了一些困难，很多次我都想过放弃。轻言放弃是我的一个致命弱点，它时常成为我和成功之间的一道屏障，我曾经看过一幅漫画，画面的情景是有一个手里拿着铁锹在挖井的人，但由于地下水离地面很远，这个人挖了几十米之后宣布放弃。也许是上天爱捉弄这种没有恒心的人吧，其实他挖的洞离地下水只有一步之遥，只要那个人再这么轻轻一挖，水便会涌出来。从这幅漫画中，我慢慢悟出一个道理：如果你轻言放弃，那么你的成功率将是零，但如果你坚持不懈，成功将会伴你左右。所以，经过几天的思想斗争，我最终选择了去面对现实，克服困难。"

（六）对合作精神的认识

通过了解，多数小组都认为小组合作愉快。在结题报告会上，老师们问各自小组的最大特色是什么的时候，大部分小组选择了团体合作精神，不少同学认为研究性学习增进了同学之间的友谊和了解。丁森同学在研究体会中这样写道："在研究过程中，我还深深地感触到了团体的力量，要不是有全班同学的支持，要不是有那几位'死党'的踊跃参加，要不是有田静老师的指导，我很难完成这项工作。所以，这项工作的成功是以上这些人共同努力的结晶，集体的力量是伟大的！"

（七）对意志和失败的认识

有一个课题组选的是组织一次征文比赛的专题。他们先进行宣传，利用课题组成员的各种关系，请好朋友帮忙，请老师帮助宣传，在学校《丰育》报上进行宣传，但应征稿件却寥寥。沈柯同学写道："漫长的等待时期到来了，稿子仍然没有几篇，这种情况向我们声明：你们这群无名小辈，也只能做到这样了，还是甘心失败吧！"在这样的痛苦的煎熬中他们终于完成了课题研究，得到了很深刻的感受：" '路漫漫其修远兮，吾将上下而求索'，研究之路布满荆棘与坎坷，实践活动也并不是一帆风顺，要收获就得付出，但付出不一定能有相应的收获，研究性课题的提出，提高了我们的实践能力，锻炼了我们的意志，使我们正确看待失败和成功，也为我们的学习提供了一个好方法。要向研究性学习进军！"

三、讨论分析

根据上面研究，我们有理由认为，利用《语文研究性学习专题集》进行语文研究性学习，同时配合教师必要的指导和引导，学生创新意识会得到一定的提高。因为语文研究性学习要求学生采用研究的方式在一定的范围内发现新课题，进行新的探索，特别是运用语文学科的知识解决新的实际问题，学生在这种实践和创新中创新意识会得到提升。教师在指导的过程中，也会经常性地对学生进行问题意识、创新意识的引导，帮助学生发现问题，确定课题，在具体的研究实践中鼓励学生大胆创新，勇敢实践。

1. 进行语文研究性学习与学生语文学习兴趣的关系。没有兴趣就没有学习，提高语文学习兴趣是语文教育的重要方面，也是语文教师需要重点探索的话题。利用《语文研究性学习专题集》指导学生进行研究性学习对于提高学生语文学习兴趣具有重要价值。因为语文研究性学习不是接受式学习而是用研究的方式，彻底改变了学生的学习方式，使学生学习时有了自己的创新和发现，对学习内容进行了重新整理。同时，《语文研究性学习专题集》中有许多专题引导学生进行语文实践和活动，如社会调查、自办报刊、自己组织测验、举办征文活动、话剧表演甚至自己上一节语文课等，都极大地调动了学生的语文学习兴趣，在实践中我们对此有深切体会。

2. 语文研究性学习与学生语文学习成绩变化的关系。从理论上来讲，学生的语文学习兴趣提高了，语文学习成绩应该相应地提高，但在实践中这却是比较复杂的。学生学习成绩的变化受到许多因素的影响，除了自己的动机和兴趣外，与语文学科的特点、试卷的难度、试卷本身的质量有很大的关系。语文素质的提高不是短期内可以完成的，需要一段比较长的时间，这是语文学科区别于其他学科的主要特征，因此，短时间的语文研究性学习，对学生成绩的显著影响还很难表现出来。同时，语文试卷考查的内容也对学生的成绩有一定的影响，由于高中阶段的测试往往偏重于综合，模拟高考题型，因此学生在量方面的变化比较难以表现出来。从试卷考查的目标来说，一般阶段测试卷主要考查学生对语文知识和能力的掌握水平，在试卷中测量创新意识的内容极少。我们甚至注意到，直到现在，高考语文试卷中现代文阅读的考查仍然没有对创新意识进行考查，大部分试题仍然是考查理解，即使作文试题有所创新，但从近年高考阅卷教师的反馈来看，仍然存在求稳打保险分的心态。可见，通过进行语文研究性学习来提高学生的语文成绩，还有许多问题需要我们解决，在这些问题尚未解决之前，通过进行语文研究性学习来提高语文成绩恐怕还只是我们的理想。

四、研究结论

通过如上研究我们认为，《语文研究性学习专题集》可以培养学生的创新精神，提高学生的实践能力，使学生体验科学研究的程序，转变学习方式，提高语文学习兴趣，培养学生的合作精神，锻炼坚强的意志；但对迅速提高学生语文学习成绩的作用还不明显，需要进一步研究。

第十章 深度语文教学方式的探索

语文教学要善于引导学生发现知识，发现规律，发现问题，提高学生语文学习兴趣和学习深度。语文教学要善于指导学生进行探究学习，对重点内容、难点内容进行深度探究，从而提高学生的思维深度，提高学生高层次的阅读能力。语文教学要重视学生的课堂表达，包括书面表达和口头表达。

本章探讨了深度语文教学的六种方式，其中项目学习、专题教学、学习任务群教学是当前探讨的热点。

第一节 》 高中语文探究式教学模式的实践探索 ①

一、"3D"教学模式的内涵与实施原则

（一）"3D"教学模式的内涵

"发现"（Discover）：是指教师提供背景、语料，学生在一定的氛围下学习语料，发现问题、难点、疑点、未知点、兴趣点、价值点等。这里的发现不是指科学发现的内涵，而是如布鲁纳认为的"发现不限于寻求人类尚未知晓的事物，确切地说，它包括用自己的头脑亲自获得知识的一切方法"。

"探究"（Develop）：是指学生对自己未知的内容进行的思考、探索，包括对问题、难点、疑点、未知点的思考、分析，也包括围绕问题、难点等搜集资料、小组合作讨论等各种求解的行为。

"表达"（Describe）：是指学生对探究的成果能够用恰当的方式进行表达。就语文学科来说，"表达"主要指书面的、口头的和动作的（比如戏剧表演等）。

"'3D'教学模式"：是指教师采用"发现""探究""表达"三环节教学的一种教学模式。本教学模式要求语文教学要按照三个环节来进行：第一环节，教师指导或引导，学生发现问题、难点、疑点、未知点、兴趣点、价值点等；第二环节，教师指导或引导，学生针对自己提出的问题、难点等通过各种方式进行解决；第三环节，教师指导或引导，学生对探究的结果进行大胆、恰当地表达或展示。

教学的起点是学生自主发现问题、疑点、难点等，整个教学的过程就是学生自主发现问题，合作探究解决问题，大胆、恰当表达结果的过程。因此，这种教学模式是基于问题的具有典型探究特征的语文教学模式。

（二）"3D"教学模式的实施原则

在尝试用"3D"教学模式进行教学时，应该注意这几个环节的把握：

首先，教师要提供知识铺垫，创设教学情境，进行必要引导。在语文教学中首先要重视对语文基础的学习，对阅读文章的学习，对写作常识的学习，而不是沙上建塔。学生有了知识的基础，还需要一定的情境才能激发创造的欲望，这需要语文教师在语文课堂上创造必要的情境，同时进行必要的引导。

---

① 沈在连．"发现·探究·表达"——高中语文探究式教学模式的实践研究 [J]．教育导刊，2013（9）：85-87．

其次，提供探究方法，调整探究思路，拓宽探究视野。学生发现了问题，产生了强烈的探索欲望，这时，我们要及时提供恰当的方法，指导学生或者查阅文献，或者制订调查方案，或者展开行动研究等。当学生探究的思路出现问题时，我们要及时帮助学生调整探究思路。有时，学生的探究视野往往局限在课堂上、书本中，我们要及时帮助他们拓宽探究视野。

最后，选择表达方式，精心推敲语言，训练表达胆量。语文学科的属性，决定了表达在语文教学中的重要地位。表达有书面的、口头的两大类，在实际教学中学生还可以用他们的行动来进行表达，比如用戏剧表演的形式来表达他们的探究结果。教师需要指导学生选择合适的表达方式，在表达时要注意表达的态度和表达时的心理素质的训练。努力避免表达的随意和粗糙，文章千古事，得失寸心知，培养"语不惊人死不休"的态度。在口头表达时，要注意训练学生的胆量，培养学生的心理素质。

二、"3D"教学模式的理论基础

（一）发现教学理论

"3D"教学模式，是基于布鲁纳发现教学理论而提出的。"发现教学"是指在教师的启发诱导下，学生通过对一些事实（事例）和问题的独立探究，积极思考，自行发现并掌握相应的原理和结论的一种教学方法。布鲁纳认为："发现不限于寻求人类尚未知晓的事物，确切地说，它包括用自己的头脑亲自获得知识的一切方法。"它不是把现成的结论提供给学生，而是从青少年好奇、好问、好动的心理特点出发，在教师引导下，依靠教师和教材提供的材料让学生自己发现问题、回答问题和解决问题，使他们成为知识的发现者，而不是消极的接受者。发现教学强调学习过程，强调自觉思维，强调内在学习动机，强调信息提取。

（二）现代阅读学的原理

曾祥芹主编的《阅读学新论》认为，阅读能力的纵向层级结构由五个由浅入深的能力组成。第一是阅读感知力，第二是阅读理解力，第三是阅读鉴赏力，第四是阅读迁移力，第五是阅读创造力。笔者认为，语文阅读教学应该在以培养理解能力为重点的前提下，兼顾其他几种能力的培养，特别是较高层次的阅读迁移力和阅读创造力。韦志成著的《现代阅读教学论》认为，一个完整的阅读过程，其常规模式为五个阶段，即认读——感知阶段，理解——联想阶段，评价——思维阶段，积累——记忆阶段，运用——迁移阶段。笔者认为，从完整的阅读能力结构来看，其实一个完整的阅读过程还应该有一个"创新——创造"的过程。前者是心理过程，后者是行为过程。

（三）现代写作学的原理

现代写作学认为，写作行为的创造性是与个体性紧密相连的；写作的内容是人们按照自己的心灵空间，经过加工、改造、重组，重新安排的一个客观世界，是心灵的一种创造。美国的写作学家威廉·W.韦斯特在其《提高写作技能》一书中，对写作活动的创造性属性作了这样的阐释："所有的写作都是创造性的。所有的写作都包含一种新的表达的起源、发展、形成的过程。即使你使用的是旧的思想和第二手材料，你也为它们创造着一种新的而且是唯一的表达方式。你产生出一些完全新的东西，一些认真的、完全表达出你的性格和才能的东西。"① 写作教学的过程就是教学生怎样发现生活、发现思想、发现写作规律的过程，只有采用探究式教学方法，才能体现写作创造性的特点。

三、"3D"教学模式在教学中的运用

"3D"教学模式根据高中语文学科的教学内容可以有相应的变式。

（一）在阅读教学中的运用

阅读教学是语文教学的重点，也是"3D"教学模式运用最有价值且最好操作的内容。阅读教学需要教师指导学生先熟悉课文，在解决文章中的基本知识内容后再开始探究，这样才有基础。具体流程如下：

（1）基础学习：其中，现代文阅读要求学生自读课文，利用工具书解决字词，理清思路；文言文阅读要求学生自读课文，根据学习资料解决翻译、字词等问题，理清文章思路；诗歌要求教师介绍写作背景及诗人情况，之后学生自读诗歌，根据学习资料解决诗句的含义。

（2）发现：教师引导，学生自主发现问题，提出问题，班级交流各自提出的问题。

（3）探究：教师引导，学生选择有价值的问题，小组合作探究。

（4）表达：教师引导，学生对结果进行表达（口头、书面），班级交流、共享。

（二）在写作教学中的运用

写作教学是高中语文教学的重要内容，笔者认为，写作要有启动点，要有借鉴，要与阅读结合，既要解决写什么的问题，又要解决如何写的问题。

写作教学的"3D"教学模式如下：

（1）明确写作目标：每次写作必须有一个明确的写作目标，并且整个高中的写作目标形成一个整体体系，每个写作目标必须是最有价值的目标。

（2）发现：教师要提供一篇对本次写作目标有典型借鉴意义的大师级短小的阅读文章，引导学生在自主阅读的基础上发现该文章写作的明显特点或规律。

（3）探究：师生合作探究这一特点或规律有哪些要素，如何在写作中达成。

（4）表达：在对写作规律和特点达成共识的基础上，教师提供命题，提出写作目标要求，并就命题的难点和思路与学生进行沟通。

---

① 威廉·W.韦斯特.提高写作技能［M］.章熊，章学淳，译.福州：福建教育出版社，1984：383.

（三）在高三专题复习中的运用

高三复习课是高中语文教学中重要的内容，直接决定高考成绩的高低，高三语文复习课"3D"教学模式主要是让学生发现复习中的知识、解题的规律，进而探究规律的各种因素、运用方式，最后运用规律解题。据此，我们对高三语文复习课教学的模式设计如下：

（1）基础学习：教师指导学习目标，提供学习语料。

（2）发现：教师指导，学生发现规律或技巧。

（3）探究：教师指导，学生合作探究规律或技巧的条件和因素。

（4）表达：教师指导，学生进行练习、运用，班级交流共享成果。

四、"3D"教学模式实施的效果

课题研究中，我们从课例研讨和学生语文学习兴趣、语文学习方式、语文学习成绩等方面进行了结果统计与分析。通过统计分析，我们可以得出如下结论：

（一）"3D"教学模式是一种符合新课程教学理念的教学模式

表 10-1　课例研讨情况表

时间	地点	级别	类别	课题	执教者	评课人员	主要评价
2007.10	广州市第六十五中学	校级	阅读教学	小石城山记（第二课时）	沈在连	示范高中评估组长及本校语文教师	优秀，体现了新课程的特点，可以示范
2011.5	广州市第六十五中学	校级	写作教学	关注视而不见的现象	沈在连	本校所有语文教师	优秀，值得推广（已出版）
2011.11	广州市第六十五中学	区级	高三复习	怎样运用文中信息解答主观题	沈在连	全区高三语文教师	优秀，可以推广（在广州中学语文教研网发表）

从表 10-1 可以看出，通过课例研讨，专家、同行看到了这种课堂教学模式的实际运用，肯定了这样的教学模式，认为体现了新课程标准的"自主、合作、探究"的特点，有利于改变学生的学习方式，课堂即时效果比较明显；有两个课例也得以陆续发表。通过研讨，也进一步完善了该教学模式的实施方式。

（二）"3D"教学模式能够明显提高学生语文学习的兴趣

表 10-2　实验班与对照班学生语文学习兴趣比较表

	很喜欢	喜欢	不太喜欢	很不喜欢
实验班（46）	20	19	5	2
对照班（45）	12	16	9	8

由表 10-2 可以看出，实验班"很喜欢""喜欢"语文的学生人数为 39 人，对照班为 28 人，明显高于对照班；而实验班"不太喜欢""很不喜欢"语文的学生人数也远低于对照班。

经过一年的教学实验后，实验班的学生在语文学习兴趣方面有了比较大的变化，与对照班相比，变化明显。

（三）"3D"教学模式能够较明显地改变学生语文学习的方式

表 10-3　实验班与对照班学生语文学习方式比较表

	自主提出问题	主动收集资料	主动思考解决方案	主动与他人合作研讨
实验班（46）	41	33	40	42
对照班（45）	9	5	20	23

由表 10-3 可以看出，实验班经过一年的实验，学生的学习方式与对照班产生了明显区别，四个指标都有十分明显的优势，特别是在"自主提出问题""主动收集资料"两个指标方面。可见，课题实验改变了实验班学生的学习方式，大部分学生能采用探究式语文学习方式进行学习。

（四）"3D"教学模式对于提高中学生的学习成绩还不很明显

开始实验时，高二（12）班恰好是刚分的班，为文科班，班平均分在文科班倒数第一，比部分理科班还要差。通过一年实验，结果如下：

表 10-4　实验班与对照班学生语文学习成绩比较表

	高二入学（前测）	上学期期末（中测）	下学期期末（后测）
实验班（46）	99.3（级名次 12）	98.8（级名次 2）	99.1（级名次 3）
对照班（45）	102.7（级名次 1）	96.2（级名次 7）	95.4（级名次 8）

由表 10-4 可以看出，实验班高二入学的语文成绩处于较差位置（在文科班倒数第 1 名），对照班语文成绩全级第 1 名（在文科班也是第 1 名）。但一年后实验班成绩有明显提高，进入年级第 3 名，而对照班成绩退到第 8 名。可见，通过实验，实验班语文成绩有所提高，从名次来看比较明显，但从分数看还不是很明显。

五、"3D"教学模式实践案例

《小石城山记》第二课时教学设计 ①

（一）复习检查

（1）集体朗读课文。

（2）问题：柳宗元在《小石城山记》中是如何表达自己的思想情感的？

明确：以佳胜之地被埋没，比喻自己徒有经邦济世之才却横遭贬斥，谪居荒蛮，壮志难酬的悲愤。寄情山水，曲折达情。

---

① 沈在连．小石城山记 [EB/OL]．（2007-03-03）［2021-04-30］.http:www.5156edu.com/page/07-03-03/2128.html.

（二）发现问题，确立课题【发现】

1. 提出话题，揭示现象

教师引导：中国历史上，著名文人当中，是不是只有柳宗元一人被贬过？还有哪些著名文人被贬？

明确：不是。柳宗元、苏轼、韩愈、刘禹锡、白居易、王安石、杜甫、欧阳修、张九龄、范仲淹等都被贬过。（PPT 展示：中国被贬文人名单）

中国古代文人，比较多地接受了儒家经世致用的思想，"修身，齐家，治国，平天下"；但他们的仕途却坎坷异常。文人被贬，不是个别现象，许多著名文人都曾有被贬的经历，不少人客死贬所。柳宗元的母亲死于永州，他本人死于贬所柳州。值得注意的是，广东省常常是文人的贬所，根据材料记载，仅唐宋两代，被贬谪到湛江或在湛江逗留的名人就不下 20 人。寇准、李纲、苏轼、苏辙、秦观、汤显祖等名臣贤相和大文豪们先后接踵而至。

由此，我们不得不想到这样一个话题：中国古代文人的被贬。（展示 PPT）

余秋雨先生曾经在《文化苦旅》中提到"贬官文化"一词，并认为是"中国文化中极其夺目的一个部分"。看来，这确实是一个值得研究的现象。围绕"中国古代文人的被贬"这个话题，我们可以想到许多问题。那么，你对这个话题的哪些方面感兴趣呢？你希望探究哪个方面的问题呢？

2. 提出问题，确立课题

学生小组讨论，交流。每提一个问题，教师就把它提升为一个课题，并板书。（讨论充分，让学生发挥主动性，形成课堂高潮）

教师总结：提出一个问题，比解决十个问题更有价值。我们提出问题，然后就可以用叙述式的语言表述成一个课题。我也想了几个课题，供大家参考：（播放 PPT）

（1）中国古代文人被贬的原因。

（2）中国古代文学作品中被贬文人的形象。

（3）中国古代文人的被贬与其文学成就的关系。

（4）古代文人被贬与寄情山水的关系。

（5）被贬广东的文人研究。

（6）广东贬官文化研究。

（7）中国古代文人被贬前后的变化。

（8）中国古代被贬文人排遣内心忧愁和愤怒的方式。

（9）中国古代被贬文人在作品中表达思想情感的方式。

（10）柳宗元《永州八记》中思想、情感的表达方式。

（11）中国古代文人的被贬与中国文学之间的关系。

3. 分析课题，选择课题

教师引导：研究课题要考虑到主观和客观的条件。由于条件限制，在课堂里，我们选择"中国古代被贬文人在作品中表达思想情感的方式"为课题，来熟悉探究的过程和方法，为大家课后研究做示范。

（三）合作探究，寻找规律【探究】

1. 回忆知识，拓展材料

教师提问：

（1）我们学过的课文中有哪些是他们在被贬期间创作的？

教师提供拓展资料：（PPT）（发被贬文人的简历与作品给学生探究）

（2）中国被贬文人被贬期间的作品。

确定研究对象：

柳宗元、苏轼、韩愈、刘禹锡、白居易、王安石、杜甫、欧阳修、张九龄、范仲淹。

2. 小组讨论，寻找规律

小组讨论，以上面作家为对象，每个小组讨论一到两个作家，注意结合作品来探究规律。（讨论充分，结合作品，形成课堂高潮）

古代被贬文人在作品中表达思想情感的方式有哪些？

（提示：先回忆或阅读相关的作品，然后思考这些文人抒发了哪些感慨，最后分析他们表达思想情感的方式）

交流成果，教师板书。

明确：

古代被贬文人在作品中表达思想情感的方式：

（1）缅怀伟人，羡慕赞叹。

（2）批判现实，幽愤不满。

（3）远离现实，淡泊人生。

（4）蔑视权贵，洁身自好。

（5）寄情山水，曲折达情。

（6）自伤身世，顾影自怜。

（7）同病相怜，感叹命运。

（四）独立创作，表达交流【表达】

（1）书面表达：刚才我们通过讨论和交流，发现了很多的表达方式，现在，请大家根据上面的探究，写一段100字以上的议论性文字，分析他们是如何表达自己的思想情感的。

要求：

①有自己的观点，可以是上面的观点，也可以是自己新的观点。

②用诗文句子做材料。

③对诗文材料进行分析来证明你的观点。

（2）口头表达：学生朗读自己作品，大家共同点评。（从观点、材料、分析三个角度）

（五）总结全文，提升境界

古代被贬文人，具有独特的表达情感的方式。他们寄情山水，以文显情。既排遣了心中忧愤，也成就了自己的文学大业，更为中国文学增添绚烂的光彩。

我想，这些被贬的文豪，他们真正把写作当成了表达思想、情感的工具，超越了功利。写作成了他们生活的一部分，甚至成了他们生命的一部分！真不知道，没有写作习惯的人，不喜欢用文字表达自己情志的人，怎么度过这样寂寞、悲愤、抑郁的谪居生活啊！

同学们，让我们像古人那样，我手写我心，把写作当成生活的一部分，甚至当成生命的一部分吧！

我又想，白居易被贬江州，乃有《琵琶行》；柳宗元被贬永州，乃有《永州八记》；苏轼被贬黄州，乃有《念奴娇·赤壁怀古》和《赤壁赋》；欧阳修被贬滁州，乃有《醉翁亭记》。真是"诗人不幸，诗家幸；文人不幸，文学幸"啊！古人说"艰难困苦，玉汝于成"，确实是这样啊。假如我们的人生总是一马平川，那将会是怎样枯燥、黯淡的人生呢？由此，我想到著名史学家司马迁在《报任安书》中一段精彩论述。让我们一起背诵这一著名的论断来结束这一课吧？

（学生集体背诵《报任安书》中"盖文王拘……"一段。学生朗读有气势，形成课堂高潮）

（播放PPT：把写作当成生活的一部分。艰难困苦，玉汝于成！）

（六）课后探究，完成作业

请选择你感兴趣的课题，上网或去图书馆查找资料，确立你的观点，应用材料证明观点，写一篇800字左右的议论文。

参考资料：语文探究学习网站"课题研究"栏目"贬官文化"子栏目。

案例评析

本课例培养了学生发现、探究和表达的能力，对培养学生高层次阅读能力和高阶思维能力具有实践意义，也能够重视对学生人生境界的提升，体现了深度语文的特征。

第二节 》语文项目学习的实践探索

语文项目学习，是指在教师的科学指导下，学生发挥自己的主动性，自觉地运用科学的方法，探索、发现语文内在规律的学习方式。项目学习不仅能够提高学生的语文素养，培养学生的语文学习兴趣，还能锻炼学生的语文实践能力和其他能力。我们通过实践，总结语文项目学习的主要过程与内容如下：

一、语文项目学习的选题设计

（一）选题设计要求

语文项目学习的选题设计，第一，要有一定的理论依据；第二，要以语文学科素养的发展为中心；第三，学生可以做到；第四，围绕学生学习和生活的领域。

我们设计语文项目学习的选题，主要依据信息加工理论。信息加工理论认为，要培养学生如下八种能力：①获取信息的能力；②分析信息的能力；③归类整理的能力；④评价、筛选信息的能力；⑤发现问题、提出问题的能力；⑥提出假设，预见结果、规律的能力；⑦运用信息求证的能力；⑧运用信息实践的能力。

为了培养以上能力，我们结合语文学科性质设计了四类专题。第一类，语文编纂能力，将研究与语文的文本写作结合起来的专题，重点培养学生收集信息，整理信息，评价、筛选信息的能力。第二类，调查研究能力，主要培养学生观察调查，收集信息，分析信息，发现问题的能力。第三类，语文实践、语文活动的能力，重点培养学生语文运用和与语文相关的实践能力。第四类，创新发明的能力，重点培养学生提出假说，求证、运用的能力。为了给学生更大空间，我们又增加了第五类，自己设计语文项目学习课题，要求与语文学科有关。

（二）选题指南

教师将设计好的选题指南发给学生并指导学生选择自己喜欢的又能够完成的项目开展探究性学习。我们的选题指南共有 42 个专题，这里我们提供 12 个：

1. 编纂能力

（1）自编高中文言文常用实词（150 个）意义、用法手册。

（2）自编高中语文课文精彩语段及分析手册。

（3）自编高中语文单元、期中、期末测试卷一份（双向细目表、试卷、答案及分析）。

2. 调查研究能力

（1）社会环境对中学生学习、思想健康等影响的调查分析。

（2）个人伙伴群体对中学生发展的影响的调查分析。

（3）观察研究本班班风的现状、新的动向，预见其结果，提出新的策略。

3. 语文实践能力

（1）组织一次有关学习方法、学习策略的演讲。

（2）将教材中的某一篇课文改编成课本剧，自编、自导并且亲自参加表演。

（3）对语文教材中的一篇文章进行分析、研究，撰写评论，在教师上完该课后宣读，回答其他学生提出的问题。

4. 创新发明能力

（1）自己独创新的学法或教法，并在本班检验证明，之后推广运用。

（2）对课文中某位作者的观点提出新观点、新假说，收集信息，分析研究，到实践中检验运用。

5. 自己设计课题

自己设计一个语文项目学习的课题，要求与语文学科有关。

二、语文项目学习的实施与指导

（一）指导学生确立课题，成立学习小组

教师指导学生根据兴趣爱好选择指南中的课题，选择同一课题的学生可以组成一个学习小组，一般在3~6人，如果选某一课题的学生太多，可以分成两个学习小组。

某一学习小组选题如下：小时候经常听大人讲故事，一些故事好像就是我们本地的，于是曾产生将本地民间故事收集、整理的欲望，但一直是一个心愿而已。这次项目研究，一个同学倡议，立即聚集了一批气味相投的人，于是我们选择"自己设计课题"这个专题，将"当地民间故事的收集与整理"作为我们的研究课题。

（二）指导学生制订学习计划

选题确定，项目学习小组也成立后，教师就要引导学生制订学习计划，教师要对学生的学习计划进行点评，指导学生将学习方案制订得比较完整，可操作，学习的成果有一定的价值。

"当地民间故事的收集与整理"学习小组的计划如下：

（1）学习目的。收集散落的民间故事，发掘本地的文化资源，更好地了解当地民间文化及民间故事的特点。

（2）学习内容。广泛收集当地的民间故事；将故事整理成民间故事集。

（3）可行性分析。我们经过调查，尚未发现一本专属我们当地的民间故事集。在当地的县志及政协的刊物中，也未发现本地的民间故事。在本地区民间神话传说及史实类故事较多，但尚未被发掘。多数故事都能反映本地的民间文化。我们的长辈有许多会讲本地

的民间故事，我们可以录音，整理。虽然将会占用较多的时间，但只要做合理的安排，不会带来负面影响，我们主要利用星期天和寒假。

（4）学习方法。"当地民间故事的收集与整理"学习小组的学习方法如下：第一，调查法，广泛调查各乡、村是否有会讲故事的长辈。第二，访谈法，登门拜访这些长辈，请他们讲民间故事。第三，写作法，将他们的讲话录音，回去整理。

（5）成员与分工。

组长：吴浩。负责全面工作。

组员：杨阳、李守锋、王跃、吴浩、左振华、徐亚负责采集、整理。故事的修改、分类成册，由全体成员共同完成。

指导教师：沈在连。

（6）需要条件。录音机（有条件的买，没有条件的借），稿纸。

（7）学习成果。《民间故事集》。

（三）指导学生实施项目学习

教师要根据学生的学习计划与学习进程及时指导学生开展项目学习，帮助学生解决出现的问题。

"当地民间故事的收集与整理"学习小组的学习过程如下：

（1）采集。学生将课题组成员按照地域进行分工，每人负责收集一个小区域，做到全面收集安徽固镇县民间故事。收集时，先对每个自然村年龄比较大，又善于讲故事的人进行了调查访问，确定每个自然村至少要对两个长辈进行调查。为了不影响学业，我们主要利用星期天和寒假的时间，准备了录音机和稿纸。

（2）整理。将录音和记录进行整理，先全盘将记录变成文字，然后考虑对其进行必要的加工。

（3）编写。许多故事都是老前辈们用方言讲的，有的好像前后不太一致，有的没有重点。于是我们尝试用普通话进行编写，把平时学到的写文章的一些技巧也用上了。

（4）修改。写好后一定要修改，我们互相修改，注意文字的问题，遇到前后矛盾的地方大家在一起商量。

（5）成册。将收集来的故事放在一起，共有8篇，编个目录，名为《民间故事集》。大家约定，谁收集到的故事，著作权就归谁（其实，应是所有当地老百姓的），谁就有署名权。

（四）指导学生呈现语文项目学习的结果

项目学习的成果是丰富多样的，可以是某个问题的解决方案，可以是学生的作品，也可以是组织的某一次活动。"当地民间故事的收集与整理"学习小组通过实践，收集整理了8篇民间传说：

1.《莲花王的传说》王跃；

2.《公鸡报仇》杨阳；

3.《状元寻母》左振华；

4.《余场的由来》杨阳；

5.《兄弟分家》吴浩；

6.《死而复生的婴儿》李守锋；

7.《猪生象》吴浩；

8.《神马沟的传说》徐亚。

这里提供一篇供大家参考。

猪生象

安徽省固镇县第一中学 高二（4）班 吴浩

很久以前，一个叫桥西口的村子里发生了一件怪事：佃农王老五家的猪生了一头象，那象全身玉白，而且生下来就会跑。村中出现了这样的奇怪事自然传得很快，几天之间已传遍方圆百十里。于是大家都纷纷而至，前来观看这稀罕之物。在桥西口村多少辈也没出现过这种事，那王老五也是先惊后喜，对那只小白象更是宠爱有加。来观象的人一直都未间断，王老五也是个善良厚道的人，待前来的人很客气，有的有钱人顺手丢下些赏钱是很平常的。而这事却早已被村上的地主看在眼中记在心上，再加上地主有一独生娇子，打从看过那小白象后就吵闹着要。地主就开始打起了那只白象的主意，先是找到王老五，可王老五硬是不肯，之后一段时间那地主都没有再找王老五。

王老五这段时间一直心里打鼓，不出所料，地主将地租翻了一番，而且放出话：如果谁能让王老五把白象卖给我，我就降租而且给你们免租半年。于是登王老五家门的人就更多了，不是看象而是做说客。王老五为了乡亲的活计，就答应了将白象卖予地主。谁知地主十分狡猾，他知道王老五不识字就将卖约做了手脚。王老五不但没得到钱而且乡亲的地租也没得到免交。因此，大家都去找地主算账，可是地主有钱有势，再者各自又没有损失，慢慢就不再闹了。

再说这白象自到了地主家之后，生长的速度十分快，几天不过就已有几米高了，而且食量大增，地主便整日担心。在一天夜里，满天繁星，这只白象忽然之间就变得十分大，而后听见几声巨响。

第二天清晨，当村民醒来时，才发现地主家的那座大房子已是瓦砾一大堆，地主一家人也死在了瓦砾中，那只白象却消失了。有人说当晚看到一条光束，白象沿着光束飞走了。有人说那白象也许是玉皇大帝派下来惩治那些害人精的。众说纷纭，总之地主的死是民心所向。

正所谓：善有善报，恶有恶报！

三、语文项目学习的展示与评价

（一）搭建展示平台

在学生完成了语文项目学习之后，教师要及时在班级开展项目学习成果的展示。要求学生制作课件，有图有真相，将项目学习的目的、过程、方法、结果全程进行展示，使得学生能够互相学习、互相促进。

（二）引导学生进行反思式评价

学生总结了学习成果并不意味学习的完全结束，教师还要引导学生对项目学习进行反思和总结，以进一步巩固学习成果。从学生的学习总结能了解学生学习的过程，出现的问题，以及他们解决问题的方法，获得的经验。

"当地民间故事的收集与整理"学习小组的学习体会如下：

第一点，表现在我们处理事情和解决问题的能力上。原先我们在做一些事情的时候，经常不知道如何下手，或者遇到问题就手足无措。但是，我们在做项目学习的时候，经过老师的指导，知道做一些事情要按部就班，知道如何分析可行性，在做多人工作时，懂得分工协作。还有就是懂得了遇见事情要冷静思考，努力想对策，或是改变方法去解决问题。比如我们在收集故事这一环节就有过一些麻烦，我们之前决定以录音为主，笔录为辅。可是，由于经济等方面的限制，使得录音效果很差，不能够顺利完成收集的任务。最终，我们不得不以辅代主，用笔记录故事梗概，然后再对其进行补充加工。这样一来，不仅使故事的完整性与原来有了差异，还使得收集速度明显减慢。这是我们没想到的，但是，毕竟勉强完成了任务。就此，我们也知道了要想很好地完成一件事情并非易事！只有创造条件，克服困难，才能完成任务。

第二点，我们感觉到自己的语文水平在做项目学习中提高了很多。以前自己对语文的兴趣不是很浓，学习语文一般都是被动接受，很少主动去探究。但自从项目学习搞起来之后，我们便经常要主动接触语文性较强的一些东西，比如，查资料，写笔记，阅读相关的民间故事、当地的县志，等等。我们在整理撰写故事的时候，明显感到自己的语言很贫乏，表达很苍白。于是我们为了做好课题，努力去丰富自己，对文章反复修改，大家在一起讨论故事结构的安排等。一来二去，我们学习语文的兴趣变浓了，主动性也变强了！在项目学习结束以后，我们组员觉得自己的语言组织能力有了长足的提高！

值得一提的是，项目学习也给了我们很多上台发言的机会，这不仅锻炼了我们的语言能力，也锻炼了我们的胆量，使我们充分认识了自己，了解了自己的能力。最深的一点体会就是，通过这样的活动，我们认识到分工协作的重要性！做一件这样的小课题，都需要我们具有协作精神，以后要干大的事业，没有协作精神肯定不行。

（三）教师给予鼓励性评价

教师可以口头或者书面对学生的学习过程和结果进行点评，以鼓励性评价为主。对"当地民间故事的收集与整理"这个项目，我们的点评如下：

民间故事对少年儿童有很大的教育作用，也能够开发儿童的想象力。但是，许多民间故事由于没有人收集，最后慢慢丢失，这是中国文化的损失。课题组成员确定了"民间故事的收集与整理"这个项目，我感到很高兴，我们当地的民间故事终于有人收集了。但我又很担心，大家是不是能够完成这个课题？会不会连一篇也收不到？或者你们会不会买两本民间故事选抄了送来敷衍？事实打消了我的顾虑，你们利用星期天和寒假的一段时间，牺牲了休息时间（这时许多学生可能在看电视或睡觉呢），自己解决经费，走村串巷，听老人讲故事，收集整理；看了有鲜明地方特色的故事，看了还略显稚嫩的语言，心里感到欣慰。中国民间的好东西是很多的，如果我们都能这样认真调查收集，那么，许多宝贵的东西都能流传下来，这确实是一件有意义的事情。所以，我认为这次学习是非常有意义的学习，大家收集到了民间故事，锻炼了交往能力，提高了写作能力，还促进了同学之间的协作。

第三节 语文专题教学的实践探索

语文专题教学是教师根据教学需要，对某一教学内容的专题开展的教学。语文专题教学主要目的是对某一语文内容进行比较深入的教学，是语文深度教学的重要形式。专题教学能使学生对某一语文内容有全面和深入的探究，也能对相对零散的教学内容构建比较系统的体系，在语文教学中具有一定意义。下面我们以《中国唐诗至美意象——月》一课为例，介绍语文专题教学的实践探索过程。

一、选择语文教学专题

语文专题教学是在语文学习某一阶段、某一单元或某一大类的教学内容后，对该部分教学内容进行研究，选择语文某一重要的知识点进行深度教学。如笔者在教了粤教版选修教材《唐诗宋词元散曲选讲》中的唐诗单元后，认为教材依据唐代诗人和唐代诗歌流派为线索组织的单元，能够使学生对唐代的诗人和诗歌流派有比较清晰的了解和认识。但在教学中，我们感到学生对诗歌的知识内容的学习还存在一些盲点，对诗歌的意象、表达技巧等必备知识的掌握还存在一定的问题。因此，笔者在唐诗单元教学结束后，开展了一次专题学习。第一次专题学习选择了唐诗意象，而"月"又是唐诗中出现比较多的意象，也是非常美的一个意象，就选择了"月"这一意象作为专题学习的对象，课题为《中国唐诗至美意象——月》。

二、确定语文专题教学目标

语文专题教学目标的确定：一是要考虑课程标准中学业质量水平；二是要考虑教学专

题的内容；三是要考虑学生的实际情况。《中国唐诗至美意象——月》的教学目标确定如下：

课程标准：学业质量水平，水平 3 中质量描述 3-3,3-4 条[①]

1. 审美鉴赏与创造

①借助联想和想象丰富自己对文学作品的体验和感受。

②能品味语言，感受语言的美。

③能对具体作品做出评论。

2. 文化传承与理解

①有主动积累、梳理、探究富有文化意蕴的语言材料的习惯。

②对阅读和表达交流中涉及的有关文化现象展开讨论。

教学目标

①想象、描绘"月"的意境。

②理解"月"所表达的意义和思想情感。

③评价"月"的相关表现手法。

④积累、探究富有文化意蕴的语言材料。

⑤写作和诗歌有关的评论文章。

教学重、难点

①教学重点：结合作品内容阐述"月"所表达的意义和思想情感。

②教学难点：能对"月"的表现手法做出自己的评价。

三、教师开展语文专题学习示范

语文专题学习，教师可以根据学生情况，适当开展专题学习的示范，指导学生专题学习的内容、方式和成果要求。

《中国唐诗至美意象——月》专题教学示范如下：

（一）导入

1. 嫦娥奔月。嫦娥五号。

2. "月"是一个至美的意象，月之别称比较多，我们从百度上可以搜索出月的很多别称：

（1）因初月如钩，故称银钩、玉钩。

（2）因弦月如弓，故称玉弓、弓月。

（3）因满月如轮如盘如镜，故称金轮、玉轮、银盘、玉盘、金镜、玉镜。

（4）因传说月中有兔和蟾蜍，故称玉兔、白兔、银兔、冰兔、金兔、玄兔、卧兔、兔影、

---

① 中华人民共和国教育部.普通高中语文课程标准（2017 年版，2020 年修订）[S].北京：人民教育出版社，2020：37.

兔辉、兔月、月兔，玉兔捣药用的"玉杵"也成了月亮的别称。金蟾、银蟾、蟾宫。

（5）因传说月中有桂树，故称桂月、桂轮、桂宫、桂魄。

（6）因传说月中有广寒、清虚两座宫殿，故称广寒、清虚。

（7）因传说为月亮驾车之神名望舒，故称月亮为望舒。

（8）因传说嫦娥住在月中，故称月亮为嫦娥。

（9）因人们常把美女比作月亮，故称月亮为婵娟。

（10）阴阳学中月亮又称太阴、月阴、月灵、阴光、阴灵、阴宝、阴婆、阴兔、阴魄。

（二）咏月：体会月之"境"【想象、描绘、感受】

1. 壮丽、动人

春江花月夜

（唐）张若虚

春江潮水连海平，海上明月共潮生。

滟滟随波千万里，何处春江无月明！

江流宛转绕芳甸，月照花林皆似霰；

空里流霜不觉飞，汀上白沙看不见。

江天一色无纤尘，皎皎空中孤月轮。

明确：景、情、理水乳交融，形成清新邈远的意境。朦胧、深邃、奇妙的艺术境界。

2. 雄浑、阔大

望月怀远

（唐）张九龄

海上生明月，天涯共此时。情人怨遥夜，竟夕起相思。

灭烛怜光满，披衣觉露滋。不堪盈手赠，还寝梦佳期。

明确：自然景象中包含了诗人博大的胸襟。

3. 清幽

梦游天姥吟留别

（唐）李白

我欲因之梦吴越，一夜飞度镜湖月。湖月照我影，送我至剡溪。

谢公宿处今尚在，渌水荡漾清猿啼。脚著谢公屐，身登青云梯。

半壁见海日，空中闻天鸡。千岩万转路不定，迷花倚石忽已暝。

熊咆龙吟殷岩泉，栗深林兮惊层巅。云青青兮欲雨，水澹澹兮生烟。

明确：由清幽的月光之景，到雄奇之景，到恐怖、震撼之景，不断变换。

4. 寂静

鸟鸣涧

（唐）王维

人闲桂花落，夜静春山空。

月出惊山鸟，时鸣春涧中。

明确：月出竟然惊动了山中之鸟，可见环境之寂静。

5. 宁静

题李凝幽居

（唐）贾岛

闲居少邻并，草径入荒园。鸟宿池边树，僧敲月下门。

过桥分野色，移石动云根。暂去还来此，幽期不负言。

明确：宁静。

（三）思月：理解月之"情"和"思"【思考、分析、理解】

1. 思乡

静夜思

（唐）李白

床前明月光，疑是地上霜。

举头望明月，低头思故乡。

月夜忆舍弟

（唐）杜甫

戍鼓断人行，秋边一雁声。

露从今夜白，月是故乡明。

有弟皆分散，无家问死生。

寄书长不避，况乃未休兵。

2. 高远志向

宣州谢朓楼饯别校书叔云

（唐）李白

弃我去者，昨日之日不可留；

乱我心者，今日之日多烦忧。

长风万里送秋雁，对此可以酣高楼。

蓬莱文章建安骨，中间小谢又清发。

俱怀逸兴壮思飞，欲上青天览明月。

抽刀断水水更流，举杯消愁愁更愁。

人生在世不称意，明朝散发弄扁舟。

3. 生活艰难

丁督护歌

（唐）李白

云阳上征去，两岸饶商贾。吴牛喘月时，拖船一何苦。

水浊不可饮，壶浆半成土。一唱都护歌，心摧泪如雨。

万人凿盘石，无由达江浒。君看石芒砀，掩泪悲千古。

4. 孤独

月下独酌·其一

（唐）李白

花间一壶酒，独酌无相亲。

举杯邀明月，对影成三人。

月既不解饮，影徒随我身。

暂伴月将影，行乐须及春。

我歌月徘徊，我舞影零乱。

醒时相交欢，醉后各分散。

永结无情游，相期邈云汉。

5. 思夫（妇）之愁

春江花月夜

（唐）张若虚

谁家今夜扁舟子？何处相思明月楼？

可怜楼上月徘徊，应照离人妆镜台。

玉户帘中卷不去，捣衣砧上拂还来。

此时相望不相闻，愿逐月华流照君。

鸿雁长飞光不度，鱼龙潜跃水成文。

昨夜闲潭梦落花，可怜春半不还家。

江水流春去欲尽，江潭落月复西斜。

斜月沉沉藏海雾，碣石潇湘无限路。

不知乘月几人归，落月摇情满江树。

6.喜悦

暮江吟

（唐）白居易

一道残阳铺水中，半江瑟瑟半江红。

可怜九月初三夜，露似真珠月似弓。

7.哲学思考

春江花月夜

（唐）张若虚

江畔何人初见月？江月何年初照人？

人生代代无穷已，江月年年望相似。

不知江月待何人，但见长江送流水。

把酒问月

（唐）李白

青天有月来几时？我今停杯一问之。

人攀明月不可得，月行却与人相随。

皎如飞镜临丹阙，绿烟灭尽清辉发。

但见宵从海上来，宁知晓向云间没？

白兔捣药秋复春，嫦娥孤栖与谁邻？

今人不见古时月，今月曾经照古人。

古人今人若流水，共看明月皆如此。

唯愿当歌对酒时，月光长照金樽里。

（四）品月：品赏写月之"法"【欣赏、评价】

1. 直接描写，渲染环境

春江花月夜

（唐）张若虚

春江潮水连海平，海上明月共潮生。

滟滟随波千万里，何处春江无月明！

江流宛转绕芳甸，月照花林皆似霰；

空里流霜不觉飞，汀上白沙看不见。

江天一色无纤尘，皎皎空中孤月轮。

2. 借月发问，借月反思

春江花月夜

（唐）张若虚

江畔何人初见月？江月何年初照人？

人生代代无穷已，江月年年只相似。

不知江月待何人，但见长江送流水。

3. 以月起兴，引起思念（触景生情）

月夜

（唐）杜甫

今夜鄜州月，闺中只独看。

遥怜小儿女，未解忆长安。

香雾云鬟湿，清辉玉臂寒。

何时倚虚幌，双照泪痕干。

4. 情景交融（有我之境）

中秋月

（唐）白居易

万里清光不可思，添愁益恨绕天涯。

谁人陇外久征戍？何处庭前新别离？

失宠故姬归院夜，没蕃老将上楼时。

照他几许人肠断，玉兔银蟾远不知。

5. 借景抒情（无我之境）

宿建德江

（唐）孟浩然

移舟泊烟渚，日暮客愁新。

野旷天低树，江清月近人。

明确：人但赏其写景之妙，不知其即景而言旅情，有诗外味。（清·黄叔灿）

琵琶行

（唐）白居易

大弦嘈嘈如急雨，小弦切切如私语。

嘈嘈切切错杂弹，大珠小珠落玉盘。

间关莺语花底滑，幽咽泉流冰下难。

冰泉冷涩弦凝绝，凝绝不通声暂歇。

别有幽愁暗恨生，此时无声胜有声。

银瓶乍破水浆迸，铁骑突出刀枪鸣。

曲终收拨当心画，四弦一声如裂帛。

东船西舫悄无言，唯见江心秋月白。

明确：衬托技艺高超。

6. 拟人

游终南山

（唐）孟郊

南山塞天地，日月石上生。

高峰夜留景，深谷昼未明。

山中人自正，路险心亦平。

长风驱松柏，声拂万壑清。

即此悔读书，朝朝近浮名。

月

（唐）杜甫

四更山吐月，残夜水明楼。尘匣元开镜，风帘自上钩。

兔应疑鹤发，蟾亦恋貂裘。斟酌姮娥寡，天寒奈九秋。

7. 衬托

鸟鸣涧

（唐）王维

人闲桂花落，夜静春山空。

月出惊山鸟，时鸣春涧中。

明确：衬托寂静。

8. 比喻

哭晁卿衡

（唐）李白

日本晁卿辞帝都，征帆一片绕蓬壶。

明月不归沉碧海，白云愁色满苍梧。

四、学生自主开展语文专题学习

教师示范专题学习后，可以让学生自主开展专题学习。《中国唐诗至美意象——月》示范教学后，我们布置了如下的专题学习任务，让学生自主探究中国诗歌中的文化意象，提高学生的创新能力和深度学习能力。

情境与任务：班级近期要举办一个中国诗歌文化博览会，其中有中国传统文化研讨，请你写一篇文学短评，题目为"评中国古典诗歌中的意象——'柳'（'雨''蝉''风''云'等也行）。学习要求：可以仿照本次专题教学，确定好诗歌中的意象，搜集有该意象的诗歌，分类理解诗歌中意象的情境特征，分析诗歌中意象表达的思想感情，探究意象的表达技巧。

对学生专题学习的成果，可以在班级进行展示、评价和表彰。

第四节 学习任务群深度教学的实践探索

一、将课程标准学业质量水平化为教学目标

如文学作品阅读与写作学习任务群的教学，我们将新课标学业质量水平4级的标准化为语文教学目标。

（一）语言建构与运用

1. 课程标准的表述

"能不断扩展自己的语言积累，自觉整理在学习中获得的语言材料和言语活动经验；在梳理的基础上，尝试进行专题探究，发现其中蕴含的语言运用规律，并能用自己的语言加以解释；能将发现的语言运用规律用于自己的语文学习实践；能敏锐地感受文本或交际对象的语言特点和情感特征，迅速判断其表达的正误与恰当程度，察觉其言外之意和隐含的情感倾向；能根据具体的语境和表达的目的、要求，运用口头和书面语言，文从字顺、准确生动地表达自己的真情实感。乐于与他人分享自己的学习经验，主动吸收他人成功的经验。"[1]

2. 用于教学目标设计的表述

①扩展语言积累（词语运用等）；②整理语言材料和言语活动经验；③发现语言运用规律；④解释语言运用规律；⑤运用语言运用规律（分析语言现象及效果，迁移运用）；

---

[1] 中华人民共和国教育部.普通高中语文课程标准（2017年版，2020年修订）[S].北京：人民教育出版社，2020：37.

⑥感受文本或交际对象的语言特点和情感特征；⑦判断表达的正误与恰当程度（语病题）；⑧察觉言外之意和隐含的情感倾向（分析含蓄语句）；⑨表达自己的真情实感和表达的目的（表达得体、准确、鲜明、简明）；⑩分享自己的学习经验；⑪吸收他人成功的经验（迁移运用）。

（二）思维发展与提升

1.课程标准的表述

"在理解语言时，能准确、清楚地分析和阐明观点与材料之间的关系，能就文本的内容或形式提出质疑，展开联想，并能找出相关证据材料支持自己的观点，反驳或补充解释文本的观点。能比较、概括多个文本的信息，发现其内容、观点、情感、材料组织与使用等方面的异同，尝试提出需要深入探究的问题。能用文本提供的事实、观点、程序、策略和方法解决学习和实际生活中遇到的具体问题。在表达时，讲究逻辑，注重情感，能综合运用多种表达方式，从多个角度、多个方面表达自己的理解和感受，力求做到观点明确，内容丰富，思路清晰，感情真实健康，表达准确生动。"①

2.用于教学目标设计的表述

（1）阐释性阅读：分析和阐明观点与材料之间的关系（思维深刻性）。

（2）批判性阅读：质疑文本的内容或形式（思维批判性）；联想、找出证据材料，支持自己观点（思维批判性）；反驳或补充解释文本的观点（思维批判性）。

（3）群文阅读或比较阅读：比较、概括多个文本的信息（思维批判性）；发现多个文本内容、观点、情感、材料组织与使用等方面的异同（思维批判性）；提出多个文本需要深入探究的问题（思维批判性）。

（4）创造性阅读：解决学习和实际生活中的具体问题（能用文本提供的事实、观点、程序、策略和方法，思维创造性）。

（5）写作思维培养：讲究逻辑；注重情感；综合运用多种表达方式；表达自己的理解和感受（从多个角度、多个方面）；观点明确，内容丰富，思路清晰，感情真实健康，表达准确生动。

（三）审美鉴赏与创造

1.课程标准的表述

"在鉴赏活动中，能结合作品的具体内容，阐释作品的情感、形象、主题和思想内涵，能对作品的表现手法作出自己的评论。能比较两个以上的文学作品在主题、表现形式、作品风格上的异同，能对同一个文学作品的不同阐释提出自己的看法或质疑。喜欢尝试用不

---

① 中华人民共和国教育部.普通高中语文课程标准（2017年，2020年修订）［S］.北京：人民教育出版社，2020：38.

同的语言表现形式表达自己的思想和情感，尝试创作文学作品。在文学鉴赏和语言表达中，追求正确的价值观、高尚的审美情趣和审美品位。"①

2.用于教学目标设计的表述

（1）文学作品阅读的审美鉴赏：①阐释作品的情感、形象、主题和思想内涵。②评论作品的表现手法。③比较两个以上文学作品主题、表现形式、作品风格上的异同。④提出看法或质疑对同一个文学作品的不同阐释。

（2）文学作品写作的审美创造：⑤表达自己的思想和情感（用不同的语言表现形式）。⑥尝试创作文学作品。⑦追求正确的价值观、高尚的审美情趣和审美品位（在文学鉴赏和语言表达中）。

（四）文化传承与理解

1.课程标准的表述

"有通过语言学习深入理解、探究文化问题的浓厚兴趣和意愿，能在阅读和表达交流中探析有关文化现象；能结合具体作品，分析、论述相关的文化现象和观念，比较、分析古今中外各类作品在文化观念上的异同。能主动参与语言文化问题的讨论和相关的社会实践活动，能综合运用所学的知识，对自己感兴趣的某些语言、文学、文化现象及社会热点问题进行专题探究，尝试撰写相关调查报告或专题研究报告，发展自己的文化理解与探究能力，主动吸收先进的文化，传承中华优秀传统文化。"②

2.用于教学目标设计的表述

①有理解、探究文化问题的浓厚兴趣和意愿。（语言学习）②探析文化现象。③分析、论述文化现象和观念。（能结合具体作品）④比较、分析古今中外各类作品在文化观念上的异同。（阅读和表达中）⑤参与语言文化问题的讨论和相关的社会实践活动。⑥专题探究某些语言、文学、文化现象及社会热点问题。（能综合运用所学的知识）⑦撰写调查报告或专题研究报告。（文化相关）⑧发展自己的文化理解与探究能力。⑨吸收先进的文化。⑩传承中华优秀传统文化。

二、学习任务群教学路径的思考

（一）精读 + 泛读

问题：阅读教学深度不够，阅读量不够。

策略：精读一篇，泛读一群。第一，精读是深度阅读。抓住语言、思维、鉴赏、文化核心素养，结合文体特征，比如散文，它的语言、情感、表达技巧，展开深度的教学。

---

① 中华人民共和国教育部.普通高中语文课程标准（2017年，2020修订）［S］.北京：人民教育出版社，2020：38.
② 中华人民共和国教育部.普通高中语文课程标准（2017年，2020修订）［S］.北京：人民教育出版社，2020：38.

第二，泛读是专题阅读。用精读的规律把它进行运用。深入体验，再提炼总结，加深印象。泛读要 1 万～2 万字，要抓住主要的目标展开教学，不求面面俱到，但求对目标要有更深的体验。

（二）核心素养 + 人文情怀

问题：教学效率低，阅读素养提高缓慢。

策略：以阅读素养为目标，以人文发展为主线。第一，阅读素养是教学的核心目标，包括必备知识、关键能力和解决阅读问题的能力。第二，人文是价值引导，是教学的主线。引导学生的学习兴趣。

（三）情境 + 任务

问题：学生没有学习兴趣，没有学习动力。

策略：创设情境，设置任务。是基于真实情境的教学，是基于问题解决的教学。

（四）阅读 + 写作

问题：读写分离，学生怕写作，写作没有内容。

策略：以读哺写，以写促读。是基于运用的教学。

（五）拓展 + 深度

问题：视野狭窄，思维浅显。

策略：既是拓展阅读，更是深度阅读，深度写作。单篇课文是精读，深度阅读。群文是泛读，是拓展阅读，但是更加突出了专题性的阅读，不是面面俱到，是专题方面的钻研深入，也是深度阅读。基于阅读的写作，会更有深度。

三、学习任务群教学的操作办法

（一）确定目标，集中方向

1. 定目标。第一，价值引导；第二，关键能力；第三，必备知识。

2. 目标要求。数量要集中，便于学生把握；教师教学。表述用新课标中学业质量水平 4 和 5 中的句子。动词 + 名词。

（二）选好群文，围绕目标

第一，要围绕目标选择文章。如是一篇散文，这个目标是语言、情感、技巧，这是核心素养。第二，总字数要达到 1 万字以上，力争一学期有 10 个群文单元，完成 10 万字的阅读量。第三，将文章进行合理的归类、分组。（注意从语言、思维、审美鉴赏、文化等核心素养角度分组）

（三）提供情境，设置任务

提供情境：创造真实的情境，设置真实的任务，引导学生展开讨论，明确问题所在。

设置任务：以问题解决为目标，培养学生的综合素养，是基于问题的教学，是问题解决的教学。

案例：某个学校，将要举行 60 周年的校庆，要编一个回忆教师的文集（情境），请你回忆一位印象最深刻的教师，写一篇回忆性散文（任务）。然后让学生讨论散文该如何写，现在有哪些困难。让学生提出一堆问题，教师不给答案。

（四）精读课文，探索规律

精读一篇课文，如一篇散文，可以采用五步法。第一步，通读课文，整体概括。提高概括力，概括散文的内容。第二步，细读课文，理清思路。提高分析力，分析、梳理散文的思路。第三步，研读课文，突破重难点。提高分析力、批判力、创造力，研讨散文的核心内容、方法、关键点。引导学生提出问题，明确教学的起点。思考如何运用语言表达情感，表达技巧是如何使用的。第四步，审读课文，鉴赏评价。提高鉴赏力，要找出好的地方或不好的地方在哪里，原因何在？主要过程是找，鉴赏，评价，分析。第五步，筛读课文，迁移运用。提高迁移力和创造力，是运用、创造能力。哪些地方可以为我所用，怎么用？比如语言技巧、情感表达方法我们怎么用。

（五）群文阅读，专题探究

群文阅读，重在专题阅读，其他不为重点。如散文阅读可以分组：第一组，探究语言。学生经过体验，理性总结出规律性的东西。主要思路是：发现，品味，分析，总结。第二组，探究叙事方式。主要思路是：发现，品味，分析，总结。第三组，探究情感表达。主要思路是：发现，体验，品味，分析，总结。（还可以从思维、文化等角度分组，依教学的目标而定）

（六）读写结合，问题解决

阅读目的：提高阅读力，提高写作力。

主要程序：第一，学生总结规律；第二，学生根据学习的规律写文章；第三，展示学生的文章；第四，依照教学的目标对学生文章进行集体评价。比如，散文的语言写得怎么样？散文的情感写得怎么样？散文的技巧写得怎么样？也可以一个单元只教一个目标，比如这个单元我们只教散文的语言，让学生了解散文的风格特点，散文式语言是如何运用的，如何写作好散文的语言。

四、学习任务群教学的实践案例

言精 技巧 情深

《写人叙事类散文群文阅读与写作》教学设计

广州市培英中学　刘向丽

一、阅读目标

（1）学生能自主阅读记人叙事类散文，梳理出人物主要事迹，并从人物事迹中概括人物主要的形象特征；

（2）能归纳记人叙事类散文中塑造人物形象的技巧、表达情感的手法；

（3）学会品味一些富有意蕴的语言，获得对写人叙事类散文语言和文学形象的直觉体验；

（4）能够分析、比较、归纳和概括写人叙事类散文鉴赏与写作的基本规律，并有理有据地表达自己的观点；

（5）能深入体会作品中人物的丰富内心和作者在作品中流露的情感，感受作家的正义感及对时代、家国的责任，陶冶学生的人文情怀，发展、提升学生思维，引导学生形成正确的价值观、高尚的审美情趣。

二、写作目标

能根据所学，运用一定的写人技巧、叙事技巧、语言技巧自主创作一篇具有人文情怀的写人叙事的散文，让学生学会语言建构与运用，在审美鉴赏的基础上学会创造。

第一、二课时

精讲《记念刘和珍君》

一、课前预习，了解写作背景

教师发放课外资料：朱自清《执政府大屠杀记》《哀韦杰三君》、鲁迅《并非闲话》《无花的蔷薇之二》、林语堂《悼刘和珍杨德群女士》，学生课外自主阅读，了解"三一八"惨案的背景和过程。

二、自读课文，梳理文章内容，鉴赏写人叙事技巧

（一）任务

给每一部分拟一个小标题；概括刘和珍生前事迹；概括刘和珍的形象特点；思考作者写人叙事的技巧。

（二）标题示例

①悼念死者；②唤醒庸人；③认识经过；④遇害概况；⑤遇害经过；⑥惨案教训；⑦惨案意义。

（三）人物事迹、形象及写人技巧示例

表 10-5　人物事迹、形象及写人技巧示例表

主要事迹	形象特点	写人叙事技巧
毅然预订《莽原》全年	追求真理，坚定不移	正面叙述、略写
反抗校长，强拖出校	坚持正义，敢于斗争	正面叙述、略写
始终微笑，态度温和	和蔼亲切，坚毅乐观	神态、细节、反复、详写
虑及母校，黯然泣下	远见卓识，责任担当	神态、细节、略写
欣然请愿，惨遭屠杀	为国为民，勇于献身	侧面、细节、详写

总结：叙事精简，选材典型，详略有致，人物个性鲜明。

三、细读课文，体会情感

任务：对刘和珍君被屠杀一事，作者是怎样的情感和态度？请找到相关语段进行分析，并结合林语堂《悼刘和珍杨德群女士》、朱自清《哀韦杰三君》思考：同是纪念"三一八"烈士的文章，他们的情感和表达情感的方式有何异同？

（一）鲁迅情感态度：悲愤、批判、反省、激励。

可引导学生结合下面语段分析：

1. 而此后几个所谓学者文人的<u>阴险</u>的论调，<u>尤</u>使我觉得悲哀。我已经<u>出离</u>愤怒了。我将深味这非人间的<u>浓黑</u>的悲凉；以我的最大哀痛显示于非人间，使它们<u>快意</u>于我的苦痛，就将这作为后死者的<u>菲薄</u>的祭品，奉献于逝者的灵前。（对刘和珍君被屠杀的悲痛、对流言家的批判和愤怒）

2. 真的猛士，敢于<u>直面</u>惨淡的人生，敢于<u>正视</u>淋漓的鲜血。这是怎样的哀痛者和幸福者？然而造化又常常为庸人设计，以时间的流驶，来<u>洗涤</u>旧迹，仅使留下淡红的血色和微漠的悲哀。我们还在这样的世上活着；我也早觉得有写一点东西的必要了。离三月十八日也已有两星期，<u>忘却的救主</u>快要降临了罢，我正有写一点东西的必要了。（对庸人态度漠然感到悲哀，对勇士们的尊敬，对未来者的激励）

3. <u>但</u>段政府就有令，说她们是"暴徒"！

<u>但</u>接着就有流言，说她们是受人利用的。

惨象，已使我<u>目不忍视</u>了；流言，尤使我<u>耳不忍闻</u>。我还有什么话可说呢？我懂得衰亡民族之所以默无声息的缘由了。沉默呵，沉默呵！不在沉默中<u>爆发</u>，就在沉默中<u>灭亡</u>。（对当局血腥罪行的愤怒控诉和警醒）

4. 时间永是流驶，街市<u>依旧太平</u>，有限的几个生命，在中国是不算什么的，至多，不过供无恶意的闲人以饭后的<u>谈资</u>，或者给有恶意的闲人作"<u>流言</u>"的种子。至于此外的深

的意义，我总觉得很寥寥，因为这实在不过是徒手的请愿。人类的血战前行的历史，正如煤的形成，当时用大量的木材，结果却只是一小块，但请愿是不在其中的，更何况是徒手。（反思请愿的意义，思考有效的斗争方式，反对徒手请愿和无谓的牺牲）

5. 苟活者在淡红的血色中，会依稀看见微茫的希望；真的猛士，将更奋然而前行。（激励未来斗争者）

注：以上段落要让学生反复诵读，并抓住画线字词句作重点分析，以引导学生体会作者在其中蕴含的情感态度。

（二）分析鲁迅《记念刘和珍君》、林语堂《悼刘和珍杨德群女士》、朱自清《哀韦杰三君》三篇文章的情感和表达情感方式的异同。

同：都通过直接叙述，间杂抒情，表达对"三一八"死难者的哀悼、悲痛、尊敬、怀念和惋惜，都体现了作家的正义、良心、责任以及对现实的关注，体现了作家的人文情怀。

异：鲁迅在叙事之外，大量运用了抒情和议论手法，强烈表达了对反动政府的批判、控诉、愤怒，对当局者的警醒，还有对革命方式的反思、对革命者的激励，相比林语堂和朱自清的两篇文章，鲁迅对"三一八"惨案反思得更深，看得更远，情感也更为强烈、丰富、深刻，文章更具现实批判性和警醒世人的理性，更能体现作家关注现实、忧国忧民的情怀，这也是这篇文章成为经典的重要原因。

四、精读课文，品味语言

你认为文中哪些段落的语言最能触动心灵？为什么？请具体分析。教师补充课外阅读资料《鲁迅式长句言语形式解码》。

学生可以自由讨论、发言，具体文段内容不作限制。

五、总结

写人：鲜明
叙事：典型
情怀：深远
语言：精练

六、写作实践

尝试给你所熟悉的已故之人写一篇悼文，要求叙事精简，选材典型，详略有致，人物个性鲜明，并能综合运用叙述、抒情、议论的表达方式。

第三、四、五课时 群文阅读与写作

第三课时　写人叙事

一、泛读群文

（一）阅读下面两组文章

纪念哀悼类：鲁迅《记念刘和珍君》《为了忘却的记念》、林语堂《悼刘和珍杨德群女士》、朱自清《哀韦杰三君》、巴金《怀念萧珊》。

怀念回忆类：汪曾祺《金岳霖先生》、萧红《回忆鲁迅先生》、梁实秋《记梁任公先生的一次演讲》。

（二）学习任务

任务一：这两组文章中给你印象最深的是哪个人物？请概括他的主要事迹，并用两三个词概括他的主要特点，谈谈让你印象深刻的原因。你觉得怎样才能刻画出一个个性鲜明并给人印象深刻的人物？怎样才能把与人物相关的事写得吸引人？

教学目的：引导学生掌握塑造人物形象的手法（正面、侧面、语言、动作、神态、肖像、心理……）、叙事技巧（细节、详略安排、叙述先后顺序……）

任务二：写一个写人的片段，要求：以班上同学或老师为原型，综合使用塑造人物形象的手法，通过一两件事突出人物某一特点，形象鲜明，尽量使同学们阅读后能猜出人物姓名。

1.学生写作片段示例一

他，戴着大金属框眼镜，圆圆的脑袋，为数不多的头发剪得短短的，一根根整整齐齐地立在头皮上，数学课堂但逢难题，课室便只有他一人与老师应和，这样看起来斯文、聪明的人却有极懒的一面。

六点，太阳初升，当第一缕阳光冲破玻璃的束缚照进宿舍，四个闹钟依次滴滴滴地响起，五分钟后，大家相继起身洗漱，他仍躺在床上，抱着被子，似乎沉醉于昨晚的美梦。十分，十五分，二十分，他仍躺在床上，眉头微皱，眼睛紧闭，二十五分，三十分，宿舍起床铃准时打响，他心不甘情不愿地翻了个身，慵懒地坐起，伸了个腰，慢吞吞穿上校服，眯着眼，趿着拖鞋一晃一晃地向阳台走去。

正好是他值日的日子，他一边叼着牙刷，一边扫视着阳台，挤满牙膏泡沫的嘴里含糊不清地吐出一句："挺干净的，不用拖。"洗漱完，关上阳台门，把鼻子凑到厕所门口，用力嗅了嗅："没什么味道啊，不用刷。"于是打开水龙头，接了点水，冲掉浮沙，水太急，漫了出来，他顺手操起旁边的拖把往水上一放，转了转，一把拎起，拖把滴滴落着水，他又走到房间环视一周，看到哪有污迹鞋印，就把拖把往哪放一放，转一转，"大功告成！"他满意地看了看，把拖把往桶里一放，把杆往墙上一靠，关上门，往食堂冲去，宿舍安静

下来，只有四个闹钟，指着六点四十分的表盘嘀嗒嘀嗒地转，拖把在桶里滴答滴答地沥着水。（殷子健）

2.学生写作片段示例二

"丁零零"，上课铃刚响，她便站在教室里，侧着滑过桌子的边沿，伸手扶着桌边，一抬腿，微胖的身子缓缓走上了讲台。她咧开嘴笑了起来，一咧嘴，那并不标准的带着广东口音的字便一个一个争先恐后地挤了出来，伴随着那浓重口音的，是那双永远像月牙般细细长长的眼睛，"昨天我讲到哪啦？""定域……"课室积极地应和着她的广东口音。她便熟练地打开电脑，用五根手指紧紧抓住点读笔，匆匆在电子板两旁的按钮上用力一点，电子板没有反应，她便弯曲着五指，灌注力量，紧紧捏着点读笔，猛地连点几下，咚咚咚的声音清晰地在课室里响起来，白板终于跳了出来，她开始流利地写下飘逸的字体，"你们听懂了吗？"课室一片迷茫的脸，她眉头一跳，"还没懂哦？额（我）再讲一遍"，她又演练一遍，"你们积极（自己）试试"，同学们开始演练，她走下讲台，弯下腰，挪动着微胖的身子，不时停在课桌前，把头凑了过去……（谭家琪）

第四课时　品味语言

一、精读

（一）阅读群文

阅读鲁迅《为了忘却的记念》、汪曾祺《金岳霖先生》、梁实秋《记梁任公先生的一次演讲》。（说明：选取这三篇文章一是风格迥异，二是篇幅较短，减轻学生负担，难度比较适合平行班学生）

（二）品味语言

任务一：这三篇文章有没有触动你心灵的地方？如果有，请在触动你的片段旁进行批注赏析，可以从语言运用（句式、修辞、炼字、标点符号……）、情感表达（叙述、描写、议论、抒情）、写人（正面、侧面、语言、动作、神态、心理、肖像、细节……）、叙事写法（详略、抑扬、悬念、波折、插叙、倒叙……）的角度进行赏析并给作者写一封信，谈谈你对这些片段的理解和感受。

目的：学会旁批，鉴赏散文语言。

鉴赏示例：

（1）当时上海的报章都不敢载这件事，也许是不愿，或不屑载这件事，只在《文艺新闻》上有一点隐约其辞的文章。（《为了忘却的记念》）

"不敢""不愿""不屑"三个看似变化不大的词，巧妙表达了三种不同的政治态度，"不敢"者并非不愿，只是慑于国民党政府的严酷统治；"不愿"者在国共两党的斗争中采取中间立场，不介入两党之争；"不屑"者对五个青年作家的遇害毫不介意，认为只是小事一桩，不值得见诸报端。"不敢"者有同情之心，但心存恐惧；"不愿"者不想招惹麻烦，明哲保身；"不屑"者漠不关心，冷视敌对。

（2）看他旧作品，都很有悲观的气息，但实际上并不然，他相信人们是好的。我有时谈到人会怎样的骗人，怎样的卖友，怎样的吮血，他就前额亮晶晶的，惊疑地圆睁了近视的眼睛，抗议道，"会这样的么？不至于此罢？……"

后来他对于我那"人心惟危"说的怀疑减少了，有时也叹息道，"真会这样的么？……"但是，他仍然相信人们是好的。

"会这样的么""真会这样的么""他相信人们是好的""他仍然相信人们是好的"相似的语句在文中反复出现，前后照应，写出了柔石"迂"的特点，既写出了他善良忠厚的性格，又突出了国民党政府的残暴。

（3）他走上讲台，打开他的讲稿，眼光向下面一扫，然后是他的极简短的开场白，一共只有两句，头一句是："启超没有什么学问——"，眼睛向上一翻，轻轻点一下头："可是也有一点喽"！

简洁而又谦虚自负的语言细节，写出了任公的诙谐幽默，"扫""翻""点"三个动作让这份诙谐更显可爱灵动。

（4）楼上有一间小客厅。沈先生有时拉一个熟人去给少数爱好文学、写写东西的同学讲一点什么。金先生有一次也被拉了去。他讲的题目是《小说和哲学》。题目是沈先生给他出的。大家以为金先生一定会讲出一番道理。不料金先生讲了半天，结论却是：小说和哲学没有关系。有人问：那么《红楼梦》呢？金先生说："红楼梦里的哲学不是哲学。"他讲着讲着，忽然停下来："对不起，我这里有个小动物。"他把右手伸进后脖颈，捉出了一个跳蚤，捏在手指里看看，甚为得意。

通过金先生关于小说和哲学没有关系的结论及捉跳蚤两件小事，突出他的"趣"。客厅出现跳蚤且能随意捉住，体现环境的简陋艰苦，金先生捉到后还要"捏在手指里看看，甚为得意"，"捏"与"看"，两个动作细节写出了他从容的风度，他称跳蚤为"小动物"，并且"甚为得意"，通过简洁的语言和神态描写，看出他苦中作乐的率真和童趣。

任务二：根据课堂所学创作一篇完整的写人记事散文。要求：能运用课堂所学的写人叙事技巧，能模仿作者表达感情的方式，具有一定的人文情怀，800字以上，打成电子稿，国庆节发到微信群，注上姓名、班别，同学们互相点评，每位同学点评文章不少于5篇，每篇文章获得的点评不少于5条。

第五课时　感悟情怀

一、精读

（一）任务

细读鲁迅《为了忘却的记念》、巴金《怀念萧珊》、梁实秋《记梁任公先生的一次演讲》，思考这三篇文章中作者表达的情感及表达情感的方式的异同，要求结合文本分析。

（二）明确

1. 鲁迅《为了忘却的记念》：叙述为主，兼有大量的抒情、议论，表达对烈士的怀念和尊敬，对国民党当局残暴行径的愤恨，对革命的坚定、激励和信心。可引导学生结合下面文本去分析：

（1）天气愈冷了，我不知道柔石在那里有被褥不？我们是有的。洋铁碗可曾收到了没有？……但忽然得到一个可靠的消息，说柔石和其他二十三人，已于二月七日夜或八日晨，在龙华警备司令部被枪毙了，他的身上中了十弹。

原来如此！……

文中用了两个省略号，第一个省略号体现了对柔石的思念牵挂，第二个省略号紧跟在感叹号后面，体现了作者得知噩耗后的震惊及强烈的愤怒、仇恨和对烈士难以尽述的悲悼、思念。

（2）可是在中国，那时是确无写处的，禁锢得比罐头还严密。

运用比喻，突出当时黑暗统治下的言论不自由。

（3）我知道这失明的母亲的眷眷的心，柔石的拳拳的心。

叠词和反复，表达了对柔石的关心、同情、敬佩。

（4）前年的今日，我避在客栈里，他们却是走向刑场了；去年的今日，我在炮声中逃在英租界，他们则早已埋在不知那里的地下了；今年的今日，我才坐在旧寓里，人们都睡觉了，连我的女人和孩子。我又沉重的感到我失掉了很好的朋友，中国失掉了很好的青年，我在悲愤中沉静下去了，不料积习又从沉静中抬起头来，写下了以上那些字。

要写下去，在中国的现在，还是没有写处的。年青时读向子期《思旧赋》，很怪他为什么只有寥寥的几行，刚开头却又煞了尾。然而，现在我懂得了。

不是年青的为年老的写记念，而在这三十年中，却使我目睹许多青年的血，层层淤积起来，将我埋得不能呼吸，我只能用这样的笔墨，写几句文章，算是从泥土中挖一个小孔，自己延口残喘，这是怎样的世界呢。夜正长，路也正长，我不如忘却，不说的好罢。但我知道，即使不是我，将来总会有记起他们，再说他们的时候的。

通过抒情、议论、用典，怒斥反动派，哀悼颂扬烈士们，激励生者坚持斗争、坚信胜利。

2. 巴金《怀念萧珊》：叙述为主，间有抒情，表达对妻子的无限思念、痛切悲悼，对"四人帮"的控诉愤恨和对"文革"的反思。

抒情句子示例：今天回想当时的情景，她那张满是泪痕的脸还在我的眼前。我多么愿意让她的泪痕消失，笑容在她憔悴的脸上重现，即使减少我几年的生命来换取我们家庭生活中一个宁静的夜晚，我也心甘情愿！

她住院后的半个月是一九六六年八月以来我既感痛苦又感到幸福的一段时间，是我和她在一起渡过的最后的平静的时刻，我今天还不能将它忘记。

我多么想让这对眼睛永远亮下去！我多么害怕她离开我！我甚至愿意为我那十四卷"邪书"受到千刀万剐，只求她能安静地活下去。

……

注：对妻子的情感学生不难把握，可引导学生结合下面文本考虑到对"文革"的反思：

（1）文中出现了大量具有时代特色的词，例如：牛棚、牛鬼蛇神、工宣队、红卫兵、批斗、陪斗、靠边、大字报、五七干校、反革命……

（2）梦魇一般的日子终于过去了。六年仿佛一瞬间似的远远地落在后面了。其实哪里是一瞬间！这段时间里有多少流着血和泪的日子啊。不仅是六年，从我开始写这篇短文到现在又过去了半年，半年中我经常在火葬场的大厅里默哀，行礼，为了纪念给"四人帮"迫害致死的朋友。想到他们不能把个人的智慧和才华献给社会主义祖国，我万分惋惜。每次戴上黑纱插上纸花的同时，我也想起我自己最亲爱的朋友，一个普通的文艺爱好者，一个成绩不大的翻译工作者，一个心地善良的人。她是我生命的一部分，她的骨灰里有我的泪和血。

课堂上适当补充资料，帮助学生了解作者情感：

文学界对《随想录》的评价："讲真话的大书"，是"与全民族共忏悔的光辉巨著"，是"一部具有划时代意义的回忆录、自白书、控诉录"。

巴金："建立'文革'博物馆，这不是某一个人的事情，我们谁都有责任让子子孙孙，世世代代牢记十年惨痛的教训。"

徐晓萍：以情见长，以情取胜，但巴金的"情"绝非仅仅是夫妻之情、个人之情，巴金一家的蒙难史就是中国文化的蒙难史。萧珊的死不只是个人和家庭的悲剧，而是一代知识分子的悲剧；巴金对萧珊的怀念，也是对所有含冤死去的知识分子的怀念。这篇散文真实地反映了中国知识分子在"文革"中的悲惨遭遇，是对"文革"的深刻反思。

3.梁实秋《记梁任公先生的一次演讲》：对梁启超的钦敬、赞美、怀念，对有热心肠、有家国天下情怀的学者的尊敬、呼唤。

注：对梁启超的尊敬与怀念，学生容易把握，可引导学生结合下面文本理解"热心肠"一词，从而理解作者对有家国担当的学者的呼唤和尊敬。

有学问，有文采，有热心肠的学者，求之当世能有几人？于是我想起了从前的一段经历，笔而记之。

（三）教师总结

小结：尽管这三篇写人叙事的散文情感各异，但无论是鲁迅对国民党的批判，对革命者的激励，还是巴金对"文革"的反思，梁实秋对有热心肠、有家国担当的学者文人的呼唤，他们在表达个人喜怒哀乐褒贬的同时，都不约而同地体现了对社会现实的关注，对时代的思考，对国家民族命运的关怀，这些情感就是散文中体现的人道主义和人文情怀。梁实秋在《文学讲话》中说："文章要深，要远，要高，就是不要长。描写要深刻，意思要远大，格调要高雅，就是篇幅不一定要长。"在《论散文》中也有这样的论述："高超的文调，一方面是挟着感情的魔力，另一方面是避免种种的卑鄙的语气和粗俗的词句。"这里面"文章的深远""高雅的格调""高超的文调"除了写人叙事的技巧和语言的艺术，更讲究作家情感的真挚与心怀的深远。何为心怀深远？就是能关注时代，关注现实，对社会、对国家、对民族有担当、有思考，能体现一个作家的正义、良心、责任的人道主义和人文情怀，如果说写作技术的巧妙、语言艺术的精练是一篇散文的躯干与血肉，那么超越个人情感的人文情怀，就是一篇散文的灵魂，也是一篇散文成为经典并永垂不朽的关键原因。

板书：写人叙事类散文要点——情深

二、展示学生习作及点评

学生点评习作，要求：从语言、写人叙事技巧、情感三个角度去点评。

三、课后作业

修改习作。

四、拓展阅读

梁实秋《槐园梦忆》《忆老舍先生》、张中行《负暄琐话》、徐百柯《民国那些人》、巴金《小狗包弟》、鲁迅《范爱农》、孙犁《亡人逸事》。

附：学生习作

我的奶奶

黄贝怡

星河滚烫，你是人间理想。

——题记

奶奶已经六十几岁了，一头齐耳的短发，灰白中透出岁月的痕迹。稀疏的眉毛下是一双精神也时刻透露出笑意的眼睛，皱纹爬上她棕黄色的脸庞。

都说老人都很节俭，我的奶奶更体现了这个特点。她的一条裤子可以穿几年，为了方便，还专门是深黑色的。一双军绿色的布鞋，缝缝补补又是好多年。每次放学回家，总是见到奶奶，一双鞋上都是布满灰尘，就直直地站在那里，双眼微眯，慈祥地望着我，那双带有笑意的眸，是我黑暗中的明光。不穿的衣服用来擦地；用过的瓶瓶罐罐可以拿去卖；大一点的罐子可以用来装花生米；而初中用过的书卷子都被拿去整理好了。而奶奶省下这几元几元，虽然不多，但总是像水滴石穿、绳锯木断那样，一点一滴，慢慢就多了。

奶奶虽然没读过几年书，但说起话来总是一套一套的，于我而言，也算半个哲学家了。她常常教导我，无论是学习还是生活。学习上，她总是让我努力追赶，多读书。我刚上幼儿园那会，只记得是一双粗糙温暖有力的大手，包围住我的小手，一笔一画地教我写字，那么用心，写好这一画，才能承接好下一画。就如做人也一样，只有走好这一步，才能走好下一步。生活上，她教导我要勤劳，脾气要收敛，不能总是暴暴躁躁，该如何如何地为人处世。奶奶是我的启蒙老师。

奶奶总是很勤劳，更甚，有点过分勤劳。明明到了休闲的年纪，家务活却总包。扫地洗碗不在话下，时不时也能给我缝制装书的袋子。奶奶戴着老花眼镜，那样专注的眼神，手里拿着根细细的针，在阳光下，闪闪发光，手里的针线活也是一刻不停。阳光总是悄悄拂过她的脸，时光刻下深深的皱纹，就这么劳作一下午，偶尔有风吹过，偶尔有鸟群叽喳。我静静地望着她，恍如岁月静好。这便是我那个闲不下来的奶奶。

奶奶总是很隐忍，几年前奶奶的妈妈去世时，奶奶在我们面前是没有落泪的。但我却看出了她那双微红的眼，直到一切流程走过后，奶奶轻轻对一直跟在她身边的我说：怎么办啊，奶奶没有妈妈了。一瞬间，奶奶就好像一个孩子，一个什么都需要依靠别人的孩子，我握紧她的满是老茧的手，轻声说，没关系的，你还有我们。

我那隐忍的奶奶啊。

奶奶像坠落在人间里的一颗星星，星河滚烫，奶奶是属于我的理想。

我最敬爱的老师

谢敏惠

我最敬爱的老师，是我的初中数学老师。

上他的课，就好像奔赴战场一样，他的嘴就是机关枪，突突突，就把知识点都打进我们的脑子里了。他的"机关枪"除了能射出知识点，还能射出一些让我们捧腹大笑的话，"机关枪"一旦射出这些话，我们就像被点了笑穴一样，根本停不下来。

也就只有上他的课我才会觉得，枯燥无味的初三原来也有那么一点甜啊！

在私底下，他还会和我们开玩笑，我们叫他"毕哥"，他不仅不会生气，还和我们一起哈哈大笑。虽然他经常对我们说要把我们逐出师门，但我们一有问题，他还是耐心给我们解答。

他真的是一个非常称职的老师。他放学后常常辅导数学不好的学生到六七点；他还牺牲自己午休的时间帮我们改作业，还在作业本上写上批注说这里不应该错，那里要注意不要漏了一些步骤；他为了让我们能更好地弄懂几何问题，还自己动手做了几个模型给我们看；他一有时间，就会坐在电脑前面查资料，做PPT。

他办公桌的右边，是他的电脑，左边，前面，中间，以及办公桌的抽屉都是数不清的卷子，练习卷，小测卷，月考卷，期中考卷，一模卷，二模卷等，卷子上都是红黑交错出现的笔迹，有解题过程，计算过程，草图，等等。即使他的办公桌杂乱无章，即使他的办公桌上摆着数不胜数的卷子，但他还是能一下子就找到他想要的那张卷子。在电脑与众多卷子之间，有一瓶眼药水，它在众多卷子中显得很娇小，但不知为何，它在我眼中却非常突出。

有一次我有一道数学题不懂去问他，他比我略高一点，于是他弯下腰给我讲解，手抓着笔在我面前给我写解题过程。那时候，我看到了他手上贴着创可贴，脖子上贴着膏药贴，连头发也花白了不少，我问他的手和脖子怎么了，他轻描淡写地说道："做模型时手不小心刮伤了，经常坐在办公室对着电脑工作脖子有点疼。"

我们平时注意到的，只是他表面上好的一面，却未曾想过这好的一面的背后，藏着眼药水、创可贴、膏药贴，以及他花白的头发。也许很多老师在讲台和作业后面也藏着眼药水、创可贴、膏药贴、白头发，也许还有按摩仪、老花镜、金嗓子……

某位初中同学

殷子健

我不善于社交，常常是谁坐我附近或者哪个人跟我有相同的爱好，那个人跟我的关系就会好。今天要讲的这位同学，则是初二时他坐到我旁边时才正式接触的。

他略高我一点，身材瘦小，只有在风吹动校服时才显得他壮一点，然而，谁能想到，这么个"瘦弱"的小伙，居然有六块腹肌，两块胸肌。

他的桌子，拿出来做模范桌都不为过，左上角整齐地摆着常用的教辅资料，右上角放着一个笔袋，走近看，铅笔、中性笔、直尺、橡皮都整整齐齐地分类排好；而在教辅和笔袋之间还放了一个高21厘米的洛天依立牌；抽屉里整整齐齐地放着各科的课本和一些空的作业本，全班找不出第二个桌面抽屉跟他一样整齐的男生了。每天放学他必定会把桌面重新整理一遍才走，小长假、周末过后，他又会拿出卫生纸擦去桌上的浮尘，这是一个做事细致认真的人。

初三一次月考过后，他在QQ空间发了这么一条说说："求大佬带，期中考我进年级前120请辅导过我的人吃必胜客，可截图为证！"俗话说，近水楼台先得月，作为跟他仅一过道之隔的我，自然占据了优势，当时我和班上另外几个长期霸榜班前五的一起给他进行"五对一"轮番轰炸。为了这"必胜客"，一些学习成绩比较差的也来凑热闹，他们只说选择题，刚好会的就轻描淡写地讲一下思路，不会的就什么"三短一长选最长，参差不齐就选B"。一个月后，期中考如期而至，他一下子从年级200名后越到120名前。当班主任宣布"进步名单"时读到他的名字和名次，他的双眼突然瞪大，嘴巴成了O形，拍了一下大腿，随后又笑了起来。我把脸转向他，嘴角上扬，若有所思地摸了摸下巴，他似乎意识到了什么，笑容戛然而止，摸了摸钱包。

在一个周末，他兑现了他的承诺，连那两个来捣乱的他也邀请了。从这时起，我觉得，这是个值得深交的好友，虚心，诚信，这是多么可贵！

体育考后的体育课，全然变成了自由活动课，当时学校在组织初三的跳大绳比赛，正好挑体育课练习，当全班大多数人都能连着跳时，他却还是连不上，正因如此，他的手臂也被跳绳抽出几根红色的血痕。这时，摇绳的同学不耐烦地说了一声："怎么搞的，其他人都能连上了就你不行！"他低下头，一只手捂着眼睛，大概是哭了，他走到柱子背对着我们的那一面，坐下了。

我也顾不上练了，静悄悄走到他身边，他此时还在抽泣，眼泪流出来，拿衣袖擦着泪，我拿出随身带的面巾纸，帮他擦了擦泪，他却一把推开我。我没有多问，只是拿包纸放在他的手边。

后来与他聊天才知道，他的爸爸脾气不好，专制，又不说好话，在他年小时曾经因为一次犯错就掐住他脖子摁在墙上打，光想象那个场景已使我惊讶。另外，在不合适的时候开不合适的玩笑，自己表情变了也不会收敛，甚至还要骂开不起玩笑。或许是父亲的性格，母亲的不阻止造就了他的脆弱，他不愿被人看到他的脆弱，有时却被表现出来。

即使他是如此脆弱，但我仍觉得他是一个可爱的人，喜欢他做事的一丝不苟，他的信守承诺，也理解他的脆弱。

她一样的广州人

邵子晴

最初认识她时，是以一个陌生人身份，是连姓名都不知道的。可是从她如流水般缓缓的柔美的声音和时常上扬的嘴角，就足以知道，她是个和蔼、实在的人！

说实话，我和她最初的交集，只不过是每次打印资料时说到的那几句话："就是这几张""双面打""多少钱"。因为她是我常常去的我家楼下的打印店的老板娘。

直到一次，如往常一样，我拿着一本书走进打印店。我正打开着书页，她正在店门外与隔壁店的一婆婆寒暄着。当见到来往的熟人时，就笑着招呼道"哎，买完菜啦"或是"又要去哪儿玩呀"，走着的人也热情地招了招手，喊着她"刘姨"。从此，我知道了她姓刘。她见我进了店，便走了进来，笑嘻嘻地问道："小朋友，要印啥呀？"我把翻好的书递给她，指了指页码。随着复印机"嗞嗞"的声音，打印满黑字的白纸出来了。她拿起纸，放在桌上轻轻整理了几下，又递给了我："九块。"我就在零钱里找着，可怎么找都还剩那么个五毛没有。我只好抱歉地说道："不好意思啊，我只有八块五，先给你，我回家拿了再补上。"她看着我有点无奈的表情，呵呵地笑了，接过我手中拿着的钱，摆弄了一下，抽出了其中的一张五毛，塞回了我手里。接着又笑着说："不用还了，八块好了，八字好运。"

以后的日子，我都一样，时常走进打印店里印资料，也会与她像邻居一样寒暄几句，或在店门前路过，便大声地喊句"刘阿姨好"。唯一不同的，是我发现了她不仅仅只是一个打印店的热心老板娘。

有一次例外，因为补习老师下课比较晚，我想着就近吃完饭回家，便走进了其中一家饭店。正对着这家饭店的也是一家饭店，里面的桌子无规律地摆着，上面还有些没收拾的剩饭剩菜，地上湿湿的，墙面像是老旧得即将脱落的树皮。而这家却截然不同，虽说不上是华丽，但却干净。光线是柔和的黄光，米白色的石砖地板像是抹了油一般明亮，桌子整齐地摆放着，时常有饭菜喷着香味。我随意点了一个菜，吃完了便要去买单。走到前台时，一块牌摆在前面，上面写着：希望能给十元钱饭费。我不解，问了问服务员，他糊里糊涂地说了一番，没让我明白。后来，老板出来了，我一惊，竟是她——刘阿姨。她也奇怪我怎会来这，我便说是在隔壁上课。于是，她把缘由告诉了我：那十块钱其实是自愿给的，给了就等于帮别人交了一次餐费，当有乞丐或是饥饿的人没饭吃时，他们便免费提供一餐饭。后来，听附近的人说这家餐馆可是帮了不少的人！

这一次，再次刷新了我对刘阿姨的认识，她是一个多么能干、善良的人啊！

在她的身上，我感受到了许多，不只是因为她的热情，和蔼，温柔，更是因为她那惠及人心的笑容，像成千上万的广州人一样——实在，友爱！

第十一章 深度语文的测试与评价

语文评价既要重视终结性评价，又要重视过程评价；既要重视定量评价，又要重视定性评价；既要重视高考内容的评价，又要重视生活运用内容的评价。本章探讨了发挥阶段测试导向功能、建立科学量表，从而提高阶段测试的导向性和科学性；探讨了深度阅读教学评价指标和高考对深度阅读的考查方式，希望能引起读者的关注。

第一节 》 发挥阶段测试的导向功能

高中语文阶段测试主要指以期中和期末测试为主的测试，语文阶段测试要以新课程标准学业质量水平为依据。高一以新课标学业质量水平一、二为依据，高二以学业质量水平三、四为依据，高三以学业质量水平四、五为依据。建立基于新课程标准的目标、教学和评估一致性的语文教学体系。在此基础上，我们要发挥阶段测试的导向功能，主动引导学生的语文学习。

一、确立命题思想

命题思想是测试的灵魂，没有思想的试卷必无引导价值，甚至有副作用。比如，高一阶段我们确立如下思想：引导学生和教师深入理解语文教材是例子，课内阅读是准备，课外阅读才是运用的思想。引导学生扩大阅读面，将课内能力迁移至课外。使学生重视"单元教学目标""单元学习任务""教学提示"。体会统编教材人文主题和核心素养的双线结构特点。引导学生建立语言敏感和生活敏感，重视对语言的鉴赏、积累和分析。写作要将发挥想象与联系现实结合，写诚实的自己的话。阅读写作中应有创新精神，允许有不同的见解，只要言之成理。指导阅读的基本思路是揣摩语言，理清思路，把握文意，评价文章，发展创新。

二、考前宣传命题思想

在每学期期中考试和期末考试前，要给学生讲解如何针对如上命题思想进行复习，使学生认识命题思想与试题的关系。如，某次阶段测试前，我们向学生宣传阅读题中对某一问题可有不同的理解，不要迷信权威；阅读突出比较阅读；写作要重视生活运用，关注时代变化。

三、阅卷中针对重点题目下评语，做标记，引起学生的重视

在阶段测试的评卷中，不少学校采用网上评卷的方法，这样做统计成绩的效率比较高，但从教学的引导作用来说，不如教师手工直接在纸质试卷上打分效果好。如，在一次阶段测试中，教师在评卷时，发现有不少学生阅读创新题未做，批改时我们都写一个大大的问号；凡是能勇敢地做的，即使没有充足的道理也都有鼓励分。这样，在评讲时产生了极大的反响，未做的同学后悔不迭。

四、统计分析，诊断问题，了解学生与教学目标的差距

统计时，我们找出重点题目，分析原因。通过分析，我们发现，学生分析文章思路的能力比较差，创新意识很低。

五、评讲试卷

首先重申命题思想，其次分析试卷结构。如，某一次阶段测试，在设置内容方面，语基 10 分，阅读 50 分，写作 40 分，使学生明白阅读、写作是语文笔试的重点，语文学习应重点提高这两种能力。在阅读方面，课内 20 分，课外 80 分，使学生认识到课外阅读和写日记、练笔的重要。在记忆方面的知识，课内只占 10 分，但活的能力方面（揣摩词语的能力，理清思路的能力，整体把握文意的能力，语言敏感的能力，生活敏感的能力）占 90 分，使学生明确课内是课外的准备，课外才是运用。对于现代文阅读，详细分析了各题设计的目的，使学生认识现代文应如何阅读，自己在哪些方面存在问题。最后讲析答案，点评做题得失，引导下一步学习。

六、学生讨论，自我总结，教师引导

学生总结自己对此次测试的认识，对命题思想的体会。教师相机引导，将试卷与命题思想联系，启发学生抓住语文的本质和重点，采用科学的方法学习语文。

第二节 建立阶段测试的科学量表

中学语文教学是一个系统控制的过程，它不是离散型控制，而是循环型控制，即具有反馈与调节的控制。我们目前研究的重点都在信息的输入端，着重研究教材教法，而对反馈与调节研究得很不够，特别对阶段性测试还没有充分注意。中学的阶段测试基本上是模仿中、高考的形式，变成了选拔性考试，不能起到正确的反馈和调节作用。

一、阶段测试科学化的内涵

中学语文的阶段测试，是一种目标参照性测试，不同于选拔性考试。其目的是测量学生在某一阶段所达到的知能水平，诊断学生学习中存在的症结。因此，阶段性测试卷实质上是一种目标参照量表，而不应是教师用来给学生排名次的手段。作为一种科学的测量工具，它应具备以下几个条件：

（1）试卷的题型多样化，内容稳定化。

（2）涉及课文的知识点经典化、系统化。

（3）试卷能力点系统化、经典化。

（4）每份试卷应有统计数据。信度、效度、难度、区分度应达到阶段测试的要求。

只有这样，才能使测量的误差控制在理想的范围内，从而准确考查出被测者的知识、能力水平，以便在以后的教学中及时调整、补救、加强。

二、必要性与意义

中学语文总体教学目标是由许多个别、具体的目标组成的，与各阶段目标密不可分，只有各个阶段都达到要求，才有总目标的实现。中学语文每一阶段的教学都有其独特性，知识点、能力点都是总体系的一部分；教材编者往往按体系将知识点、能力点分布在各个阶段中。因此，阶段测试的科学化对了解学生各阶段是否完成教育目标有非常重要而现实的意义。没有部分即无整体。

建立科学化的量表，可以避免测试的随意性、不稳定性，提高测试的准确性和系统性。由于试卷"四度"都有明确的指数，因此学生的成绩具有一定的真实性、可靠性。量表经过多次测试，反复增删，统计处理不断完善，形成了一套稳定的与教材、课标、学生配套的测试系统。必备知识和关键能力均匀分布在各阶段试卷中，不遗漏，也不重复。

使用这种量表，也便于不同届别的学生作比较，便于教师从纵向认识本届学生的水平。同一届别不同学校和同一学校内部的学生可使用同一量表，便于扩大横向比较的范围。这样便能立体地把握本届学生的知能水平。

三、建立科学量表的可能性

我们认为，建立这种量表，不仅必要，而且可能。

从阶段测试的性质来说，它是目标参照性考试，重在检查学生的实际水平与目标间的距离，而不同于选拔性考试的重在学生之间的分数比较。由于目标在各个阶段都有明确规定，因而体现目标的量表也可以相对稳定。

就教材而言，高中语文教材的篇目在一定时间内基本稳定，尤其是经典篇目；不言而喻，其中的重点、难点和应掌握的必备知识也是相对稳定的。

就核心素养而言，新课程标准对语文核心素养的要求有较明确的规定，教材编者对每一阶段的素养要求也有比较明确的规定。

从学生方面来说，即使不同届别的学生，由于其年龄、经历、所受的学校教育基本相同，故而他们的知识结构、能力水平、心理素质、思维特点基本相近，这也便于我们使用同一量表来测量其知识、能力。另外，电子技术的发展，为试题的选择、增删、积累和考试结果的统计提供了有利的条件。

四、如何建立科学的量表

建立科学的量表要有严谨的科学态度，以马克思主义认识论为指导，以实践为依据，在教学实践中检验和完善。

（1）吃透教材，找出重点，确定考试的经典内容。

（2）分析《普通高中语文课程标准》（2017年版，2020年修订）中学业质量水平对每一年级的要求；分析教学参考书对每一单元、每一课的知识、能力的要求；确定每一阶段的价值引导、必备知识和关键能力。

（3）研究每一阶段学生的能力水平、知识结构，作为选择题量、确定难度的依据。

（4）对教材的分析研究要有整体的观念，在宏观上把握教材编写的意图，建立起每一阶段必备知识点、关键能力点的分布表，统筹考虑，删除重复的目标，增加遗漏的目标，进而建立各阶段系统全面的双向细目表，形成一套必备知识、关键能力的测试目标体系。

（5）广收题目，精选试题，研究试题的特点，分析知识、能力的领属，确定每题的分值。

（6）测试统计，建立"四度"（信度、效度、难度、区分度）档案，删除不合格的题目，补充新题目；再测试，再统计，再增删，直至稳定。

五、注意事项

第一，要对学生进行考试教育，使他们认识到阶段测试的性质、目的，淡化名次意识，重视学习过程，使阶段测试真正起到反馈调节的作用。

第二，注意保密性，课堂不讲授原题，试卷不提前落入被测者手中。

第三，及时调整下一步教学，制订新的教学策略；指导学生调整学习计划和方法。

第三节 深度阅读教学的评价

一、深度阅读教学的评价指标

根据文章学、阅读学和思维科学，结合语文学科特点，我们设计了深度阅读教学的评价指标，见表11-1。

表 11-1　语文深度阅读教学评价指标

评价维度	关键指标	评价内容	权重	评价方式
一、对文本的深度挖掘 30%	1. 文章的信息	1. 挖掘文章的隐含信息 2. 挖掘文章的意旨信息 3. 挖掘文章的感情信息 4. 挖掘文章的境界信息 5. 挖掘文章的教育资源	8	有 1 项符合指标即可得满分
	2. 文章的体式	6. 挖掘文章独特的技法 7. 挖掘文章独特的语言	10	有 1 项符合指标即可得满分
	3. 文章的风貌	8. 挖掘文章独特的风格 9. 挖掘文章独特的美质	12	有 1 项符合指标即可得满分
二、学生高层次阅读能力的发展 40%	4. 阅读鉴赏力	10. 鉴赏、评价作品的内容（人物、事件、情感、思想等） 11. 鉴赏、评价作品的形式（结构、技巧等） 12. 鉴赏、评价作品的语言 13. 鉴赏、评价作品的风格	11	有 1 项符合指标即可得满分
	5. 阅读迁移力	14. 学习课文中的好词、好句，让学生仿词、仿句 15. 学习课文中的精彩片段，让学生仿写片段 16. 学习课文中的独特写作技法，让学生在写作中借鉴 17. 学习课文中的思想、观点，让学生在写作、生活中借鉴	13	有 1 项符合指标即可得满分
	6. 阅读创造力	18. 指导学生运用课文中的方法解决现实的问题 19. 指导学生运用课文中的智慧解决现实问题 20. 指导学生运用课文中的写作技巧进行创作 21. 指导学生进一步发展课文中的观点、方法、技巧	16	有 1 项符合指标即可得满分
三、学生高阶思维品质的发展 30%	7. 思维的深刻性	22. 引导学生由表象探究本质 23 引导学生由材料探究规律 24 引导学生由结果探究原因 25. 引导学生由当前预测未来	8	有 1 项符合指标即可得满分
	8. 思维的批判性	26. 引导学生提出质疑 27. 引导学生从不同的角度看问题 28. 引导学生提出不同的观点	10	有 1 项符合指标即可得满分
	9. 思维的创造性	29. 引导学生提出新的观点、方法 30. 引导学生写出自己认为更好的语段或文章	12	有 1 项符合指标即可得满分

二、高考对深度阅读的考查

我们认为，深度阅读教学的学业评价，也可以从文章本体、阅读能力和思维发展三个方面进行评价。这里，我们主要通过分析全国高考对深度阅读教学的考查来研究深度阅读的学业评价。

（一）全国高考语文试卷对深度阅读考查情况的统计与分析

我们对 2015 至 2017 年全国卷 8 套试卷的阅读题按照文本深度挖掘、高层次阅读能力和高阶思维品质三维度，统计与深度阅读相关的试题数量和分值。根据全国高考语文考试大纲对各能力层级含义的解释，我们将"鉴赏评价"层级的试题在阅读能力维度归到鉴赏力中，在思维能力维度根据情况归到思维的深刻性或思维的批判性中；将"探究"层级的试题在阅读能力维度归到阅读创造力中，在思维品质维度根据情况归到思维的创造性或思维的批判性中。

表 11-2　全国高考论述类文本深度阅读考查的题量和分值表

年份	类型	文本深度挖掘			高层次阅读能力			高阶思维品质		
		信息	体式	风貌	鉴赏力	迁移力	创造力	深刻性	批判性	创造性
2017 年	I 卷	2/6	1/3					3/9		
	II 卷	2/6	1/3					3/9		
	III 卷	2/6	1/3					3/9		
2016 年	I 卷	3/9						3/9		
	II 卷	3/9						3/9		
	III 卷	3/9						3/9		
2015 年	甲卷	3/9						3/9		
	乙卷	3/9						3/9		

由表 11-2 可知，论述类文本的考查，主要集中在对文本深度挖掘和高阶思维品质的考查两个维度。文本深度挖掘维度，主要体现在对文章信息层面的深度挖掘，突出了对文章的细节、观点、重点句子和概念的考查；高阶思维品质维度，主要集中在对思维的深刻性进行考查。

表 11-3　全国高考文学类文本深度阅读考查的题量和分值表

年份	类型	文本深度挖掘			高层次阅读能力			高阶思维品质		
		信息	体式	风貌	鉴赏力	迁移力	创造力	深刻性	批判性	创造性
2017 年	I 卷	1/3	1/3		2/11			2/11		
	II 卷	2/8	2/9		2/11			2/11		
	III 卷	1/3	1/3	1/6	2/9			1/6		
2016 年	I 卷	2/13	3/17		3/17		1/8	3/17		1/8
	II 卷	2/11	3/19		3/17		1/8	3/17		1/8
	III 卷	3/17	1/6		3/17		1/8	3/17		1/8
2015 年	甲卷	3/19	2/13		3/17		1/8	3/17		1/8
	乙卷	2/11	3/19		3/17		1/8	3/17		1/8

由表 11-3 可知，文学类文本的考查，在文本深度挖掘、高层次阅读能力和高阶思维品质三个维度都有体现。文本深度挖掘维度，突出了对文章信息和体式的深度挖掘；高层次阅读能力维度，突出了对阅读鉴赏力和阅读创造力的考查；高阶思维品质维度，突出了对思维深刻性和思维创造性的考查。

表 11-4　全国高考实用类文本深度阅读考查的题量和分值表

年份	类型	文本深度挖掘			高层次阅读能力			高阶思维品质		
		信息	体式	风貌	鉴赏力	迁移力	创造力	深刻性	批判性	创造性
2017 年	I 卷	1/5			1/4				1/4	
	II 卷	1/5								
	III 卷	1/5								
2016 年	I 卷	2/11	2/14		3/17		1/8	2/12		1/8
	II 卷	3/17	1/8				1/8	1/6		1/8
	III 卷	4/25					1/8	2/12		1/8
2015 年	甲卷	4/25					1/8	2/12		1/8
	乙卷	2/11	3/19		1/6		1/8	1/6		1/8

由表 11-4 可见，实用类文本的考查，在文本深度挖掘、高层次阅读能力和高阶思维品质三个维度也都有体现，但对高层次阅读能力的考查相对较少。文本深度挖掘维度，突出了对文本信息的深度挖掘；高层次阅读能力维度，偶尔有对鉴赏力的考查；高阶思维品质维度，突出了对思维深刻性和创造性的考查。

表 11-5　全国高考文言文深度阅读考查的题量和分值表

年份	类型	文本深度挖掘			高层次阅读能力			高阶思维品质		
		信息	体式	风貌	鉴赏力	迁移力	创造力	深刻性	批判性	创造性
2017 年	I 卷	1/3								
	II 卷	1/3								
	III 卷	1/3								
2016 年	I 卷	1/3								
	II 卷	1/3								
	III 卷	1/3								
2015 年	甲卷	1/3								
	乙卷	1/3								

由表 11-5 可知，文言文阅读的考查，集中在文本深度挖掘的维度，高层次阅读能力和高阶思维品质维度基本没有设题考查。文本深度挖掘维度，突出了对文本信息的深度挖掘，主要体现在对文中有关内容的概括和分析，考查重点是对人物的思想、学识、能力、行为和品德等方面信息的深度挖掘。

表 11-6　全国高考古代诗词深度阅读考查的题量和分值表

年份	类型	文本深度挖掘			高层次阅读能力			高阶思维品质		
		信息	体式	风貌	鉴赏力	迁移力	创造力	深刻性	批判性	创造性
2017 年	I 卷	1/5			1/6			1/6		
	II 卷		1/5		1/6					
	III 卷	1/5			1/6			1/6		
2016 年	I 卷	1/6	1/5		2/11			2/6		
	II 卷		2/11		2/11				2/6	
	III 卷	1/6	1/5		2/11					
2015 年	甲卷	1/6	1/5		2/11			1/6		
	乙卷	1/6	1/5		2/11			1/6	1/5	

由表 11-6 可见，古代诗词阅读的考查，在文本深度挖掘、高层次阅读能力和高阶思维品质三个维度也都有体现。文本深度挖掘维度，突出了对文本信息和体式的深度挖掘，主要体现在对人物情感的把握，诗歌主旨的理解，独特表达技巧和语言的鉴赏；高层次阅读能力维度，主要集中在对阅读鉴赏力的考查；高阶思维品质维度，主要体现在对思维深刻性和思维批判性的考查。

（二）全国高考语文试卷对深度阅读考查的主要规律 ①

通过统计我们发现，全国卷对语文深度阅读的考查深入而全面，对文章本体的深度挖掘最多，对高层次阅读能力和高阶思维品质也均有考查。

1. 突出了对文本的深层挖掘

全国高考语文试卷十分重视对文本的深层挖掘，几乎所有文体的考查都有对文本的深层挖掘。

（1）对文章隐含信息的挖掘。如 2017 年全国高考语文 II 卷第 5 题："结合全文，说明文中'窗子'的含义。"本题考查理解文中重要词语的含义。"窗子"在文中有两个含义：一是表层含义，指具体的窗子，如铁纱窗、玻璃窗，分割了不同的生活场景；二是深层含义即隐含信息，指"无形的窗子"，即心态与观念的限制，造成了自我与外部世界的隔膜。对文章隐含信息的挖掘体现了对深度阅读的考查。

（2）对文章观点的深度挖掘。如 2016 年全国高考语文 I 卷第 1 题考查了对文章重要语句的理解，其中 C 项为："由于缺少成于商代的文字史料，因此从稳妥的角度出发，胡适认为古史研究大致可从西周时代开始进行。"本选项对应的原文内容在第 2 段："因此，胡适曾主张古史作为研究对象，可'缩短二三千年，从诗三百篇做起'。"这考查了文章中别人的观点，比考查作者的观点就更深一层了。

（3）对文章细节的深度挖掘。如 2015 年全国高考语文乙卷小说《马兰花》的选择题中，

① 沈在连 . 深度阅读：怎么考？如何教？[J]. 中学语文教学参考，2018（5）：74-77.

"B. 马兰花的丈夫因为六百元钱就耿耿于怀，收到一千元的汇款单后又主动为妻子做饭，这些细节惟妙惟肖地写出了这个人物的世故圆滑、反复无常。"考查点是对人物性格特征的分析与鉴赏，重点考查了细节描写。"D. 小说注重于细微处写人，从上海来信中可以看出，麻婶的女儿是一个通情达理的人，又是一个精明的人，她内心深处很不愿意欠别人的情。"考查点是对小说细微处写人艺术的分析。

（4）对文章独特体式的深度挖掘。如2017年全国高考语文 I 卷第6题："小说以一个没有谜底的'美好的谜'结尾，这样处理有怎样的艺术效果？请结合作品进行分析。"本题考查了从不同角度和层面发掘作品的艺术效果以及探究思维的能力，是对文章结尾艺术效果的深度挖掘。

（5）对文章风貌的考查。如2017年全国高考语文 III 卷第6题："本文语言充满了生活气息，请结合全文对此加以分析。"本题考查了文章的语言风格，比考查文章重点语句的理解更为深入，属于对文章风貌的考查。

2. 加强了对高层次阅读能力的考查

全国高考题出现了对高层次阅读能力的考查，主要体现在两个方面：一是考查阅读鉴赏力；二是考查阅读迁移力。

（1）对阅读鉴赏力的考查。如2015年全国高考语文乙卷《马兰花》第（2）题："小说有明暗两条线索，分别是什么？这样处理有什么好处？请简要分析。"本题着重考查考生从故事线索的角度，把握小说在情节设置与结构安排方面的分析鉴赏能力。第二问要求学生回答明暗两条线索的效果，这属于对阅读鉴赏力的考查。

（2）对阅读迁移力的考查。2017年全国卷三套试题中，论述类文本阅读都突出了对阅读迁移力的考查。如2017年全国高考语文 I 卷第3题："根据原文内容，下列说法不正确的一项是：A. 如果气候容量无限，就不必对气候变化进行伦理审视、讨论气候的正义问题。B. 如果气候变化公约或协定的长期目标能落实，那么后代需求就可以得到保证。C. 只有每个人都控制'碳足迹'，从而实现了代际共享，才能避免'生态赤字'。D. 气候容量的公平享有是很复杂的问题，气候正义只是理解该问题的一种视角。"本题考查根据文章已知信息推断出未知信息，是文章信息的迁移、运用，属于对阅读迁移力的考查。

（3）对阅读创造力的考查。如2015年全国高考语文乙卷《马兰花》第（4）题："小说三次写马兰花流泪，每次流泪的表现都不同，心情也不一样。请结合小说内容进行具体分析，并说明这样写有什么效果。"本题主要考查考生对文学作品进行综合探究的能力，要求具体分析马兰花每次流泪的表现和心情，考查了阅读创造力。要求说明写法效果，也考查了阅读鉴赏力。

3. 重视对高阶思维品质的考查

全国高考题重视对高阶思维品质的考查，主要体现在两个方面：一是考查思维的深刻性；二是考查思维的批判性。

（1）对思维深刻性的考查。如 2016 年全国高考语文 I 卷第 12 题第（3）题："文中认为'属于陈忠实的句子永留人间'，为什么？请结合材料简要分析。"本题考查考生对实用类文本的文章内容、修辞性质等方面的理解、鉴赏和评价，能力层级为 D 级。从思维科学来说，是对思维深刻性的考查，由果推因，属因果思维。

（2）对思维批判性的考查。如 2015 年全国高考语文乙卷《朱东润自传》第（4）题："朱东润认为传记文学作品应如何刻画和评价传主？你是否同意他的观点？请结合材料说明理由。"本题主要考查考生对实用类文本进行综合探究的能力，能力层级为 F 级。从思维科学来说，本题考查了思维的批判性，要求考生对文章的内容和形式进行审视，敢于提出不同的观点，属批判性思维。

后记

　　每个人都有自己的梦想，我也是。本书尽管很不完善，甚至不很科学，但能得以出版，正像怀孕的妇人终于生产了，我仍感到非常欣慰！

　　幸运的是，从 1989 年毕业从教开始，我就对语文教学研究有很浓厚的兴趣，经常写一些论文向报刊和网络论坛投稿，也发表了一些文章，虽然质量不高，也算有点成果了。在参加广州市第二批"百千万"教育专家培养对象的培训期间，在理论导师华南师范大学王建平教授、实践导师广州市教研室谭国华教授的指导下，我对自己的文章进行了归纳、提炼，发现虽然是"东一榔头西一棒槌"，但还是有一个共同的思想，于是提出了"深度语文"的教育思想，也就有了这本书的内容和理论框架。

　　更幸运的是，我在兴趣的驱使下偶然走进了课题研究的殿堂。2001 年我申报的安徽省教育科学规划课题"高中生语文研究性学习专题的编制与使用"获得立项，2010 年我申报的广东省教育科学规划课题"粤教版高中语文教材创新教育资源研究"获得立项，2014年我申报的广东省教育科学规划课题"高中语文'定篇'课文深度阅读的三维策略研究"获得立项。这三个省级规划课题的研究，使我在课程、教材、教法的研究方面开辟了自己的领域。2020 年 3 月，我提交的教学成果《深度课堂：提高学生的语文学习力》获广东省基础教育教学成果二等奖，这增加了我对深度语文进行总结的自信。在担任广州市名教师工作室主持人期间，我和我的学员们以深度课堂作为主要研究对象，通过较多的课例研究，发现了深度课堂的主要特征和其他规律性东西，在理论和实践上有了一定的体会和成果。

　　在如上基础上，我把自己的文章进行了总结和梳理，形成了"深度语文"这一系统化的成果。本书第一章主要介绍深度语文成果形成的主要阶段、核心成果内容和成效。第二章重点探讨深度语文的理论问题，包括深度语文的现实必要性、内涵、特征、理论依据和基本的教育理念。第三章到第七章重点探讨了语文学科教学的主要内容，包括语言、语文知识、语文德育、语文教材、信息技术与语文学科融合、阅读和写作等的深度教学。第八章主要讨论了深度课堂，第九章为深度课程的探索，第十章为深度语文教学方式的探索，

第十一章探讨了深度语文的测试与评价。以上内容虽然不够全面、完善，但也基本上形成了深度语文的教学体系。

鲁迅先生说："当我沉默着的时候，我感到充实；我将开口，同时感到空虚。"当我完成这一工作时，却突然感到空虚和惶恐。我的探索是很肤浅的，甚至对一些重要内容的探索还没有开始，比如深度语文中学生学习的理念、策略和实践行为的研究就还欠缺，这确实是深度语文研究之遗憾。研究的方法也需要进一步完善，我的不少结论还属于经验总结，缺少实证研究，特别是准实验研究。语言的表达也很不成熟，连自己阅读起来都感到不够顺畅。总之，我还需要进一步研究完善。但这本书，就像自己的孩子一样，遗传了父辈的优点，也有先天的不足，我希望他能够茁壮成长，走得够远。

回想自己一路走来的道路，有自己心无旁骛、持续深入的研究，也有同道者的切磋和帮助，更有政府、专家的精心培养与指导。所以，我最想说的还是"感谢"二字。感谢家人的支持与理解！感谢同行的帮助！感谢导师的指导！更要感谢政府的精心培养！

最后，我希望"深度语文"能够在祖国大地上扎根、成长，为基础教育作出一点点贡献。这是我的美好愿望！